高等职业教育财经商贸类专业基础课系列教材

新媒体营销

彭金燕 王文钰 主 编

何捷 张烨 童旭红 吴紫寒 吕毅 副主编

清華大學出版社

北 京

内容简介

本书是浙江省普通高校“十三五”新形态教材，是浙江省2022年课程思政示范课程配套教材，内含丰富的微课视频、课程思政案例、习题、讨论等教学资源。本书根据“岗课赛证”融通的设计思路，贯彻工作过程系统化的教材开发思路，按照新媒体营销岗位内容设计了新媒体营销认知、微信营销、微博营销、短视频营销、直播营销、游戏营销、自媒体营销七个项目，七个项目下又设计了若干任务，系统、全面地介绍了新媒体营销策略、营销模式、平台工具特点和数据分析等相关内容。书中任务来源于合作企业真实案例，在培养专业技能的同时全面提升学生的职业素养，具有较强的引领性和实用性，适用于高职院校新商科类学生和中小型企业基层员工学习使用。

图书在版编目(CIP)数据

新媒体营销/彭金燕，王文钰主编．—北京：清华大学出版社，2023.10
高等职业教育财经商贸类专业基础课系列教材
ISBN 978-7-302-64274-9

Ⅰ．①新…　Ⅱ．①彭…　②王…　Ⅲ．①网络营销－高等职业教育－教材　Ⅳ．①F713.365.2

中国国家版本馆CIP数据核字(2023)第139069号

责任编辑：左卫霞
封面设计：傅瑞学
责任校对：李　梅
责任印制：曹婉颖

出版发行：清华大学出版社
　　网　　址：http://www.tup.com.cn，http://www.wqbook.com
　　地　　址：北京清华大学学研大厦A座　　**邮　　编**：100084
　　社 总 机：010-83470000　　**邮　　购**：010-62786544
　　投稿与读者服务：010-62776969，c-service@tup.tsinghua.edu.cn
　　质量反馈：010-62772015，zhiliang@tup.tsinghua.edu.cn
　　课件下载：http://www.tup.com.cn，010-83470410
印 装 者：小森印刷霸州有限公司
经　　销：全国新华书店
开　　本：185mm×260mm　　**印　　张**：12　　**字　　数**：291千字
版　　次：2023年10月第1版　　**印　　次**：2023年10月第1次印刷
定　　价：48.00元

产品编号：100569-01

前言 FOREWORD

在“互联网＋”、数字经济等行动计划的推动下，新媒体更加广泛地深入大众的工作生活中，短视频、小程序、网红直播等新信息产品革新了媒体传播生态，同时也革新了传统的营销方式。本书顺应数字经济时代岗位群变迁带来的知识和能力变化需求，全面贯彻党的二十大精神，秉承“立德树人”育人目标，根据“岗课赛证”融通设计思路，贯彻工作过程系统化的教材开发思路，在与校内外营销专家共同研究的基础上，通过对新媒体营销职业活动进行详细分析，在多个工作岗位任务总结归纳的基础上，确立了具有职业代表性的典型工作任务，对照企业较多使用的新媒体平台职业行为，科学合理地设计出学习项目，实现岗位能力和职业素养同步提高。

本书具体特色如下。

(1) 以党的二十大精神为引领，结合真实岗位需求设计教材内容，融入课程思政元素，实现教材内容创新。本书通过对家居、服装、餐饮、新媒体等企业的调研，以新媒体营销岗位的工作任务提炼核心职业能力，并对职业能力进行分解与知识点转化，其内容紧贴企业实际。按照工作过程系统化原则进行教学编排，以新媒体营销岗位工作流程为出发点，以真实项目为学习载体，将新媒体营销职业内容分为新媒体营销认知、微信营销、微博营销、短视频营销、直播营销、游戏营销、自媒体营销七个典型学习项目，同时以“家国情怀、文化自信、人文精神、科学精神、工匠精神、职业道德”为重点，挖掘学习项目中的课程思政元素，通过概念解析、案例分析、小组讨论、课后作业等方式，将弘扬伟大建党精神、坚定历史自信、坚持守正创新、坚持胸怀天下、推进乡村振兴等党的二十大精神有温度、有力度、有效度地融入教材中，使育人效果内化于学生心、外化于学生行。

(2) 校企联合开发，保证教材的实用性和使用广泛性，实现教材编写主体创新。为更有效地贴近企业真实岗位，本书充分利用丰富的校企合作资源，与行业龙头企业——杭州宜家家居有限公司、浙江金拱门食品有限公司、万科唯家房地产营销策划公司、宁波太平鸟服饰有限公司等校外实训基地企业合作，将企业实践经验以案例、实训作业、微课视频等方式融入教材编写和课程建设；将企业岗位的实际任务设计成综合能力训练内容，由浅入深、从单项到综合，培养学生的岗位核心能力，实现教材与岗位的无缝衔接。同时组建浙江经贸职业技术学院、浙江经济职业技术学院等院校和相关企业的专家团队，合作编写教材，集院校教师的丰富专业知识和企业专家的实践经验于一体，在教材设计理念、内容选择等方面具有一定的领先性。

(3) 利用信息化手段，打造立体化教学资源，实现教材技术手段创新。本书利用“MOOC＋在线平台＋纸质教材＋电子教材”的形式，融合互联网新技术和微课制作技术，将线上和线下、新媒体和纸质教材等多种资源相结合，打造课程介绍、教学大纲、在线视频学习包、在线测试、在线交流、实践指导书、教学案例、英文微课等教学资源库。教材配套课程在浙江省高等学校在线开放课程共享平台上线，扫描本页下方二维码即可在线学习，实现了课堂、教学资源、教材三者融合的立体化教学资源新模式，全面提升学生自主学习能力和效果。

本书由浙江经贸职业技术学院彭金燕、王文钰担任主编，浙江经贸职业技术学院何捷、张烨、吴紫寒、吕毅，浙江经济职业技术学院童旭红担任副主编，中国电信股份有限公司杭州分公司毛思圆参编。具体编写分工如下：彭金燕编写项目一；王文钰编写项目二；张烨编写项目三；何捷编写项目四；吕毅编写项目五；吴紫寒编写项目六；彭金燕、童旭红编写项目七；毛思圆负责本书企业案例素材收集与审核。本书由浙江经贸职业技术学院工商管理学院颜青教授审稿。同时，杭州联华华商集团有限公司、杭州宜家家居有限公司、浙江金拱门食品有限公司、宁波太平鸟服饰有限公司等校企合作企业相关领导在本书框架体系确定和资料收集过程中提供了很大的帮助，在此致以真诚的感谢。

本书是浙江省普通高校"十三五"新形态教材，是浙江省2022年课程思政示范课程配套教材，内含微课视频、案例、课件、习题、试卷等丰富立体化教学资源，方便读者使用；本书同时提供电子课件，教师可登录清华大学出版社官网下载。本书在编写过程中参考了大量的国内外文献，通过网络检索了大量文献资料，借鉴和吸收了众多专家学者的研究成果，因篇幅所限，未能一一注明，在此表示诚挚的感谢。

由于新媒体营销正处于快速发展阶段，企业的营销实践方式也在不断改进，加之编者水平有限，书中难免存在不足之处，敬请广大读者批评指正。

编　者

2023年4月

新媒体营销

在线开放课程

目　录

CONTENTS

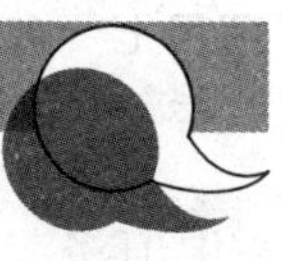

项目一　新媒体营销认知 …… 1

任务一　认识新媒体营销 …… 3
任务二　认识新媒体营销相关岗位 …… 14

项目二　微信营销 …… 22

任务一　微信个人平台管理 …… 24
任务二　微信公众平台开发与引流 …… 29
任务三　微信内容营销 …… 39
任务四　微信营销工具 …… 46
任务五　微信营销数据分析 …… 50

项目三　微博营销 …… 58

任务一　认识微博营销 …… 60
任务二　微博营销价值与策略 …… 64
任务三　微博营销技巧 …… 69
任务四　微博营销活动策划 …… 77

项目四　短视频营销 …… 86

任务一　认识短视频营销 …… 88
任务二　短视频营销策略 …… 100

项目五　直播营销 …… 110

任务一　认识直播营销 …… 111
任务二　直播营销实施与执行 …… 118
任务三　直播营销技巧 …… 123

项目六　游戏营销 …… 129

任务一　认识游戏营销 …… 130
任务二　游戏营销平台选择 …… 137
任务三　游戏营销策略 …… 141
任务四　VR 游戏营销 …… 144

项目七　自媒体营销 152

任务一　认识自媒体营销 153

任务二　自媒体营销内容策略 161

任务三　自媒体营销运营策略 167

任务四　自媒体营销实施 171

参考文献 186

项目一

新媒体营销认知

学习目标

素养目标

- 建立进行新媒体运营的职业操守意识；
- 培养诚实守信、乐于奉献、依法行事的职业道德。

知识目标

- 掌握新媒体营销概念；
- 掌握新媒体营销理论；
- 掌握新媒体营销方法；
- 掌握新媒体营销工具；
- 了解新媒体营销岗位及核心技能。

技能目标

- 能够区分新媒体营销和传统营销方式；
- 能够利用病毒营销、事件营销、口碑营销等新媒体营销方法进行营销策划和实施；
- 能运用图片编辑、存储处理等新媒体营销工具；
- 能够清晰知晓新媒体运营等职业的岗位职责；
- 能够掌握新媒体营销岗位所需的技能。

案例导入

刘涛的直播牛在何处

2020年5月14日，在带有开放式厨房的客厅场景中，刘涛头上渗着汗珠，在镜头前开始了自己的直播带货首秀。她亲手展示着收纳袋的使用方法，聊起了自己日常收纳的点点滴滴。

刘涛在直播间里，人们看到的不只是她的生活，更是专业的带货态度。刘涛的第一场直播，观看人数超过2100万，成交额高达1.48亿元，此后三场直播场场过亿元，6月6日的第四场直播成交额更是冲到2.2亿元，稳坐“明星带货一姐”交椅。

更重要的是，聚划算+明星直播的方式，给直播这种商业模式注入了新的活力。可以说，刘涛的直播已经是“现象级”的，官方直播间＋平台补贴＋明星主播，正在带动直播生态的又一次升级。刘涛直播的成功，拆解来看，个人努力和历史进程缺一不可。

在个人努力方面，刘涛做到了很少有明星实现的事情——认真。作为入职阿里，花名“刘一刀”的聚划算“官方直播合伙人”，参与到聚划算“三轮选货”之中的最后一轮。这意味着在前期，她需要花费大量的时间和精力，这并非每个明星都愿意去做的。刘涛证明，前期的付出总有收获，在场景化的直播之中，刘涛最终展现出对货品的了解，加上亲身的演示保证了观众不“出戏”，其实也就从直播内容上带来了更高的用户存留。

更重要的则是历史进程方面，在自然流量受到挑战，越来越需要带货直播拓展边界的时代，重新思考人、货、场的关系，成为每个电商平台不可回避的功课。聚划算则借由刘涛的直播间，给出了自己阶段性的探索成果——将平台“百亿补贴”与爆发式的明星直播有效嫁接，实现直播和补贴的双轮驱动。直播的爆发力，让品牌把刘涛直播间变成了拉新的新阵地，来自阿里的数据显示，刘涛直播的品牌新客成交比例高达九成。这是聚划算百亿补贴直播间独特的价值，它能带货，又不止于带货，它能够给品牌和商家创造长期、可持续的增长空间。

一场准备充足、质感细腻、明星加持的直播，原本就会带来巨大的关注度和流量，而在透彻了解了商家和消费者两方的需求之后，不过是万事俱备，水到渠成。

（资料来源：https://m.thepaper.cn/baijiahao_7828496）

项目简介

项目内容

在移动互联网时代，拥有不受时空限制、整合性强、交互性强、多媒体手段丰富、成本低、营销更精准、技术更新快、吸引年轻受众、能够进行个性化服务等优点的新媒体营销异军突起。目前新媒体营销已成为企业不可或缺的营销方式和手段，善于使用新媒体营销方法和工具开展新媒体营销活动的人也成为职场上炙手可热的人才。

从新媒体营销概念及岗位认知入手，本项目划分为认识新媒体营销和认识新媒体营销相关岗位两个任务。

项目任务

以学校的校内外实训基地为载体，基于校企合作企业资源和网络二手资料，进一步识别新媒体营销岗位职能，制定企业的新媒体营销岗位职业发展规划，同时运用新媒体营销方法和思维，给校企合作企业制订新媒体营销策划方案，助力企业销售。

项目学习课时

建议课内学习时间6课时，课外学习时间8课时。

项目成果

在项目学习结束后，学生应递交以下项目学习成果：

（1）某企业新媒体营销案例一份；

（2）某企业新媒体营销策划方案一份；

（3）某新媒体营销岗位招聘信息10条；

（4）某新媒体营销岗位入职条件、晋升的职位要求，以及管理者的职位要求一份；

（5）某新媒体营销岗位两年内职业生涯规划一份。

任务一 认识新媒体营销

学习目标

- 能够区分新媒体营销和传统营销方式；
- 能够利用病毒营销、事件营销、口碑营销等新媒体营销方法进行营销策划和实施；
- 能运用图片编辑、存储处理等新媒体营销工具；
- 会使用新媒体，培养与时俱进的精神品质。

课堂讨论

你最常用的新媒体营销工具有哪些？讲述自己印象最深刻的新媒体营销活动。

一、新媒体营销的概念

微课：新媒体和新媒体营销的概念

新媒体是相对于传统媒体而言的概念。对于报刊、广播、电视和户外这四大传统媒体来说，新媒体也被称为“第五媒体”。对于新媒体的具体概念，不同的人有不同的观点。

清华大学熊澄宇教授做客人民网传媒沙龙谈“新媒体与文化产业”时指出，新媒体是一个不断变化的概念，新媒体在今天网络的基础上又有延伸、无限移动的问题，还有其他新的媒体形态，跟计算机相关的，这都可以说是新媒体。联合国教科文组织对新媒体的定义：“以数字技术为基础，以网络为载体进行信息传播的媒介。”钱岳林在《新媒体与新兴媒体》文章中对新媒体的定义：“以数字信息技术为基础，以互动传播为特点，具有创新形态的媒体。”

综上所述，新媒体是以现代信息技术为支撑的，具有高度互动性和非线性传播特质的，能够传输多元复合信息的大众传播媒体，是新技术支撑下出现的媒体新形态。新媒体的本质在于人人都可以是生产者，人人也都是传播者。由此，它的意义是人人都可以发声，人人都有对内容的投票权。

随着新媒体的出现，客户将原来花在传统媒体上的时间逐渐转移到新媒体上。因此，新媒体逐渐成为一些企业进行市场投放的首选，新媒体营销也成为当下的营销趋势。那么，什么是新媒体营销呢？

新媒体营销是利用新媒体平台来进行营销的一种模式。新媒体营销通过在新媒体上发布影响广泛的信息，使人们参与到具体营销活动的互动中。在特定产品的概念诉求与问题分析上，它对消费者进行针对性引导，借助媒体平台和舆论热点来向消费者传递某种概念、观点和思路，以达到企业的商业策略软性渗透，使企业品牌得到更好的宣传和销售。不同于传统营销的思维方式，新媒体营销的思维方式更具有体验性、沟通性、差异性、创造性和关联性。

区别于传统的营销方式，可以将新媒体营销的概念总结为企业或个人在新媒体思维的指导下，充分利用新媒体平台的功能、特性，通过对目标受众的精准定位，针对目标受众的需求，研发个性化的产品和服务，采取新媒体营销方法，开展新媒体营销活动的全过程。

以产品驱动为出发点的新媒体营销定位于产品特色，通过对产品的清晰定位和有特色的运营策略,以合理的组合方式在较短的时间内得到极高的曝光率和消费者的认可。

一般来说,新媒体营销的实施都可以通过"三步走"来实现。

第一步:策划。根据产品的具体特征来提取核心诉求,采用合理的方式和表现形式进行事件营销。全面了解客户的不满之处,充分利用人们的从众心理,使客户在对事件的讨论中产生共鸣。

第二步:平台定位。选择合适的新媒体操作平台来进行新媒体营销。企业可以在微博、微信等新媒体营销平台制造话题,引导人们参与其中,利用人群聚合效应,使产品的宣传得到更广泛的扩散。

第三步:持续跟进。在完成前两步后,需要持续跟进,以企业的账号慢慢渗透,来使新媒体营销的效果得到更广阔的延伸。

二、新媒体营销的优势

新媒体营销使用的是新媒体平台,如微博、微信、短视频平台等。这些新媒体平台本身就有很强大的网状人际关系结构,具有速度快、传播广、成本低、目标精准、互动性强的优势。

(1) 速度快。首先,从传播途径来看,新媒体更易引起人们的广泛关注,更能满足人们对各类信息的获知需求(如思想需求、心理需求、审美需求、利益需求等),加上传播速度快,因此更受人们欢迎;其次,从表现手法来看,新媒体平台的信息发布比较便捷、限制较少。人们可以随时随地通过新媒体平台关注、分享身边的新鲜事,自由表达自己的想法。而且在这种情况下,他们参与活动的概率也就更大。

(2) 传播广。随着互联网技术的不断发展,新媒体的传播渠道也越来越多,主要有微博、微信、博客、网络视频、网络社交等。而新媒体营销不受时间和空间的限制,可以不间断地向受众传播信息。

(3) 成本低。新媒体采用多元化方式宣传企业品牌,使营销成本大幅降低。相较于过去企业通过投入大量资金在电视上打广告,建立网站以及每日发布信息,新媒体的很多平台都是免费的,并且可以随时随地分享资源。例如,在微信平台上建立公众账号、在微博上建立官方微博、在抖音上发布宣传视频等。

与此同时,新媒体还降低了传播成本。传统媒体需要花费大量资金进行推广;而新媒体创造的内容更有创意、更具价值,人们乐意进行转载分享,从而可以快速地将信息传递下去。其中,以"小米"为代表的企业利用现有新媒体技术,邀请消费者通过新媒体渠道参与开发产品,及时完成产品信息接收与反馈,能够大幅节省产品开发周期及成本。

(4) 目标精准。基于大数据分析的新媒体营销广告投放更精准。就像对症下药一样,目标受众看到的广告是更合适自己的广告,而不用遭受无关信息的干扰;非目标群众不用接受相关广告信息,也降低了企业的宣传费用。因此,精准投放广告,不仅可以节约成本,而且更容易锁定目标客户,极大地提高了广告主的投资回报率。

(5) 互动性强。新媒体营销有多个传播点,可以实现企业与目标客户的双向沟通。随着科学技术的发展,目标客户不仅可以在新媒体平台上进行工作,还可以在新媒体平台上进行娱乐消费等,其互动特性得到了极大突显。在这种情况下,新媒体平台也在悄悄地改变人们的生活方式与社交行为。

案例:如何借助新媒体实现营销互动

三、新媒体营销理论

网络新时代带来了传统媒体无可取代的全新传播理念，那就是以消费者为主体的信息传播，随着数字经济的发展以及产品供求关系的改变，企业营销逐渐转化为以消费者的利益为中心，消费者不但可以自主地在网络里获得所需要的信息，而且可以主动发布信息，在网络上与他人共享信息。

1. AIDMA 模型和 AISAS 模型

在传统媒体时代与互联网初期，行业广泛奉行的是 AIDMA 模型，attention（注意）→interest（兴趣）→desire（欲望）→memory（记忆）→action（行动），强调以媒体为中心并处于向用户单向传递信息的阶段。随着互联网 2.0 时代（信息与人互动）的到来，基于搜索和分享应用的出现，用户对传统媒体的聚焦转移到网络媒体上，信息的来源变得分散，用户的行为由被动变成主动，通过“搜索”与“分享”实现消费者之间信息的传递与渗透。日本电通公司在传统的 AIDMA 模型基础上，对消费者的模式进行了重构，提出了基于网络时代特征的 AISAS 模型，attention（注意）→interest（兴趣）→search（搜索）→action（行动）→share（分享），将消费者决策过程中信息搜集和分享这两部分补充进来。随着信息技术的发展，人们社交圈层的扩展，身边人对一种商品的使用体验很容易成为人们做出购买决策的依据，这个过程称为“种草和拔草”。AISAS 模型直观地反映了网络时代企业营销的方式，并被广泛应用在商业实践中。

AISAS 模型共分为五个阶段，其中 A 是引起网络消费者注意阶段；I 是第二阶段，主要作用在于激发网络消费者对产品的兴趣；S 是信息搜索阶段，在消费者产生兴趣之后进入对产品信息自动收集的行为模式；A 是在消费者获取足够多的产品信息基础上产生实质购买行为的阶段；S 是网络消费者在获取产品价值后对产品相关信息及个人体验进行分享的最终阶段。

与 AIDMA 模型相比，AISAS 模型不仅将新媒体出现后消费者新的消费模式直观地展现出来，而且把消费者购买商品过程中进行的信息搜索以及发生购买行为之后所进行的信息分享活动作为两个影响消费者制定购买决策以及满意度的重要环节。除此之外，在新媒体下消费者的分享行为也会直接对引起消费者注意、激发消费者兴趣两个环节产生重要影响。在互联网营销形式下，企业最终的营销效用既存在传统的营销效用自然衰减取向，又由于顾客购买行为中的自主搜索以及自发分享而出现放大趋势，顾客正向的、真实的售后感受能够减少企业营销的滞后影响，有利于开发潜在用户。

2. SICAS 模型

积极拥抱不断变化的营销生态，并关注目标客户群体在新的营销环境中的行为模式，对于企业提高营销投入产出比至关重要。2011 年，中国互联网数据中心发布《中国互联网蓝皮书》系列，数据中心基于拥有的庞大数据库，对这些终端用户的行为浏览、触点计算、沟通互动频次及成交转化等进行了长期的追踪，最终提炼出了更加适应当前互联网环境的消费者行为模型——SICAS 模型，sense（感知）→interest（兴趣）&interactive（互动）→connect（链接）&communicate（沟通）→action（行动）→share（分享），对历史理论进行了更新，更加适应当今数字时代的营销生态。SICAS 模型最重要的一个发现就是颠覆了过去以企业为主的单向输出的消费模式，看到了消费者的非线性消费行为，较之前两大模型——AIDMA 和 AISAS 模型，实现了更精准的优化。图 1-1 所示为三个模型的不同点。

图 1-1　消费者新媒体消费行为模型

SICAS 模型共分为以下五个阶段。

(1) S(sense)是相互感知，是 SICAS 模型的第一阶段，指需营销的企业和受众之间可以相互感知对方。通俗地说，当消费者发现自己的新需求以后，正好通过企业投放的某个营销渠道了解到对这个需求的供给产品或服务，可以是任何渠道任何形式，企业主实现了精准告知消费者，让目标受众知道了企业的产品或服务能满足他们这个需求。

(2) I(interest & interactive)是产生兴趣 & 形成互动，是第二阶段。当消费者通过企业某一渠道的广告知道了某个产品可以满足自己的需求时，那么接下来他会通过不同的渠道去了解，这个产品到底怎么样，其中就包括通过互动性质的媒体向企业咨询关于产品的详细信息，例如公众号留言、致电客服等。

(3) C(connect & communicate)是第三阶段，指建立链接/互动沟通。当消费者经过各方的信息收集比较分析以后，越来越认识到企业的这个产品或服务确实可以满足自己当前需求的时候，消费者就会产生积极去链接企业的欲望，并通过跟对方客服人员的互动沟通，获取对产品或服务更本质的了解，与企业建立了更深层次的关系。其他企业再把这个客户转移到其他平台就比较难，除非有非常明显的竞争优势。

(4) A(action)是第四阶段，指购买行为。大多数消费者在跟企业进行过深度沟通后，可能会有一段时间的观望，尤其是大宗耐用消费品，例如房产、汽车等消费额比较高的产品，企业会通过频繁的促销活动或其他刺激，例如制造稀缺等，促使消费者最后做出购买行为。

(5) S(share)是第五阶段，指扩散分享。消费者购买产品以后，会在使用产品的过程中，把产品给他带来的实际体验和他最初对产品的预期进行比较，如果某个产品的真实使用体验优于他对这个产品最初的心理预期，那么就会带来消费者的满意感，他就会更愿意把产品分享给身边的群体，从而给产品带来良好的口碑。这比企业自己投放广告效果好得多。

SICAS 模型可以帮助企业拆分整个营销路线，在每一个环节都可以评估自己的营销效果，并且在最后的体验分享阶段，让消费者的购买行为从购买到推荐其他人购买，从而形成一个营销闭环。所以，基于此，企业要想用这套模型来指导企业的新媒体营销策略，首先应把营销内容实现尽可能地全网触点，这样才能最大限度地接触到可能带来相互感知的目标客户群体。同时做好内容，引起消费者继续关注的兴趣，并做好互动沟通的组织建设和沟通培训，做到实时感知目标客户的每个环节的行为动态，进行针对性的促销活动设计，最后对于成交客户的分享，给予激励和引导，让营销自发发生。

四、新媒体营销方法

新媒体依靠极高的传播速度及广泛的受众群体，目前已成为当前市场的主流营销方法。常见的新媒体营销方法包括以下几种。

（一）病毒营销

知识拓展：病毒营销的八种传播方式

病毒营销是指组织或个人在提供某种产品或服务的基础上，借用网络平台等传播媒介，将信息像病毒一样快速传播，实现指数级增长，以期获得巨大规模效益的营销方式。核心是"传播即营销"，具有以下特点：首先，病毒式营销是基于受众自发的、爆发性的传播推广。企业制造用户感兴趣的内容，制定传播规则，引导受众自发传播。其次，病毒式营销只存在于新媒体渠道。通过邮件、论坛、私信、朋友圈分享、微博等社交平台获取信息并转发信息。最后，营销成本低廉可控。企业制作设计好具有吸引力和传播力的内容后，投放到互联网中，引发受众自发转载，辅以成本既定的网络推广手段，投入较小的成本，撬动较大的传播规模。

微课：事件营销

（二）事件营销

事件营销是指通过策划和组织并利用有价值、有影响力、有名人效应的事件，引起媒体、社会和消费者的兴趣，促使企业或产品的形象更出名，最终使产品和服务销售出去的手段和方法。事件营销方式突发性更强，可以用较低的成本在短期内将信息更广、更优地传播出去，因此是目前较为流行的一种市场推广方式。

1. 事件营销成功的因素

事件营销具有免费性、目的性、风险性、多样性、新颖性、效果明显和求真务实等特点。事件营销成功的因素包括重要性、接近性、显著性、趣味性四大特点，而这四点在新闻事件中出现得越多，事件营销成功的概率就越大。

（1）重要性指事件的重要程度。一般来说，越是对人们产生巨大影响力的新闻事件，价值就越大。新闻事件对社会的影响程度是判断内容是否重要的标准之一。因此，在进行事件营销时，要尽量选择影响力比较大、比较重要的事件。

（2）接近性。人们总是对自己的家乡、居住地和有美好回忆的地方满怀特殊的感情，因此，在策划营销事件时，要遵循与心理、地理、利益等相近的原则，选择与受众生活接近的相关事件。只有让事件与受众群体息息相关，才能更广泛地引起人们的注意，达到事半功倍的效果。

（3）显著性。国家元首、政府要人、知名人士、历史名城等更容易产生重大新闻。如果在进行事件营销时，能借助这些重大新闻，将会产生更大的传播影响力。因此，人物、地点、事件的知名度越显著，营销事件的成功概率就越大。

（4）趣味性。每个人都具有好奇心，因此对于新奇、反常、变态、有人情味的事件，他们会更容易去积极探索和接受。营销事件具有趣味性，可以更好地勾起并满足人们的好奇心。

2. 实施事件营销的步骤

进行事件营销时，可以按照以下步骤实施。

(1) 制造热点。可以制造一些比较能吸引人的热点事件，抓住粉丝的注意力。事件的形式可搞笑、可有争议、可特立独行。总之，要能引起人们的讨论。

(2) 选择渠道。在进行事件的炒作时，要选择一些人气比较旺的平台，如抖音、小红书、百度贴吧、新浪微博等，才能达到引流的效果。

(3) 持续跟进。当事件发酵到一定程度后，要有后续事件和情节的跟进，并利用人们的好奇心持续推动事件的发展。

(4) 团队配合。进行事件营销时，要通过团队的配合，不断对事件进行造势，扩大传播范围。

(三) 口碑营销

知识拓展：口碑营销的方法

网络消费模式的产生，孕育出网络口碑，口碑是受众对企业品牌印象及产品与服务的真实反馈，有着巨大的影响与作用。口碑传播速度快，传播渠道广，信息持续时间长，又分为正向口碑和负面口碑，企业通常通过新媒体平台拓展正向口碑、控制负面口碑来达到口碑营销的目的。新媒体营销对口碑与网络营销进行了有机结合。企业利用新媒体平台，将产品的口碑以文字为载体，使企业和消费者进行互动，从而获得销售效益。

案例：暑期逆袭剧是如何进行口碑营销的

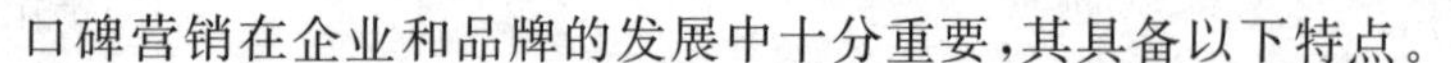

口碑营销在企业和品牌的发展中十分重要，其具备以下特点。

(1) 可信度高。口碑营销基本上都发生在较为亲近和密集的群体中，如朋友、同学、同事等。相对于广告和商家的推荐，人们还是觉得身边的朋友、同学、同事、亲戚的话语更可信。因此，口碑营销的可信度比较高。

(2) 传播成本低。口碑营销基本上不需要广告费用，企业仅需有良好的形象即可。相较于花费巨资的广告、促销等活动，口碑营销成本低且更简单高效。

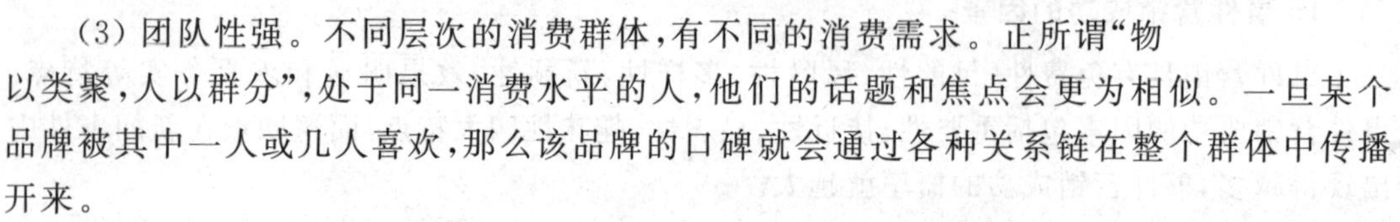

(3) 团队性强。不同层次的消费群体，有不同的消费需求。正所谓“物以类聚，人以群分”，处于同一消费水平的人，他们的话题和焦点会更为相似。一旦某个品牌被其中一人或几人喜欢，那么该品牌的口碑就会通过各种关系链在整个群体中传播开来。

企业进行口碑营销时，通常会借助微博、微信、小红书等平台主动创造热点话题，引导大众舆论方向，加速话题热度升温，从而达到增加企业及产品曝光度、企业形象及产品特性深入人心的目的。利用新媒体平台，企业可以与受众畅通交流，交换产品意见和看法，让受众参与到企业产品与服务的改进中，为新产品造势埋下伏笔，等产品与服务一推出就拥有良好的口碑基础。此外，企业发起线上营销活动也是口碑营销经常采用的一种方式，调动受众的好奇心与积极性，增加更多流量，累积人气，为口碑传播扩大路径和影响力。目前，越来越多的企业借助直播平台进行了口碑传播。职业主播或企业员工线上对产品的功能、外观、细节、测评做直播，从而使受众更好地了解产品，进一步打造良好口碑、促成产品销售。打造权重信息，降低负面口碑权重。网络口碑的具体内容包含消费者对企业和产品各方面的评论与看法，除了正面评价，还包含带有强烈主观情绪的负面观点。负面舆情在网络中传播开来，将影响潜在消费者的购买决策。因此，挖掘评论信息，分析口碑的情感倾向，对网络舆情实时监控与预警，同时主动发出正向口碑信息，降低负面信息权重，扩大正向口碑的影响力是企业必须做的营销工作。

（四）饥饿营销

微课：饥饿营销

小米手机在起步初期，就是以饥饿营销的方式在短时间内被大家熟知并引发抢购热潮的。饥饿营销是指产品供应者故意降低产量、控制供求关系、制造“供不应求”的假象来维护产品的品牌形象，进而获得高售价和高利润的营销策略，它多用于商品和服务的商业推广。

知识拓展：饥饿营销的负面影响和运作条件

饥饿营销并非处处适用，只有在市场竞争小、消费者心态不成熟、产品不可替代性强的情况下才能发挥积极作用。

饥饿营销的实施步骤：引起关注→建立需求→建立期望值→设立条件。实施饥饿营销，首先是要引起客户的注意；其次是建立消费者对产品的需求；再次是使消费者对产品产生期望值，拥有强烈的购买欲望；最后是设立产品所需要的条件。

新媒体平台信息传播速度快、信息量大。在进行饥饿营销时，可以运用以下技巧。

（1）明确客户。明确客户的群体特征，积极探索客户的需求，提供创建内容的方向。

（2）内容要原创。原创优质内容更容易满足客户的需求。

（3）形式要多样化。可以采用不同的载体，如文字、图片、视频、动画、漫画、游戏等。

（4）依靠自然转载。可以在多个媒体平台发布，在内容优质的基础上，产品信息能够得到更好地传播。

（五）知识营销

微课：知识营销

知识营销是指通过科普传播新的科学技术及对人们生活的影响，使人们对产品产生新的概念及需求，从而拓宽市场的一种营销手段。

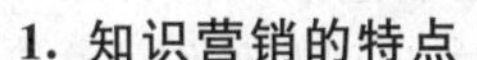

1. 知识营销的特点

知识拓展：知识营销的原则和实现路径

与传统营销相比，知识营销的特点主要体现在以下几个方面。

（1）营销环境发生质变。在知识经济时代，产品的营销环境发生了变化。企业与企业之间共有信息资源和知识，相互合作、相互竞争，呈现出一个在合作中竞争、在竞争中合作的良性循环环境。

（2）营销产品发生质变。不同于传统营销产品，知识型的高科技产品越来越受到欢迎。知识型营销产品的销售者，需要具备较高的素质，懂得科学技术产品的内容、操作、维修知识等。

（3）营销方式发生质变。传统的产品营销是通过电视等广告向消费者传达产品信息的，这样消费者接收信息较为被动。而新媒体知识则可以通过新媒体平台来传达产品信息，这样消费者与企业之间可以更好地进行互动。企业向消费者提供产品信息，消费者向企业提供反馈意见，最后企业再对产品进行修改。

2. 知识营销的内容

知识营销的内容主要包括学习营销、网络营销和绿色营销三类。

（1）学习营销。俗话说“活到老，学到老”。可以说，终身学习的时代已经来临。在知识和信息大爆炸的时代，学习营销成为很受欢迎的一种营销手段。一方面，企业可以利用新媒体平台向消费者传授新的科学技术，实现信息共享，减少消费者的顾虑，例如开通网络课程、微课等；另一方面，企业也可以利用新媒体平台向消费者和同行学习，例如关注同行的微博、关注同行的微信公众号等。

(2) 网络营销。简单来说，网络营销就是指利用互联网进行的营销。网络营销成本低、全天服务，不需要店面和货架，不仅可以同步进行广告促销和市场调查，还能拉近企业与消费者之间的距离，即时反映信息。

(3) 绿色营销。随着生活水平的提高，消费者越来越注意追求健康、自然，“绿色产品”受到广大群众的追捧。企业在营销时，应注意“绿色”概念，开发“绿色”产品，注重“绿色”情怀，提供“绿色”服务。这样更有利于企业的宣传与发展。

(六) 互动营销

所谓互动，就是双方都要动起来。互动营销是指企业和消费者之间通过互动来进行沟通交流，进而达成交易的一种方式。

知识拓展：互动营销三要素

1. 互动营销的特点

(1) 互动性。互动性是指消费者与商家之间的沟通与互动。一般来说，新媒体营销会进行前期策划，再通过与消费者的积极互动，慢慢引导他们参与其中，使企业与消费者之间存在一个纽带。

(2) 舆论性。网民之间互相回帖，可以直接或间接地对产品产生正面或负面的评论。舆论的作用在互动营销中不容小觑，可能会对企业的口碑产生一定的影响。

(3) 眼球性。互动营销需要抓住人们的注意力，以获得网友的关注和热议，从而产生互动。如果事件不能成功地吸引人们的注意力，没有人关注，也就谈不上互动了。

(4) 热点性。互动营销可以借助热点事件来炒作，也可以自己制造热点事件来炒作。热点事件要生动、形象、吸引力强。只有抓住消费者的心理，才能更好地引起他们的注意。

(5) 营销性。从名字就可以了解到，互动营销具有营销性。互动营销的目的并不仅是与消费者互动，也在于营销。运用事件进行炒作和互动，归根结底还是要达到树立品牌形象和提高销售量的营销目的。

互动营销通过互联网使商家与目标客户进行互动，主要方式有付费搜索广告、收集短信营销、广告网络营销、博客广告、微信推广、视频营销、论坛营销、电子邮件营销等。

企业与客户之间的互动，归根结底是为了提高客户对企业的信任，进而购买企业的产品。企业或商家与客户互动得越好，交易成功的概率就越大。

在新媒体平台进行互动营销，一味地追求粉丝的数量而不追求粉丝的质量是不可取的，还要提高客户的满意度。唯有真正站在客户的角度，才能提高客户的满意度。那么，应该怎样进行互动营销呢？

2. 实施互动营销的步骤

(1) 发布客户关注消息。收集客户较为关注的话题，梳理和解答后发布在新媒体平台。一旦客户被信息吸引，就会对产品感到认可并转发给朋友，进而使产品得到更多关注。例如，在微信销售衣服时，可以先建立一个美妆穿搭微信公众号，教给粉丝穿搭技巧，粉丝渐渐对卖家产生信赖，进而购买衣服。

(2) 转发客户评价。在客户进行评价后，可以适时地进行转发，一来客户会感觉自己被重视和尊重，二来客户的评论也可以作为产品质量好的一个佐证。当遇到产品有问题的评论时，可以转发来统一解决问题，以减少客服的工作量。

(3) 及时回复客户。就如我们联系别人希望得到最快的回复一样，客户也希望我们能尽快回复评论。及时地回复客户，不仅使客户感到被尊重，还会给客户留下好印象，可谓一举两得。

(4) 解答客户疑惑。当客户存在疑惑时，要及时进行解答。例如，当客户对产品的信息不太了解时，应该向客户详细讲解产品信息；当客户不知道如何选择时，应该为客户提供专业的建议；当客户购买产品出现问题时，应该及时解决。

(5) 适时进行活动促销。当客户对产品的价格信息熟悉后，可以适时进行活动来促销，让客户感到惊喜与新奇。这样不但可以留住老客户，也可以吸引新客户。

(6) 对待客户态度诚恳。当为客户提供服务时，态度一定要诚恳。大家在进行消费时，都希望服务人员能真诚地对待自己，而不是敷衍了事。那么自己在对待客户时，也应该诚恳，这样才有助于拉近与客户之间的距离。

(七) 情感营销

微课：情感营销

以消费者的个人情感差异和需求作为企业品牌战略的营销核心，通过情感包装、情感设计、情感促销、情感广告、情感口碑等方式来进行营销，称为情感营销。

1. 情感营销的作用

知识拓展：情感营销的弊端和方法

(1) 营造更好的营销环境。传统的营销注重商家与客户的商品交换关系，缺乏与客户的感情交流。新媒体时代的情感营销，不仅注重企业与客户的利益交换，更注重为客户营造一个温馨舒适的营销环境。企业与客户有了更多的情感交流，有利于树立企业的良好形象，有助于企业的长远发展。

(2) 提升客户对品牌的忠诚度。随着市场竞争日益激烈，客户对品牌的忠诚度开始成为品牌能否成功的关键因素。情感营销可以通过满足客户情感上的需求，使客户在心理上更认同品牌，进而发展为品牌的忠实客户。

案例：沙宣的情感营销之路

(3) 使企业更有力地战胜竞争对手。在与其他企业进行竞争时，除要具备产品质量好、产品包装精美、产品价格合理等硬实力外，还要发展企业的软实力，即尊重客户、为客户着想、赢得客户的信任。一旦客户对企业产生信任与依赖感，就有利于企业战胜竞争对手。

情感因素是人们接收信息的通道，通过对产品和服务注入感情色彩，才能使消费者产生心理上的共鸣。情感营销正在逐渐发展，成为打动人们“软肋”的一种营销方式。

2. 情感营销的策略

(1) 建立情感标签。企业需要根据自身的特点与特色，选择合适的新媒体平台，精准定位自己的情感标签。情感标签要根据情感差异化和市场调查来获得，要符合产品的内容，做到别具一格。例如美丽说，听名字就知道产品是一种能使人们变美丽的事物。

(2) 塑造形象标志。在微信、微博、论坛等新媒体公众平台，企业的整体形象和特征要一致、清晰、准确，具有一定的辨识度。因此企业要站在客户的角度，给予关怀和理解，积极沟通交流，使他们产生归属感和认同感。

(3) 建立情感联系。企业要用不同的交流方式、推送内容，与不同地区、年龄、性别的粉丝进行互动。坚持发布有使用价值和持续性的内容，及时回复客户信息，建立良好的情感联系。要尊重不同客户之间存在的情感、行为差异，培养忠实粉丝，提高消费转化率。

（八）会员营销

知识拓展：如何进行会员营销

顾客在商场购物时，一般会使用会员卡，享受优惠价格。同样，在新媒体营销中，也存在一种营销方法——会员营销。什么是会员营销呢？商家采用会员管理的方法，将普通客户变成会员，通过分析会员的消费信息，探索客户的持续消费力和消费价格，并以客户转介的方式，实现客户价值最大化的方法，就是会员营销。会员营销的优点如下。

微课：跨界营销

(1) 培养忠实客户。会员制有一个普遍特征，就是薄利多销。在会员期限内，如果顾客对企业满意，则可能成为长期的会员。企业拥有的忠实客户越多，其在与同行竞争时就会更具竞争力。

(2) 开发新客户。企业的会员制会带来更多优惠，这对于新客户来说具有一定的吸引力。老会员的宣传，可以帮助企业发掘更多新客户。

微课：跨界营销案例

(3) 促进企业和客户之间的沟通交流。客户成为会员后，通常能定期收到企业的产品信息和动态，有针对性地进行选购。企业通过与客户交流，也可以了解客户的需求及意见，完善产品。

会员营销的指标包括客户成本、首购单价、复购率、复购客单价和转介率等。

五、新媒体营销工具

随着移动技术和信息技术的不断发展，在进行新媒体营销时，可以借助很多先进的软硬件工具。

微课：新媒体营销工具

1. 图片处理工具

图片处理工具用于美化图片，使新媒体平台推送的内容赏心悦目。新媒体常用的图片处理工具有 Photoshop(PS)、光影魔术手、美图秀秀、美颜相机等。

其中 PS 较为常见，在图片处理方面的效果更好；光影魔术手易于上手，可以自动抠图；美图秀秀功能极多，可以在手机上添加水印；美颜相机则是自拍神器，可以处理人物外貌和肤色。总之，不同的图片处理工具各有优势，如果配合使用，可以制作出效果更好的图片。

测试：认识新媒体营销

2. 视频处理工具

在进行新媒体营销时，还会发布一些小视频，这就需要用到视频处理工具。常用的视频处理工具有 Adobe Premiere Pro、剪映、狸窝、爱剪辑、会声会影、视频剪辑大师、酷我音乐盒、格式工厂、维棠、屏幕录像大师等。

其中，剪映、狸窝、爱剪辑、会声会影比较简单易学；Adobe Premiere Pro 功能比较丰富；酷我音乐盒用来制作音频；格式工厂用于格式转换；维棠用于素材采集；屏幕录像大师用来制作教程动画。

3. 存储工具

在新媒体平台上发布信息后，要想存储下来，就要用到存储工具。常用的存储工具有百度云盘、360 云盘、金山快盘、腾讯微云等。

其中，百度云盘不仅可以上传照片和文件，进行视频备份，还可以将资料分享给他人，且注册后就有 15GB 的存储空间；360 云盘和百度云盘类似，并且有 30GB 的存储空间；金山快盘是免费网盘，可免去注册费用；腾讯微云则特别适合在 QQ 和微信中使用。

4. 微场景工具

微场景是指用 H5 编码的页面，可以用来翻页，呈现动态、3D、简单交互效果，常用于活动召集、论坛邀请函、发放优惠券、发布新品品牌等。常用的微场景工具有易企秀、lh5、ME 微杂志、易企微、兔展、麦片、初页、MAKA、翼码旺财、微页、点点客海报、秀米秀制作、易传单、Epub360、LiveAPP 场景应用、Vxplo、最酷网、起飞页、WIX、有图等。

5. 数据采集工具

在进行新媒体营销时，往往需要对数据进行采集分析，这就会用到数据采集工具。常用的数据采集工具有金数据、麦客、问卷星、表单大师等。

6. SEO 工具

SEO 即搜索引擎优化。在进行新媒体营销时，利用搜索引擎优化，可以改进品牌的关键词排名，获得更多流量，进而将流量转化为利润。常用的 SEO 工具有爱站 SEO 工具包、百度搜索风云榜、百度指数、新媒体排行榜、新榜指数等。

7. 二维码生成器

在进行新媒体营销时，二维码常用于对产品品牌的推广。常用的二维码生成器有草料二维码、联图网、二维工坊、wwei 创意二维码等。

8. 电子书工具

新媒体营销在查找内容阅读电子书时，会用到电子书工具。常用的电子书工具有捷速 ocr，其功能在于将 JPG、PNG、GIF、BMP、DOC 等格式的图片转换为 Word 和文字格式。

9. 流量平台

流量用于使新媒体营销的企业获得更多的粉丝，进而增加目标消费人群的数量，提高产品的销售额。常用的流量平台有百度贴吧、小红书、猫扑、豆瓣等，这些较大的网络平台能够引入较多的流量。

案例：卫龙如何进行趣味营销

10. 运营助手

运营助手用于简化新媒体营销的运营流程，使营销取得更加出色的效果。常用的新媒体运营助手有新媒体管家、易赞、西瓜助手、爱微帮等。

11. 排版工具

在新媒体平台上推送文章时，赏心悦目的排版更容易让人们接受。常用的排版工具有

135 编辑器、秀米、96 微信编辑器、新榜编辑器、小蚂蚁微信编辑器、易点编辑器等。

综合能力训练项目

一、项目训练内容

查询网络二手资料，选取优秀的新媒体营销案例进行汇报和分析；结合校企合作企业实际和面临的问题，选择感兴趣且擅长的项目进行新媒体营销项目训练，助力企业销售。

二、项目训练要求

分析一个优秀的新媒体营销案例，将分析结果在班级进行展示和汇报，同时进行校企合作企业的新媒体营销项目训练。

- 准确选择新媒体营销案例；
- 恰当运用新媒体营销理论；
- 运用各种新媒体方法进行项目的分析和归纳；
- 将案例分析的结果运用于本团队的新媒体营销项目策划中。

三、项目训练考核要求

- 新媒体营销案例分析的要点齐全(10 分)；
- 团队对新媒体营销案例分析条理清楚，把握到位(30 分)；
- 语言表达逻辑性强，表述清晰、准确(10 分)；
- 团队项目的新媒体营销方案切实可行(30 分)；
- 团队项目的新媒体营销手段有创新、有创意(20 分)。

任务二　认识新媒体营销相关岗位

学习目标

- 清晰知晓新媒体运营等职业的岗位职责；
- 掌握新媒体营销岗位所需的技能；
- 了解新媒体营销相关岗位的职业操守，践行知行合一的理念。

课堂讨论

你身边有从事新媒体营销工作的人员吗？讲述自己最喜欢的新媒体营销岗位。

一、新媒体营销职业团队

微课：新媒体营销团队

新媒体营销是一个新兴的行业，目前的从业者大多数为“90 后”，甚至是“00 后”，也是一个专业性强、日新月异的行业。一般一个新媒体营销团队由新媒体营销经理、文案专员、美编专员、运营专员组成，他们都需要掌握新媒体营销方法，掌握管理学、营销学、心理学、社会学等知识，需要拥有丰富的行业经验。

1. 新媒体营销经理岗位职责和工作内容

(1) 负责团队的管理工作。新媒体营销经理有全面主持新媒体营销工作的指挥、协调、监督及管理的权力，并承担执行公司规程及工作指令的义务。

(2) 新媒体营销计划的制订者。新媒体营销经理要有“互联网信仰”，最好是重度使用者，制订新媒体推广计划，执行力强。

(3) 新媒体营销实施的统筹者。熟悉新媒体，对微博、微信等如数家珍，熟悉大号，运营过微博草根号、微信公众号更好！要有“实战”经验，混过论坛、刷过微博、刷过微信；有判断力，对热点事件能分析，知道如何借势，要有自嘲精神。

(4) 新媒体营销实施效果的分析者。挖掘和分析微信用户需求，收集用户反馈，分析用户行为及需求，即时掌握当下热门话题；提高粉丝活跃度，与粉丝做好互动，对粉丝的网络行为进行分析与总结；监控推广效果和数据分析，对推广效果进行评估改进。

2. 文案专员岗位职责和工作内容

综合各大公司新媒体文案专员的相关岗位，其主要职责是新媒体渠道的内容策划及写作、企业各阶段营销活动的策划与推广、热点事件的营销跟进、评估工作效果及其他文案工作。

(1) 企业产品的卖点梳理和客户沟通。深入了解行业、项目产品，梳理并包装品牌卖点，同时与用户实现有效沟通，具备和客户方执行团队以及各类合作方的沟通、协调、管理能力。

(2) 新媒体渠道的内容策划及写作。新媒体文案应根据企业的品牌和产品撰写对应的宣传文案，负责抖音、微信社区等新媒体平台文案质量把控，制定内容推送及投放策略，根据企业的品牌和产品撰写对应的宣传文案，以及在不同的新媒体渠道上，如微信公众号、新浪微博、社群等，推出并发布各种形式的文案内容，如图文、视频、语音等。

(3) 企业各阶段营销活动的策划及推广。新媒体文案应根据企业需要以及节假日这些待定事件策划相应的营销活动，并落实推广。例如，企业发布新产品，需要策划一系列新品发布活动，包括采用何种形式的活动及文案，吸引目标人群的注意，以达到新品发布的最佳效果。

(4) 热点事件的营销跟进。新媒体文案应根据社会时事热点，有选择地跟进，达到企业的宣传目的。

(5) 评估工作效果。无论是文案内容的投放发布，还是活动策划的落地，新媒体文案在执行后均需收集相关数据，评估内容的投放发布，并对往期工作内容提出相关的优化建议，以便后期进一步参考及工作改进。例如，微信公众号推送一条图文消息后，需要统计阅读人数、转发人数，并与往期数据进行对比，评估效果，并检讨标题及文案内容品质。

3. 美编专员岗位职责和工作内容

(1) 负责微博、微信、朋友圈、官网等新媒体及线上宣传相关的美术编辑，负责文案策划及推广，提高粉丝关注度及活跃度。因此，需要熟练使用 Dreamweaver、Photoshop、Coreldraw 等设计软件；熟悉 InDesign 等编排软件。

(2) 负责撰写品牌宣传文案，使宣传多样化、品牌化。因此，需要熟练制作 H5 海报及短视频。

(3) 负责活动文案的新媒体编辑和运营，提高访问量和用户黏性，提高品牌影响力，因此，要熟悉移动互联网使用人群的特点及行为习惯，具有微信运营经验，具有活动策划及较强的营销方案撰写能力。

（4）具备时尚敏感度，热爱学习，对市场有独到的见解，对潮流趋势有一定的分析能力。

（5）热爱本职工作，工作细心、责任心强；具有较强的理解能力、领悟能力、工作协调能力和创造力；具有良好的职业操守，细致、耐心、谨慎、踏实、稳重；人际沟通、协调能力强，具有良好的团队合作意识。

4. 运营专员岗位职责和工作内容

新媒体运营专员主要负责企业新媒体项目的运营及新媒体团队的建设，统筹线上新媒体整体运营工作，包括媒体号运营，宣传视频制作，引流方案制订，各类活动策划、线上用户运维，实现端内与端外贯通、粉丝及客户数增长等。其岗位要求如下。

（1）熟悉移动互联网使用人群的特点及行为习惯，深度了解目标客户群体及用户需求，挖掘素材，捕捉实时热点，并能够有效运用资源完成内容、运营策略制定，完成业务目标，提高访问量和用户黏性，提高品牌影响力。

（2）根据上级方针，有创意地开展微博、微信等平台上的活动：负责自主网络媒介平台的开发与维护，运作官方网站、微博、微信，确保人气的提升；勤劳肯干，能够承担较大工作压力，并且能按时完成上级交代的工作事项。执行微信、抖音等新媒体营销线上活动，实施并评估效果，对往期工作内容提出优化建议，以便后期进一步参考及工作改进。

（3）根据公司品牌策略，结合网站、微博、微信等各自的特性，寻找能引起传播的话题，吸引粉丝互动，包括操纵各官方新媒体的联合推广等。具有较强的洞察力和创新能力，具有一定的敏感性，善于把握最佳的发布时机。

（4）收集粉丝的意见和批评建议，及时反馈给相关部门负责人，了解并挖掘粉丝需求，掌握行业内的最新资讯，提供有质量的内容，具有较强的规划、分析能力和创新意识，对待产品和数据敏锐，思维清晰有条理。

（5）定期收集整理运营数据并反馈给相关部门负责人，具备良好的数据分析能力、语言及文字表达能力、跨团队协作能力。

（6）注重团队合作，善于沟通，富有创意，有服务精神，具备良好的职业素质和敬业精神。

5. 带货主播岗位职责和工作内容

视频：带货主播的工作日常

带货主播主要在抖音直播、淘宝直播等平台进行产品销售，统筹负责产品知识讲解，对产品进行使用与推荐，调动直播间氛围，与粉丝保持互动，引导观众关注和完成购买流程。其岗位要求如下。

（1）负责公司抖音、点淘等电商平台的日常直播，维护频道健康秩序。

（2）活跃直播间气氛，吸引进入直播间用户的注意力。

（3）熟练介绍产品特性及卖点，及时解答用户疑问。

（4）引导用户并促进成交。

（5）配合公司需求，录制展示产品特色的小视频。

二、新媒体营销职业发展路径

对于一般企业的新媒体营销部门来说，新媒体运营人员在岗人数最多、需求量最大，与运营相关的岗位通常有三类，分别是新媒体运营专员、新媒体运营主管和新媒体运营总监。

1. 新媒体运营专员

不同企业对于新媒体运营专员的岗位命名各不相同。在规模较小的团队中，专员岗位一般被称为新媒体运营专员、新媒体专员、运营专员、新媒体运营助理等；在规模较大的团队中，专员岗位又被细分为微信运营专员、微博运营专员、活动策划专员、产品策划专员等，不同岗位所需的专项能力如表1-1所示。

表1-1　新媒体专员必备的专项能力

岗　位	所需能力
内容运营专员	账号运营、内容策划、内容选题、内容推广、内容数据等
活动运营专员	活动方案制订、活动细节策划、活动执行、活动效果分析等
产品运营专员	需求挖掘、产品内测、用户反馈、产品调优等
用户运营专员	用户分级、用户拉新、用户留存、用户促活等

2. 新媒体运营主管

案例：新媒体运营主管工作内容

新媒体运营主管负责整个新媒体部门，因此必须具备提升团队效率的能力，做好评估与拆解工作。

所谓评估，即评估各项工作的意义，剔除无价值工作，将新媒体部门的重点工作放在对绩效有意义的事情上。

所谓拆解，即关注同行及互联网知名企业的最新动作，拆解其背后的方法及意义，将拆解后的优秀方法借鉴到部门工作中。

3. 新媒体运营总监

案例：如何进行跨界营销

新媒体运营总监作为新媒体部门的最高指挥官，其发出的指令将在一定时期内影响新媒体部门的整体工作安排。因此，新媒体运营总监必须结合企业整体的市场定位，设计出独特的新媒体运营思路并落实执行。

成为新媒体运营总监后，有三个继续发展的方向。

（1）进入公司高管，作为副总经理，分管新媒体运营工作。

（2）跳槽到其他公司或其他行业，依然担任新媒体总监工作。

（3）加入创业团队，担任运营合伙人。

微课：新媒体营销职业技能

三、新媒体营销职业技能

新媒体营销虽然是一个比较新的行业，但对岗位人才也有一定的职业要求，主要的职业技能包括以下八大能力。

1. 文字表达能力

作为新媒体营销人员，首先要会写高质量的软文，要求有可读性，内容有深度、有趣味性。其次要有抓热点的能力，能熟练进行数据分析，具备信息搜索等能力，写出的文章能够紧跟潮流，同时坚持自己的价值主张。

2. 项目管理能力

项目的推进通常需要计划、沟通、协作、执行、反馈等步骤；新媒体营销从业者也需要具备项目管理能力。新媒体营销中的项目管理常被等同于活动策划与管理。但除活动外，新媒体营销中的任何一项工作都需要进行项目管理。

知识拓展：软文写作

例如，发布一篇推广文章，新媒体营销者也需要进行整体的项目管理。

第一步，制作进度表，规划出文章发布的每个环节所需要的执行者、截止时间等细节。

第二步，整理文章需求并与编辑充分沟通。

第三步，编辑或撰写文章时，运营者需要随时关注并提供相关素材。

第四步，文章完成后，运营者需要与推广专员沟通，布局推广渠道。

第五步，监控推广效果，随时优化并做好复盘。

以上一系列动作都需要新媒体营销者建立在统筹规划的基础上。

3. 人际沟通能力

新媒体营销不是一项独立的工作，必须进行多方沟通。一方面，营销者需要进行内部沟通，将文案需求、设计需求、产品功能需求等准确传达至相关部门或小组；另一方面，营销者也需要进行客户沟通，随时了解客户需求并做好沟通反馈。

4. 用户洞察能力

企业新媒体的平稳发展得益于日常的稳定运营，而企业新媒体的跨越式提升通常来自阶段性的爆发式运营，如一篇“10万+”爆文、一次“刷屏级”H5等。

从表面上看，爆发式运营是由于巧妙的创意或独特的思路，但深层次的原因是对用户的洞察。爆文之所以“10万+”，是由于点破了读者的孤独、焦虑、迷茫等内心情感，从而获得读者的认同；而H5之所以刷屏，也是因为满足了参与者的炫耀、跟风、猎奇等心理，而被疯狂转发。

5. 热点跟进能力

案例：中国平安如何借助热点进行营销

新媒体的受众与报纸、电视等传统媒体的受众不同，以年轻人居多。因此，新媒体营销者必须随时关注热点并及时跟进。

不过，如果一味追求热点本身而不注重企业与热点的关联，很有可能会出现“网友一笑而过，并不买单”的情况。因此在跟进热点时，新媒体营销者必须将热点与企业定位相结合。

6. 渠道整合能力

新媒体营销者通常会面对两类渠道：一类是企业内部渠道，包括线下门店、线下广告牌、线上账号等；另一类是企业外部资源，如外部合作公司、线上相关行业网站、微信公众号等。

新媒体营销者只有懂得渠道整合、借助更多资源的力量推进新媒体工作，才有可能将运营效果最大化。特别是如果在运营中多尝试与外部渠道跨界创意合作，更会使网友眼前一亮。

7. 数据分析能力

除百度、阿里巴巴等大型互联网公司外，专门设置“新媒体数据分析师”岗位的企业并不多。因此，新媒体营销者通常需要充当数据分析师的角色，懂得基本的数据分析，会使用Excel或更专业的数据分析工具，进行数据预设、过程监控、数据总结等处理。同时，处于管理岗位的新媒体经理、总监等，除对运营数据本身的分析外，还需要对团队业绩、员工绩效等进行分析与考核。

8. 持续学习能力

新媒体营销行业一直在更新换代，从业者需了解和使用各大新媒体平台，每个平台都有自己的规则，这就需要不断地去学习和改变，不断地适应新的变化。

以上八大能力是现阶段绝大多数企业对新媒体营销岗位的能力需求。但需要强调的是，不同时期企业对新媒体营销岗位的能力需求有所不同。例如，2000 年，从事新媒体运营的人必须掌握论坛营销技巧；2007 年前，新媒体运营者的必备能力是人人网、开心网等社交网站账号的运营经验；而到了 2017 年之后，微博、微信、短视频运营经历成为新媒体运营者的必备技能；未来随着新的新媒体平台或工具出现，企业对新媒体岗位的能力需求又会有新的变化。

四、新媒体营销职业道德

近几年来，新媒体以方便、快捷、互动性强等优势迎合了大众的口味，迎来了自身发展的春天。但是凡事都有两面性，新媒体营销从业者也暴露出了诸如制造虚假新闻、营销娱乐化、营销软文侵权等职业道德失范问题。2020 年 5 月，国家网信办在全国范围内启动为期 8 个月的“清朗”专项行动，加大网络生态治理力度，深入整治网上各类违法违规问题乱象，在此背景下，加强新媒体营销从业人员职业道德建设，提升道德水平成为重中之重。

1. 新媒体营销从业者潜在的职业道德问题

(1) 过度娱乐化。过度娱乐化的初衷是赢得关注，通过受众的扩大提高曝光率和影响力，但是由此带来一系列问题，譬如新闻内容不实、内容低俗等问题，甚至宣扬色情、暴力等，这些不仅影响社会主流价值观的弘扬，而且不利于正能量的传播，不能正确引导舆论导向，对社会造成极大的危害。

(2) 营销软文标题党。所谓的标题党，多指新媒体营销从业者以新媒体为平台，撰造与新闻事实内容大相径庭的软文标题，目的是通过新奇、夸张的标题吸引受众，其内容与实际营销的产品关系不大。

2. 新媒体营销从业者道德失范原因

(1) 利益驱使。新媒体的大量出现和快速传播，以其精准的广告效应能够全面地满足用户需求的特点，严重瓜分了传统媒体的广告市场份额，互联网在新媒体发展中扮演了重要角色，新媒体能够更加精准地定位客户喜好，提供个性化服务，大数据能对客户数据进行智能分析，跟踪记录用户消费特点，形成点对点的营销，因此，新媒体逐渐成为商家广告宣传的新宠儿。据统计，广告收入约占媒体收入的九成，因此，为满足盈利需求，依靠单一的广告收入模式生存的新媒体就会受到经济利益驱使，出现“寻租”行为。

(2) 新媒体营销从业者缺乏责任意识。新媒体时代也是自媒体时代，人人都可以是新闻事件的报道者和传播者，这种全新的、便捷的、多元的、参与度更高的信息获取方式给生活带来了新的体验，但是同时也逐渐忽视了软文写作应有的严谨态度，于是新媒体营销从业者愈加淡化了自己的责任意识和职业敬业精神，大量不实的报道、低劣的软文作品充斥在各大新媒体平台上。

(3) 有效监督失位。新媒体的迅速发展导致了业内激烈的竞争，不同营销人员为了争夺市场，不惜以虚假内容、夸大事实、哗众取宠等手段吸引受众，而这正好迎合了多数人浅阅读的习惯和猎奇的心理需求，导致了营销传播内容的质量低下，也导致了行业乱象的层出不穷。究其根源，一个重要原因就是缺少相关的监督机制，社会缺乏统一的监督制度和明确的行为责任规范，这就造成新媒体营销从业者逐渐出现道德失范问题。

3. 提升新媒体营销从业者职业道德建议

(1) 不能为了营销，忽略传播信息的真实性。在面对网上海量的素材和热点新闻时，营销人员要具备去伪存真的本领，以专业的视角去审视问题，进行营销宣传时，不能过于夸大内容和事实，为公众带来虚假和夸张的宣传信息，严禁成为虚假信息的传播者。

讨论：如何搭建《战狼3》新媒体营销团队

(2) 要强化行业从业监督。新媒体从业者的职业素养需要内部和外部两个方面的共同因素起作用。对于行业内部来讲，行业应建立完善的规则、守则、规范，能够做到有效的自我约束和自我管理，行业协会充分发挥自身作用，同时健全违规惩戒机制，并对道德失范行为进行有效权威的裁决和处理。此外，就行业外部而言，政府文化相关部门，要充分发挥自身作用，积极作为，协助行业协会制定管理细则，同时有效发挥监督、管理的职权，规范新媒体从业者行为。

测试：新媒体营销相关岗位

思政园地

林芝助农馆125万元销售业绩背后的“神秘推手”：智力援藏的他们了不起！

“大家好，我是阿羌，欢迎来到西藏林芝助农馆的直播间。林芝位于西藏东南部，在雅鲁藏布江的河谷处，拥有‘藏上江南’‘东方瑞士’的美名，是著名的旅游胜地……”

打开京东林芝助农馆的直播页面，西藏大学生阿羌正在积极向客户介绍家乡，推荐西藏特色产品。

京东林芝助农馆自2021年3月起正式上线运营，在2021年11月结束的西藏第一届电商节期间，创下125万元的销售业绩，取得了同期西藏农特产品电商销售第一名的桂冠。而林芝助农馆能够取得如此骄人佳绩，离不开政产学研多方的精诚合作。图1-2所示为林芝助农馆直播画面和幕后现场。

图1-2 林芝助农馆直播画面与幕后现场

林芝市政府以“林芝源”品牌为主打，牵线搭桥了林芝20余家企业，助力100余款特色农产品上线平台销售；京东集团给予了流量扶持，让广大消费者了解和关注林芝农特产品；而浙江大学、大连理工大学、东南大学等多个高校组成的专家团队则充分发挥了电子商务运营管理等方面的科研优势。但万事开头难，林芝助农馆从零起步，其运营难度远超想象。

西藏农特产品，如林芝松茸、易贡茶叶、墨脱石锅等，大多数为国家地理标志产品，具有鲜明特色和独特优势，然而，其销售却面临着产品知名度不高、优质不优价、销量低迷等难题。西藏特色农产品的销售是提升边疆居民收入的重要途径，也是服务国家治边稳藏战略的重要组成部分。

为尽快让林芝助农馆步入发展的快车道，助力西藏农产品销售，以浙江大学、东南大学等高校的教授、博士生及研究生组成的智力援藏团队，深入驻扎西藏林芝数月之久，经过多次反复沟通交流，携手确定了从生产端、流通端和消费端三个方面开展林芝助农馆农产品电商供应链能力建设内容，同时，深入剖析了林芝农特产品的特点以及市场环境，对运营方案进行了多次讨论，陆续开展了电商直播、社会化商务、产品捆绑组合方案以及自媒体运营、达人带货等多元化、精细化的运营方案设计与实施。经过数月的深入合作，取得了上述成果。

（资料来源：https://m.thepaper.cn/baijiahao_16231852）

思政启示：通过智力帮助西藏的农特产品销售出去，体现的是当代大学生怎样的精神？林芝助农馆不仅体现了新媒体运营人员精准定位客户需求，剖析产品特点，而且体现了当代大学生的强烈社会责任感，谈一谈新媒体运营者如何在感受中国速度、助力中国发展的同时贡献自己的力量？

综合能力训练项目

一、项目训练内容

利用互联网和校企合作资源，搜索新媒体营销岗位中你最感兴趣的职位，完成以下工作。

- 收集、归纳整理最近一个月内的招聘信息（不少于10条）；
- 该职位入职条件、岗位竞升时的职位要求，以及管理者的职位要求；
- 该岗位本人五年的职业规划；
- 为本人制作一个H5个人简历；
- 搭建企业新媒体营销项目团队的组成框架，以及团队成员工作任务和职责。

二、项目训练要求

对新媒体营销团队的组建有清晰的认识，能找到自己的岗位定位，对岗位的入职门槛、晋升条件有清晰的职业规划，并且能将检索的结果在班级进行展示和汇报。

三、项目训练考核要求

- 收集、归纳整理不少于10条招聘信息（10分）；
- 团队成员对自己所从事的岗位入职条件、晋升条件明确清晰（25分）；
- 团队成员对自己所从事的岗位将来的职业规划有清晰的思路（35分）；
- 在班级能流利地展示和汇报（10分）；
- H5个人简历制作精美（20分）。

项目二

微信营销

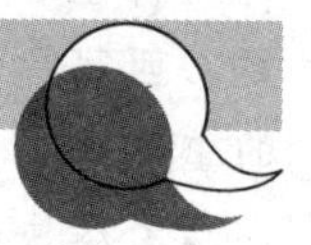

学习目标

素养目标

- 培养不断学习、与时俱进的市场敏锐度和职业专业度；
- 树立以人为本、公平竞争、价值引领的职业操守和网络素养。

知识目标

- 了解个人微信号和微信公众号营销方法；
- 掌握服务号、订阅号与企业微信的定义、区别及使用方法；
- 掌握微信 H5、软文营销的方法、技巧；
- 掌握微信营销工具微信商城、微信小程序的定位、客户群体和消费者优势；
- 了解微信营销的六大要素衡量指标、KPI 考核标准与计算方法。

技能目标

- 能够熟练运营个人微信号；
- 掌握微信公众号营销的方法，并实现微信服务号、订阅号的整体规划和运营；
- 能够根据不同场景需求，对营销内容选择恰当的方式进行推广；
- 能够熟练使用 H5 工具；
- 能够进行微信软文写作；
- 能够熟练运营微信商城、微信小程序；
- 能够使用各类工具，对微信营销数据进行统计、分析和判断。

案例导入

微信发展史及未来之路

微信的全球用户超过 12 亿，在国内社交软件中，是当之无愧的王者。微信的发展可以分为三个阶段(或三个层次)。

第一阶段：即时通信

微信是作为一款即时通信软件出现的，所以消息对话、语音、群聊、通讯录这些功能是微信最先发布的，也是基础功能。对用户来说，这个阶段的微信部分替代了短信、电话功能。

第二阶段：社交平台

微信在第一阶段积累了一定用户的基础上，开始社交方面的探索，逐步推出了附近的人、摇一摇、漂流瓶、朋友圈等功能，这是基于通信功能的升级，满足人们的交友、社交需求，同时社交属性也极大地增加了用户对微信的黏性。微信成为社交平台后，微信上的用户就不能想离开就离开了，微信也因此有了一条“护城河”。

第三阶段：连接一切

微信创始人张小龙说：微信是一个为人们提供便利、提高效率的工具，微信的目标是做互联网最好的工具。基于这个定位，微信从通信工具、社交工具发展为现在连接一切的多功能工具。从公众号开始，微信开始连接个人与内容、服务、商品、公司，小程序的出现将之推向了高潮。

因为连接一切，微信上各种功能不断丰富，满足通信社交之后，开始满足人们出行、购物、理财、娱乐等方面的需求。中国用户也习惯在一个App上解决各种需求，微信凭借其对中国网民需求的敏锐洞察，一步步升级，从而成为“智能手机必备软件”。

2022年年初，腾讯将企业微信、腾讯文档、腾讯会议打通，协同办公更方便了，之后又打通了公众号与视频号，对视频号的定位也逐渐清晰。微信连接一切的范围进一步拓展。

未来之路

微信这个拥有十亿多用户的群体交流平台，已经逐渐从一个产品演变成为具备跨时代意义的平台系统，不断完善的微信生态圈给中国的移动互联网发展带来了无尽的可能。朋友圈营销、二维码营销、裂变分销营销等不同的营销方式，帮助许多创业者走上成功之路。

微信营销是指借助微信这个传播工具，运用互联网的技术和手段，向自己的目标群体精准推广产品和服务，树立自己的品牌形象，用最小的成本获取客户，并随时进行沟通和解决客户的问题，最终提高产品的成交和转化的一种营销模式。微信依托小程序、公众号、微信支付等，逐步形成覆盖12.025亿微信用户、5000万家商户、6万余家服务商的生态网络。作为全民App，微信的工具属性日渐褪去，附着在平台上的每一个个体、每一位创作者、每一户商家都得到了更多被看到的机会，虚幻动人的数据正在落到实处，数字化、实体化正成为生态关键词。在这个庞大的生态体系内，每个人都在被看见，每个人都“在场”。

（资料来源：https://xueqiu.com/7535342691/224565117）

项目简介

项目内容

党的二十大报告中提到，互联网上网人数达10.3亿人，而微信月活跃用户达12亿多，是中国第一大即时通信软件，微信公众号超3.6亿个，成为企业推广品牌和增加销售额的第一选择。微信营销主要体现在移动客户端进行的区域定位营销，商家通过微信公众平台，展示商家微官网、微会员、微推送、微支付、微活动，已经形成了一种主流的线上线下微信互动营销方式。因而，如何在众多企业微信中脱颖而出，利用微信社群特质，通过内容营销、场景模拟等方式实现流量对接、转化，是微信营销的重中之重。

根据微信营销的不同途径与方式，本项目划分为微信个人平台管理、微信公众平台开发与引流、微信内容营销、微信营销工具和微信营销数据分析五个任务。

项目任务

本项目以学生团队为活动单位，安排学生以某现象级产品为研究对象，分析其在新媒体形式下营销模式的优缺点，同时在文案设计、图片选择、互动内容上下功夫，制订相应的新媒体营销策划方案。

项目学习课时

建议课内学习时间 16 课时，课外学习时间 24 课时。

项目成果

在项目学习结束后，学生应递交以下项目学习成果：

(1) 微信个人账号规划与实施报告一份；

(2) 行业企业微信公众号营销策划书一份；

(3) 运营企业微信公众号一个，包括不同类型的软文内容推广；

(4) 企业产品微信 H5 作品一份；

(5) 企业微信营销工具案例分析报告一份；

(6) 企业微信公众号数据分析报告一份。

任务一　微信个人平台管理

学习目标

- 掌握个人微信号的装饰；
- 学会管理自己的朋友圈；
- 用个人微信号传递生活的美好；
- 兼顾审美与价值管理朋友圈。

课堂讨论

寻找你的朋友圈最精彩的个人微信号。

一、个人微信号装饰

个人微信号是传播最广、使用最频繁的一个产品，存在巨大的价值。每个人都可以有个人微信号，因为注册非常简便，只要拥有手机号码，就可以注册微信号。

注册虽然简单，但个人微信号也有一些细节值得注意，见图 2-1。

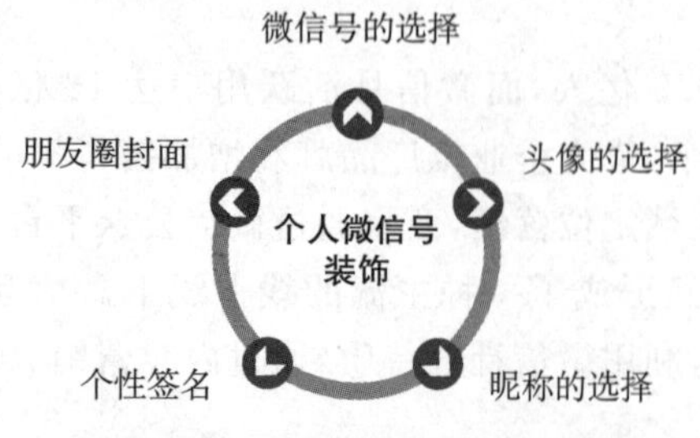

图 2-1　个人微信号装饰的注意点

微课：认识微信和微信营销

微课：个人微信号管理

1. 微信号的选择

微信号是别人需要加你的时候，在添加好友栏搜索时输入的账号。首推手机号码作为微信号，这样一来容易输入，二来可间接地把你的联系方式告诉对方。自己的手机号码在多少人的手机上保存，在一定程度上也意味着业务的拓展范围的大小。需要注意的是，微信号一年可以修改一次。

一般而言，不要使用英文＋数字＋下划线等格式来做微信号，因为这种微信号记忆困难，还容易出错，特别是在通过电话和客户沟通的时候，用语音播报，很容易记错。微信号是客户第一眼看到的内容，所以一定要有记忆点。

2. 头像的选择

知识拓展：微信号的修改规则

客户通过微信号搜索到你，首先看到的就是你的头像。一个好的头像能体现专业度。头像是和他人沟通的重要渠道，也是你对外的形象。

一般不建议头像用景色、动物或 Logo，因为个人微信号要避免传达浓厚的商业信息。要力争使头像突出个人魅力，因此建议使用个人形象照片，尤其是积极阳光的个人照，这样可以表现出自己的亲和力，可以传达这个账号是一个“正常人”，而不是一个营销号。有真实头像的微信号也更加容易通过好友申请，周围打招呼的人也会变多。

3. 昵称的选择

昵称是个人对外交流时用的称呼，很多人在昵称中用了一些符号、英文字母。这样做可能会显得有个性，但是不便于记忆。建议昵称使用中文，最好是自己的真实姓名或方便易记的网名，例如苏木、背书哥等。昵称是大家对你的第一直观印象，千万愿意不要硬生生地在名字上推销产品，那样无论加什么人，大多不会通过好友验证，因为没有人愿意加一个卖货的人。

4. 个性签名

知识拓展：微信个性签名示例

个性签名是陌生人了解我们的一个信息渠道，因此是必填的。个性签名有很多种方式，根据微信号的特点，建议直接展示自己的需求和价值。另外，手机屏幕越小，出现的字数越少，所以重要内容应优先放在个性签名前面。

5. 朋友圈封面

知识拓展：了解你的微信朋友圈

无论是现有的朋友圈好友，还是即将添加的好友，都会浏览你的朋友圈。朋友圈置顶的位置是一张图，这张图也有文章可做。

朋友圈封面可谓是微信中最重要的一个广告位，可以利用这个地方介绍自己的业务和特长，但在设计时应注意尺寸，要根据自己的手机型号来设计。可以使用自己的美照作朋友圈封面；也可以做一张（软）广告图作朋友圈封面，把自己的产品放在图片上即可；当然，也可以自己（或模特）拿着产品拍摄。

二、微信好友添加与管理

1. 个人微信号获粉方式

一般来说，个人微信号获取粉丝主要有以下几种方式。

(1) 手机通讯录。打开微信“添加朋友”一项，选择从通讯录导入好友，可以通过手机号搜索对方的微信进行添加。通过通讯录添加的好友多数是熟人。

(2) QQ 好友。从 QQ 好友列表也可以添加好友。这个可以添加精准用户，因为可以先通过 QQ 搜索目标用户群，进行添加 QQ 好友，然后通过微信上的 QQ 好友列表添加到微信。这个方式添加的虽然说是陌生人，但却是目标用户，通过后期维护，是购买潜力最大的用户。

(3) 附近的人。通过附近的人添加时，首先要考虑附近的人是否有消费所卖产品的潜力，如果没有，这种方式可以不用。

(4) 摇一摇。无聊的时候摇一摇，可能大家都有这样的体验，摇一摇主要是自动添加同时摇一摇的用户，让人产生一种“缘分”的感觉。一般来说，系统自动匹配离最近的同时摇一摇的那个人。

2. 掉粉原因

案例：朋友圈营销内容塑造要点

微信带来的是强关系链。运营微信，为了积累更多客户和人脉，但与此同时，也存在着掉粉问题。原因主要有以下几点。

(1) 过于频繁地更新内容。每一个人都有自己的工作、生活，没有时间阅读太多的信息，很多商家为了增加客户对自己品牌的认知，就会大量推送信息，其实这是一种错误的做法。

案例：优秀朋友圈营销展示

举例来说，一个男孩子刚认识一位女性朋友，为了快速增加女性朋友的好感，一天给她发 100 条信息，再加 20 个电话。他的女性朋友能接受他吗？他的做法影响了女性朋友的正常生活，会让女性朋友感觉到厌倦。同样，如果你天天频繁地更新内容，不仅会影响客户的生活，还会让他们感觉很厌倦，终有一天，他们会取消关注。

因为每一个人的时间都是有限的，所以不要影响客户的生活，浪费他们宝贵的时间，尊重每一位顾客。需注意更新的频率，一般一周更新两三次就可以了。

(2) 没有提供价值。用户之所以会和一个品牌保持联系，是因为他们觉得该品牌能够给自己带来某些价值。相反，如果用户看不到该品牌对自己的价值，他们就会断绝联系。这对辛勤经营起来的营销平台来说，无疑是最致命的打击。

价值是产品或服务本身反映出来的效果，还可以是能帮助顾客获得生命的成长、带给他们快乐的信息，只有不断地提供价值，才能保证粉丝一直关注，以及粉丝数量的快速增加。

问一问自己，你能给客户带来什么样的价值？你能否让他们生活得更快乐、生命获得快速的成长？

(3) 没有持续提供价值。刚开始目标客户关注你，可能是因为好奇心、你提供了一些优惠政策或是一些吸引人的广告。虽然目标客户一时兴起，关注了你，但是否真正进入你的圈子，还有待时间检验，客户还会进行仔细观察、考虑，看看你是不是一直能提供更多的价值。因为他们关注你，不仅投入了宝贵的时间，而且希望得到更多价值的回报。如果没有，他们就会取消关注。

三、如何管理朋友圈

微课：微信个人朋友圈运营

每个人都拥有自己的朋友圈，每个人的朋友圈都是不一样的。朋友圈相当于一个展现的平台，别人可以通过这个平台了解你是一个什么样的人，做微商和微信营销也不例外，需要通过朋友圈展现出自己的商品，并吸引感兴趣的朋友前来购买。

朋友圈的管理最重要的是做好微信定位。个人微信朋友圈怎么发、发什么，也要注意，如果内容发布到位，可以在朋友圈中树立个人威信。

(1) 考虑清楚发什么。是希望朋友圈成为你情绪发泄的空间，还是建立个人品牌的阵地？这取决你自己的定位。一般可能会因为他人的关注，不会随便发布负面的信息，避免造成不必要的影响，甚至可能担心发错东西，所以不发，这样逃避的方法并不可取。

正确的做法，应该是利用好这个平台，适当发布一些正面、积极向上的信息，如果你的朋友圈有足够的号召力。经常浏览、关注你朋友圈的人，或多或少，都会受到你发布信息的影响。

案例：朋友圈不要成为心灵鸡汤的重灾区

(2) 不要成为心灵鸡汤的重灾区。很多人可能看到一些公众号发的心灵鸡汤，觉得有用，就会转发到自己的朋友圈，而且会持续转发，却从来不发布自己的信息，相信时间久了，你的持续轰炸，会有效果的——最终会被大家屏蔽、拉黑，甚至是删除。

(3) 适合发什么。根据自己的实际经验和生活方式发圈，包括但不限于图 2-2 中的内容。

图 2-2 朋友圈适合发什么

发朋友圈技巧：人们只会跟有血有肉的人去交往，而不会跟冷冷冰冰的产品去交往，更不会跟高高在上的公司去交往，你要把东西卖给人，首先你自己得是一个活生生的人。

四、朋友圈互动

微课：朋友圈早安内容

在朋友圈可以通过转发、集赞、试用、筛选、引流、互动等形式，开展线上线下的营销活动。成功的朋友圈营销可以让用户自主地转发传播。朋友圈管理的技巧包括以下几个方面。

1. 发朋友圈的时间

上午 10:00，中午 12:00、晚上 20:00—22:00 是一天当中最重要的几个时间段，这个节奏基本上也是根据上班族的时间段划分的，在这些时间段，大家一般有时间看手机，所以这三个时间段的朋友圈也显得更加重要。

2. 发朋友圈的数量

一般一天发朋友圈的数量保持在8～10条，早安加生活动态，还有自拍或其他视频就占了三四条，其他产品或反馈信息加起来四五条。对于很多人，尤其是上班族，在上午10:00左右，中午吃饭的半个小时以及饭后的午休时间，以及下班时间，才有足够的时间去看朋友圈，所以需要多发朋友圈来增加被别人看到的机会。但是发朋友圈时，不能刷屏，所以可以通过穿插更多的动态以及自拍来“稀释”广告的密度。

3. 素材的选取

因为朋友圈的互联网特性，别人看不到你的人，也感受不到你的语言，所以一定要通过视频或自拍，让别人感受到你是一个活生生、有温度的人，而不是一个刷广告的机器。

综合能力训练项目

一、项目训练内容

假设你是华为公司的新媒体运营人员，结合企业产品与企业文化，对个人工作微信号进行装饰。并在一天内发布三条朋友圈状态发送。提示：朋友圈状态内容应对时间、图、文以及发布目的进行规划。

二、项目训练要求

将微信号的装扮结果进行班级展示，同时在班级评选出最有价值、最具潜力、最吸引人的微信号。

- 微信号装扮具有企业文化与产品特性，内容和图片积极向上；
- 准确选择朋友圈素材；
- 学会管理朋友圈及朋友圈评论区；
- 将微信号的装扮融入企业微信营销项目策划中。

三、项目训练步骤与方法

- 对微信个人账号进行管理和修整，对朋友圈中的好友进行整理分类并设定标签。
- 进行“产品与企业文化”为主题的朋友圈状态推送。从产品功能、内涵、文化等各方面选择内容，在一天内推送三条微信状态。
- 根据发布状态的点赞数和回复数，了解自身朋友圈中好友的喜好，并分析哪种软文是你的朋友圈中的好友感兴趣的软文。
- 撰写报告并提交具体朋友圈截图，在班级进行展示交流。

四、项目训练考核要求

- 个人微信号头像、封面、昵称、个性签名选择(40分)；
- 朋友圈内容素材选择和内容创意(30分)；
- 朋友圈内容的价值输出与情感输出(30分)。

任务二 微信公众平台开发与引流

学习目标

- 了解微信公众号的价值及运营方式；
- 掌握三种微信公众号的适用范围；
- 掌握微信公众号的规划策略和矩阵的运营方式；
- 培养与时俱进、活学活用的专业素质；
- 培养善于解决问题的实践能力。

课堂讨论

你最常阅览、最常使用的微信公众号分别是哪些？谈谈使用感受。

一、微信公众号

微课：微信公众号管理

微信公众平台目前一共推出了三种公众号：订阅号、服务号、企业微信（它们之间是不能相互转换的），此外还有小程序。那么这三种账号之间有什么区别和联系呢？以下是微信官方的解释。

订阅号：为媒体和个人提供一种新的信息传播方式，主要功能是在微信侧给用户传达资讯（功能类似报纸杂志，提供新闻信息或娱乐趣事）；适用人群包括个人、媒体、企业、政府或其他组织。订阅号的群发次数为一天内可发送一条。

微课：微信公众号定位

服务号：为企业和组织提供更强大的业务服务与用户管理能力，主要偏向服务类交互（功能类似 12315、114、银行，提供绑定信息、服务交互的功能）；适用人群包括媒体、企业、政府或其他组织。服务号的群发次数为一个月（按自然月）内可发送四条。

企业微信：企业的专业办公管理工具。与微信一致的沟通体验，提供丰富免费的办公应用，并与微信消息、小程序、微信支付等互通，助力企业高效办公和管理。

由此可以发现，服务号、订阅号与企业微信各自的适用范围如下。

视频：微信公众号注册

(1) 如果想简单地发送消息，达到宣传效果，建议选择订阅号。

(2) 如果想用公众号获得更多的功能，例如开通微信支付，建议选择服务号。

(3) 如果想管理企业内部员工、团队，对内使用，可申请企业号。

(4) 订阅号可通过微信认证资质审核升级为服务号，升级成功后类型不可再变。

(5) 服务号不可变更成订阅号。

微课：微信公众平台基础操作

二、微信公众平台基础操作

微信公众平台注册时，需要准备表 2-1 所示资料。

表 2-1 不同类型主体微信公众平台注册所需资料

个体户类型	企业类型	政府类型	媒体类型	其他组织类型	个人类型
营业执照注册号/统一信用代码	营业执照注册号/统一信用代码	组织机构代码	组织机构代码/统一信用代码	组织机构代码/统一信用代码	—
运营者身份证姓名	运营者身份证姓名	运营者身份证姓名	运营者身份证姓名	运营者身份证姓名	运营者身份证姓名
运营者身份证号码	运营者身份证号码	运营者身份证号码	运营者身份证号码	运营者身份证号码	运营者身份证号码
运营者手机号码	运营者手机号码	运营者手机号码	运营者手机号码	运营者手机号码	运营者手机号码
已绑定运营者银行卡的微信号	已绑定运营者银行卡的微信号	已绑定运营者银行卡的微信号	已绑定运营者银行卡的微信号	已绑定运营者银行卡的微信号	已绑定运营者银行卡的微信号
—	企业对公账户	—	—	—	—

在微信公众平台，利用公众账号平台进行自媒体活动，简单来说就是进行一对多的媒体性行为活动，例如，商家申请公众微信服务号，经过二次开发，展示商家微官网、微会员、微推送、微支付、微活动、微报名、微分享、微名片等，形成一种主流的线上线下微信互动营销方式。

知识拓展：微信公众号专辑功能升级为话题标签功能

不同的微信公众平台，其功能模块也不相同，微信订阅号功能模块如下。

(1) 内容推送。文字、图文、语音、视频(内容文字超链接)。

(2) 自动回复。在后台设置好关键词，用户输入它可收到自动回复的对应数据。

(3) 用户分组。将用户划分小组(如地域小组)，可进行更精准的内容推送。

(4) 微店。功能与淘宝店铺相同，可开店、销售产品、将产品分享到朋友圈。

(5) 微信支付。用于微店支付、微信众筹功能。

(6) 投票系统。微信发起投票。

(7) 多客服功能。同淘宝卖家客户端，可多人接待客服。

(8) 周边摇一摇。线下地推，引导关注，推送内容(需配备设备)。

(9) 微信连 Wi-Fi。线下地推，关注微信号，可链接 Wi-Fi(需配备设备)。

(10) 卡券功能。会员卡、优惠券、兑换码等发放、自动领取。

(11) 页面模块。将图文内容整合进一个页面中展示。

(12) 微社区。网友互动、交流。

(13) 文章添加音乐。在文章中添加音乐。

(14) 接收小视频。公众账号可接收来自微信用户的小视频，并将小视频转为普通视频下发给微信用户，增强公众账号与粉丝即时互动性。

(15) 图文评论。可在推送的图文下方进行评论。

微信服务号的功能模块如下。

(1) 语音识别。通过语音识别接口，用户发送语音，将会同时给出语音识别出的文本。

(2) 现金红包。发送现金红包。

(3) 生成带参数二维码。公众号可以获得一系列携带不同参数的二维码，在用户扫描公众号后，可以分析各二维码的效果。例如将某条图文生成二维码，用作线下扫码推广，线上可以监控扫码推广效果。

(4) 获取用户定位。通过该接口，可以获得客户进入公众号对话时的地理位置(需要用户同意)。

(5) 获取用户信息。通过用户操作得到用户的 OpenID，采用技术手段可直接调取详细资料。

(6) OAuth2.0 网页授权。技术用。

(7) 获取关注者列表。通过该接口，公众号可以获取所有用户的 OpenID(技术用)。

三、微信公众号规划策略

微信公众平台实现了信息通知、用户连接和用户管理的功能，可以与用户互动起来。微信公众平台的口号是再小的个体，也有自己的品牌。这里的个体是指企业、机构或个人。

(一) 微信公众号的八大价值

(1) 提供有忠诚度与活跃度的客户。对企业而言，真正的忠诚度与活跃度才有价值。归根结底，企业没有那么多的信息可以推送，为了发内容而推送一些没有太大价值的信息，只会适得其反。另外，微信数据显示，公众号发送内容越频繁，客户失去得越快，因为用户已经被过度骚扰。所以请找到你的客户，并牢牢抓住他们。

(2) 为客户提供有价值的信息。企业必须为客户提供价值，才能让客户关注你，客户是不会为了看笑话而关注企业公众号的。所以，企业微信公众号必须提供服务，而服务就是招之即来、挥之即去。微信公众号不在于大小，而在于价值。只要在他需要的时候，你提供的东西有价值，他就不会从通讯录里删除你，而是对你产生依赖。

(3) 客户的管理。说得简单一点，从某个角度来讲，公众号是一个天生的 CRM。每个订阅你的客户，背后都会自动形成一个数据库，你自己可以管理这个数据库，微信公众平台提供了分组、客户资料查看等功能，包括一些基本的客户素材。

(4) 多向交流的工具。这里强调“多向”，是因为很多用户错误地认为微信只是双向交流的工具。微信会自动为每个用户生成二维码，你只需要把它附在签名档、微博、短信，或打印出来贴在餐馆、酒吧和公司的墙上，任何人拿手机轻轻一扫，就可以在微信上迅速找到你、关注你，微信让虚拟与现实之间的界限变得越发模糊。利用二维码，你可以交朋友、购物、下载音乐和应用、参与活动，而这就是“多向”。

(5) 类短信平台。如果想在智能手机、平板电脑的客户端使用，就需要公众平台账号链接一个微信个人号，微信个人号通过公众平台助手进行信息发送。通过公众平台账号发送信息的特点是群发。所以，公众平台更像是一个短信平台，而微信就是一对一的短信。只是在内容上，微信要比短信丰富得多。例如，微信认证的明星对着手机说一段话，就可以将其推送到成千上万的关注他的粉丝的微信上。粉丝当然可以回复，只不过是传送到 PC 端的公众平台，只有该明星登录 PC 端网页的时候，才能看到数以万计的各式回复。尽管如此，这也比微博更进一步拉近了公众人物和普通人的距离。想了解哪位明星的最新动态，关注他的微信就可以了。

（6）让阅读更简单。这是大家都熟悉的一个价值。微信公众平台最明显的用处就在于阅读和推送，简单地说，你是主动获取想要了解的内容，这样更直接、更有效。

（7）引流导流工具。微信是一个在客户服务、销售二次转化、黏度提升、口碑提升等方面作用明显的工具。通过其他推广方式引流导入微信上，利用微信的基础功能进行关系深化、认可深化，进而促成交易。有了微信，只要客户不取消关注，企业就可以随时推送信息，夹带促销信息给他们，和他们保持联系，并可以随时随地与他们沟通。

（8）市场调查。企业通过微信可以进行市场调查，在调查市场需求的情况下，为消费者提供需要的产品和服务，同时制订口碑推广计划，让消费者主动传播公司产品和服务的良好评价，从而通过口碑推广产品、树立品牌、提高市场认知度，最终达到企业销售产品和提供服务的目的。

（二）微信公众号的三种运营方式

案例：微信公众号优秀案例

微信公众平台的功能定位到底是什么呢？结合微信的消息群发功能，微信公众平台的主要功能定位为群发推送和自动回复。群发推送是公众号主动向用户推送重要通知或趣味内容。自动回复则是用户根据指定关键字，主动向公众号提取常规消息。

案例：微信公众号营销成功案例

微信公众号到底能做什么呢？微信产品总监曾鸣给出的答案是互动沟通、用户管理、服务定制。

互动沟通就是消息的发送回复，用户管理则提供分组、资料、素材库等服务，服务定制即进行会员卡绑定、提供企业 CRM（客户关系管理）等。这些功能的细分可能会给相关行业的企业或开发者带来更多的机会，如图 2-3 所示。

互动沟通	用户管理	服务定制
· 有序的群发消息 · 单聊会话消息 · 自定义消息回复	· 用户分组管理 · 用户资料、消息查看与回复 · 自定义消息回复	· 会员卡绑定 · 企业CRM · 软硬件交互 · 在线支付 · 其他

图 2-3　微信公众号的功能模块

微信公众号能够做的事情的前两点互动沟通和用户管理相对容易理解，不过服务定制才是重点。服务定制指的是微信公众平台自定义菜单。在自定义菜单的底部导航中，可以分别设置一级菜单和二级菜单，类似于网站的导航，无须在对话框中输入，直接触摸点击即可直达，所有底部菜单相关栏目都可以自己定制，按照需求来分配栏目布局，例如，可以设置介绍公众号功能的帮助专区，开设更新每周活动的活动专区等。随着微信服务号自定义菜单的开放，提供个性化服务的企业公众号会越来越多。这样通过自定义回复带动的个性化定制模板将成为新的趋势。所有的微信公众号都是基于 HTML5 代码的，因此每个微信公众号都可以通过 HTML5 来构建属于自己的个性化模板。

（三）微信公众号规划的四大策略

微信公众平台的核心就是帮助企业或个人自媒体打造自己的品牌。既然是打造品牌，企业微信公众账号的运营一定要经过详细而周密的规划，然后步步为营，不可急于求成，也不能盲目跟风。因为企业微信公众账号代表着企业的品牌形象，更是企业营销活动的重要一环，是企业不断提升品牌影响力，不断维护老客户、开拓新客户的法宝。

1. 统筹布局：运筹帷幄

企业在确定好自己的微信账号定位之后，就要根据自己的定位确立品牌形象、目标人群。以小米公司为例，小米公司微信公众账号定位就很清晰：做发烧友喜爱的手机，专注手机玩家。接下来就要为公众号取名，描述功能，选择公众类型，设计二维码，以及设置账号头像等，完善认证环节，这是外界对公众账号的第一印象，这代表着企业的品牌形象。俗话说，“万丈高楼平地起”，当做好这些基础工作之后，才能进行下面的环节。企业要切记，先拟好要取的公众号名称，因为名称一旦注册成功，不能自行修改。

2. 团队建设：招兵买马

微信内容和功能的建设工作划分成三个部分：①内容方面，企业需要知道每周向粉丝推送什么样的内容，是单图文消息还是多图文消息，是推送有趣或有价值的内容来吸引用户，还是推送满足用户需求（包括休闲娱乐需求、生活服务类的应用需求、解决用户问题的实用需求等）的消息。需要注意的是，企业希望推送的信息应高度尊重订阅用户的意愿。②功能建设，例如企业简介、企业商城和企业提供的服务。③对用户进行分类。这个工作是一个烦琐的过程，企业通常需要两种形式来完成：一种是外包；另一种是自己招兵买马，组建团队。

3. 兴师动众：调兵遣将

微信运营涉及市场推广、销售、售前售后、物流查询、财务等环节，因此，微信团队的理想搭建模式是以市场为导向，各部门配合，共同做好运营。企业微信运营团队至少要配备五个人。

案例：一个成功的微信运营团队应配备哪些成员

（1）新媒体策划人员。主要负责活动策划、内容策划，包括策划粉丝感兴趣的话题，从而与用户互动，使用户对公众号产生黏性。

（2）美编。主要负责图文编排、内容的文字版式设计及图片的美化。

（3）推广人员。主要负责线上线下企业微信的推广。

（4）内容编辑。主要负责内容的撰写，收集粉丝对内容的反馈，方便策划人员制定出更好的内容。

微课：微信公众号的内容素材库

（5）客服人员。主要负责收取粉丝的反馈意见，提供微信客服支持，如语音聊天、语音问候、解答问题等。除此之外，还需要在公司每周安排的会议上进行数据分析汇总。

4. 步步为营：稳扎稳打

接下来就是制定每月甚至每周的目标，策划并执行。微信公众号就是用来维护客户和增强客户关系的营销平台，用户对企业或产品有一定认识后才会关注它，所以最重要的就是先把老客户加进来，稳定这部分老客户之后，再去开拓新的客户，不断地增加粉丝。这就需要活动与各种营销手段相配合，提高企业微信公众号在某个领域的影响力。

微信公众号的规划最关键的一点在于一切从用户的角度出发，以满足用户的需求为目标。

四、微信视频号

2020 年 1 月的微信公开课上，微信创始人张小龙表示微信将会在短内容上发力，之后微信视频号悄然出现，成为微信探索短视频的一个新入口。

微信视频号简单理解就是微信生态的短视频。不同于订阅号、服务号，微信视频号是一个全新的内容记录与创作平台。视频号内容以图片和视频为主，可以发布长度不超过一分钟的视频，或不超过九张图片，还能带上文字和公众号文章链接，而且不需要 PC 端后台，可以直接在手机上发布。

视频号支持点赞、评论进行互动，也可以转发到朋友圈、聊天场景，与好友分享。

1. 视频号功能分类

2020 年 6 月，视频号进行了一次大规模的改版，首页分为关注、好友点赞、推荐、附近与个人五个入口。在关注中可以看到个人关注的视频号的更新内容，在好友点赞中可以看到朋友圈好友点赞的视频号内容，在推荐中是根据算法推荐可能感兴趣或喜爱的视频内容，在附近中则是推送地理位置相近的视频博主。在个人视频号页面中，包括浏览设置和我的视频号两部分内容。其中，在浏览设置中主要包括个人关注、点赞和收藏的动态、消息、私信五个部分。

2. 视频号账号分类

视频号主要分为个人号、营销号、官方号三类。个人号主要为网红、带货和个人 IP 打造；营销号主要服务个体工商户、企业，以打造爆款内容吸引粉丝流量，从而帮助卖产品或服务；官方号主做品牌，用于输出口碑、扩大产品及品牌的曝光度、提高产品的转化率。

在内容上要选择产品和品牌作为宣传主体，结合时事热点，再围绕产品和品牌产出内容。

3. 视频号的优势

首先，视频号最大的优势是出圈。朋友圈只有关注你的人才能看到，别人没有关注你，你怎么发都没有用。公众号也是给粉丝看的，除非粉丝主动分享，否则也不能出圈。视频号一出生就是开放的，只要作品足够优秀，理论上，微信 12 多亿的用户都是你的粉丝。

其次，支持添加公众号链接。公众号的变现非常成熟，但涨粉是所有号主的难题，通过视频号引流，为公众号带来新的源头活水，这是公众号的又一波红利。

最后，视频号有类似微博的功能。发布内容支持＃＃和@，这两个符号对视频号的引流异常重要。

任何用户都可以一键将视频号内容分享到朋友圈，这个优势极大地方便了视频号粉丝裂变。

五、微信营销矩阵

在微信公众号营销时，建立合理的微信矩阵，不仅可以满足不同用户的需求，而且可以有效准确地辐射用户群体，扩大公司微信的影响。

党的二十大报告指出，拜金主义、享乐主义、极端个人主义和历史虚无主义等错误思潮不时出现，网络舆论乱象丛生，严重影响人们思想和社会舆论环境。因此，微信矩阵的建立并非随心所欲，而是要遵循一定的道德、规律与技巧。

自 2013 年 8 月 5 日正式在苹果 App Store 上架以来，微信 5.0 让企业微信面临新的选择，是放弃每天一条的发布指标选择升级为服务号，还是“被折叠”在订阅号中继续每天发布？在面对鱼与熊掌的两难选择之下，部分企业开始试水双号运行。企业微信双号运营一定要让两者的定位和风格差异化，这样用户才有兴趣关注，要不然最终会是竹篮打水一场空。

对企业来说，无论是做发布还是做服务，都可以考虑利用所有可以利用的平台，但是这时你要考虑一个问题：多开一个公众号，运营的成本也相应增加，而且未必能收到很好的效果。除非你的内容能引起用户的兴趣，否则，你还是实实在在地为客户提供一些服务。

1. 公众号双号战略

案例：滴滴企业双号战略

双号战略是指企业既开通服务号，又开通订阅号。

订阅号每天都可以发一条消息，适合做新客户的开拓、培养新客户、促销产品，为企业创造利润。服务号每个月只能发一次消息，适合用来服务好老客户，老客户已经体验过产品的好处，只要做好服务，他们就会重复购买，不需要推送大量的促销信息给客户，一个月推送一次就足够了。

初期，企业需要一个订阅号来进行宣传，每天都可以推送一条信息，这对于企业发展新客户是非常有利的，因为潜在客户在购买企业的产品之前，需要企业长期地跟潜在客户进行沟通，并想办法让客户相信企业能够帮助他们，最终促使客户购买企业的产品。

企业还可以尝试双号并用，订阅号负责宣传和挖掘新客户，服务号负责维系老客户，并不定时地宣传活动信息。这样既不影响推广，又可以很好地维持住已有客户的关系。

2. 多号战略

案例：骆驼企业多号战略

多号战略是指企业既开通服务号，又开通订阅号，甚至某些企业还开通个人微信号，这三类账号同时使用，互相补充，极尽可能地传播品牌价值。当然，需要提醒的是，采取多号战略也会存在一定的问题，如品牌的混淆、运营成本的增加、“粉丝”对官号的迷惑等。所以务必先把各个号的定位搞清楚了，然后再考虑多号战略。

值得一提的是，对于中小企业而言，不需要服务上百万、上千万的客户，只需要服务一部分高质量的目标客户即可。利用个人微信号可以快速锁定客户，1 个微信号锁定 1 万个目标客户，10 个微信号就能锁定 10 万个目标客户，当然还可以放大到 50 万个目标客户。锁定 10 万个目标客户，对于中小企业来说，就能为企业创造大量的利润。另外，个人微信号还有一个优势，就是可以利用“附近的人”功能，做好本地 O2O 电商。中小企业除重视服务号与订阅号之外，一定要重视个人微信号。

3. 微信矩阵模式

与微博账号的营销矩阵类似，大平台也会根据不同的营销需求构建不同的营销账号，构建企业微信矩阵，具体可以参考微博营销矩阵的集权式、蒲公英式、HUB式、双子星式、蜂巢式等。例如，在微信公众账号输入“搜狗”二字后，出现搜狗壁纸、搜狗语音助手、搜狗输入法等产品相应的微信账号，用户可以根据自己的需要选取。这其实就是一种微信矩阵。表2-2为企业微信矩阵示例，不同的微信号发布的内容和特色各不相同，形成全方位、覆盖式的微信矩阵。

表2-2 微信矩阵示例

微信类别	微信名称	微信ID	微信特色
主微信	东南商报	dnsb87280000	主打宁波市民的吃、喝、玩、乐、用、住、行等本地休闲放松类栏目和本地深度新闻资讯服务，目前有微电台、微新闻、微活动等自定义菜单栏目
矩阵微信	妈妈知道	ningbomama	《东南商报》家庭婚育文化传播全媒体官方微信，每天发布怀孕、育儿小知识，侧重个体心理与生理健康
	生活学会	shenghuoxuehui	《东南商报》本地生活服务官方微信，以打造宁波生活美学为宗旨，助力中小商家建设魅力宁波
	妈妈赶集	mamaganji	《东南商报》“妈妈赶集”栏目官方微信，侧重3～7岁孩子及家长的亲子家庭环保教育建设
	妈妈大学	youxiumama	《东南商报》宁波市妈妈大学公益俱乐部和妈妈大学官方微信，以提升妈妈们的公益素养为宗旨，侧重互推互益型公益
	宁波微雷锋	ningbowlf	侧重公益性质的寻物和失物招领，由《东南商报》和宁波市公交总公司、派出所联办
	宁波好姻缘	ningbohaoyinyuan	《东南商报》公益相亲平台，全市公益红娘组织联盟平台
	宁波老外滩	ningbolaowaitan	由《东南商报》托管建设。爱，来老外滩；梦，来老外滩。该微信已成为目前宁波互动性最强的官方微信之一
	银泰宁波天一店	tianyiyintai	由《东南商报》托管建设，是所有银泰门店微信运营的典范

六、微信公众账号矩阵运营方式

对大型企业来说，只用一个微信账号做宣传营销是不够的，因此，就有了服务号与订阅号，企业的微信公众账号承担着品牌宣传、客户管理等职能，而这就需要在每天的内容中加入企业新闻等信息，毫无疑问，这就增加了信息的总量。如果减少即时信息，会造成用户体验不好，但每日信息数量过多，又会让一部分粉丝反感，而另一部分粉丝则不能尽可能多地获得他们想要的信息。建立合理的微信矩阵，不仅可以满足不同用户的需求，而且可以有效精准地辐射用户群体，扩大企业微信的影响。但是，微信矩阵的建立并非随心所欲，而是要遵循一定的规律与技巧。企业必须根据自身需求，考虑好如何建立微信矩阵，有效地展开广告宣传，一般可以从以下几个方面考虑。

1. 针对性：按品牌与子品牌区别划分

企业就像一棵树，由不同的枝和叶组成，一个企业往往不会只有一个品牌，倘若企业只建立一个品牌的微信，那样必然会显得势单力薄，更为重要的是，不同的消费者有不同的产品需求，而企业也是根据不同的需求来生产不同的产品。所以，对于企业来说，枝有枝的好处，叶有叶的好处，重要的是要定位分明。也就是说，企业建立多个品牌的微信可以有针对性地展开有效的广告宣传，让产品信息有的放矢地传递给消费者。

另外，对于企业来讲，同一品牌不同职能定位的子微信，应该在广告宣传中尽量保持微信头像、昵称、装修风格一致，给粉丝一个统一的视觉识别，有利于企业 CIS 品牌形象的建立。除此之外，微信内容主要是依据其功能或需求来制定的，所以微信内容应各有侧重和特色，面向不同的目标用户，彼此相关的微信内容可以适当地转发、互动。

2. 区域性：按区域划分

因为每个企业的经销商、代理商或分公司分布不同，消费群体不同，更重要的是风俗习惯与消费意识也不相同，所以企业在展开广告宣传时，必须考虑不同地区消费者分布对产品销售的影响，从而进行矩阵的划分。值得一提的是，为了便于区域化管理，现在不少企业微信分别开通了不同城市的微信站点。

3. 业务需求型：按业务需求划分

企业的管理者、营销部门通常会根据业务的不同分门别类地整理出客户的需求，进而对微信矩阵的分布进行划分，尤其是企业根据业务的不同开通不同的子微信。不同消费群体的网络购买模式不一样，如果只建立一个微信公众账号，就不能很好地把不同消费群体区分开，势必会造成拥挤和混乱，让有传统购物思维的消费者在这里止步，让希望有更多低价和打折服务的消费者感到无所适从。因此只有按不同业务建立不同的子微信，方能在微信里游刃有余地展开营销活动。

4. 功能需求型：按功能定位划分

功能需求是指企业根据对用户的调查分析，将需求按功能来划分，以满足用户的需求。例如在关注一家护肤品公司微信公众账号的用户中，有 60%的人关注面膜，有 20%的人关注防晒，这时企业就要根据用户的诉求来划分。另外，企业也要根据不同的账号划分制定不同的内容策略，例如涉及公司的重要新闻，内容要偏于严肃、认真，而与粉丝互动则需要一些“幽默风趣”式的关怀。由于每个账号功能的不同会直接导致内容、语言、风格的不同，因而企业微信公众账号要把这些体现出来，否则容易造成微信账号身份“混乱”，给粉丝带来定位不清的感觉。

5. 用户需求型：按官方账号与子账号划分

用户需求是指用户要通过微信公众账号得到什么。企业必须划分清楚用户需求，最重要的是，除官方账号与子账号，还需要一个小号。所谓小号，是指跟自己企业相关的匿名账号，例如，调味品企业可以建立一个名为巧媳妇、厨房达人或私房菜之类的账号，与粉丝分享烹饪的方法。总之，小号脱离产品，但又是企业的理念升华，要上升到一定的高度，保持中立姿态，润物细无声地影响用户。

中华优秀传统文化源远流长、博大精深，是中华文明的智慧结晶，其中蕴含的天下为公、民为邦本、为政以德、革故鼎新、任人唯贤、天人合一、自强不息、厚德载物、讲信修睦、亲仁善邻等，是中国人民在长期生产生活中积累的宇宙观、天下观、社会观、道德观的重要体现，同科学社会主义价值观主张具有高度契合性。在账号营销的同时，将产品与中华优秀传统文化相结合，与消费者日用而不觉的共同价值观念融通起来，创造企业的文化和价值。

6. 按办事处划分

如果感觉上述五种方法有些烦琐，企业可以根据办事处来划分账号。通过各个办事处的微信互动，形成影响力。对于企业来讲，这种方式一是简单，二是企业利用这些矩阵开展广告宣传、事件营销、公关活动，只要引爆其中一个点，就极容易形成链式反应，威力巨大。同时，企业进行舆情监测，分析营销活动产生的影响，评估其价值，总结成绩，发现不足，进而优化和完善微信矩阵。

综合能力训练项目

一、项目训练内容

作为华为公司市场部的营销策划专员，公司即将上市一款价位在3699～5299元的华为P系列手机，第二天部门将开会讨论该款手机通过微信营销的策略，制作一份微信营销策划，用来说服主管采用自己的策划方案。

评价关键点：华为P系列手机消费人群、圈层营销、微信营销矩阵的采用。

二、项目训练要求

- 教师对微信营销策划的实践应用的重要性给予充分说明，调动学生项目操作的积极性与热情；
- 教师对微信营销策划设计的程序、内容和方式进行具体指导，其中微信营销方式、目标客户筛选是重点，需要学生对微信营销的方式非常熟悉，并能够结合实际进行方案的设计。

三、项目训练步骤与方法

- 采用模拟分权式组织结构，要求学生以六人为单位成立模拟营销策划机构，每个策划机构设策划经理一名、副经理一名、策划专员若干；
- 策划专员在策划经理的领导下分工合作，了解项目竞争者的微信营销策略，同时进行企业市场调研和消费者分析的基础上，设计相应的微信营销策略，并制定微信营销预算，进行效果预评估；
- 撰写微信营销策划书；
- 根据微信营销目标，进行微信营销策略实施；
- 递交作品，在班级内进行作品展示交流；

四、项目训练考核要求

- 微信营销策划书内容全面、主题明确(20分)；
- 微信营销策划的目标客户筛选准确(20分)；

- 圈层营销与矩阵营销运用合理(20 分);
- 微信公众号的具体营销创意、创新(40 分)。

任务三 微信内容营销

学习目标

- 掌握 H5 海报制作技巧;
- 掌握微信软文写作方法和技巧;
- 了解微网站制作方法;
- 加强对优秀文化、民族精神的理解和推广;
- 培养互联网法律意识;
- 提高微信软文写作职业道德、职业规范认知。

课堂讨论

- H5 的应用有哪些?举例说明。
- 哪篇微信软文令你印象最深刻?谈一谈这篇软文值得借鉴的地方。

一、微信 H5

微信朋友圈已经成为流量黑洞,拥有庞大粉丝群体的微信公众号异军突起,纷纷寻求流量价值变现。于是乎,用户使用的培养成本低、时效性高、易传播、开发成本较低的微信 H5(指 HTML5,是构建 Web 内容的一种语言描述方式)成为 App 转型的一个重要方向。

做品牌营销要从两个不同的角度理解 HTML5:在用户层面上,H5 可以用来做品牌展示、邀请函、小游戏及完成抽奖等。在营销层面上,H5 要承担的是从点击刷屏到品牌转化的任务。

1. H5 的三种展现形式

(1) 幻灯片式。幻灯片式的 H5 多用于品牌展示和邀请函的制作,由于用的是图片加翻页的形式,因此看起来很像幻灯片。幻灯片式的 H5 信息传递功能很强,制作起来相对比较容易,因此成为最常用的 H5 形式。

然而制作精良的 H5 也一样要花费大量人力,H5 制作的好坏完全能体现一个品牌的实力。

(2) 交互式小游戏。在 H5 的应用场景中,与用户互动性最强就是交互式动画。H5 小游戏也由于进入性强、简单有趣而在朋友圈被大量转发。杜蕾斯就把 H5 小游戏用得非常精妙,甚至形成了一个系列。同时由于品牌植入的巧妙,达到了非常好的营销效果。虽然 H5 游戏开发周期更长,但是由于互动性强,能大幅增加被转发的概率。尤其是具有竞技性质的游戏,会因为用户的获胜心理被大量转发,从而在原有用户数量的基础上达到裂变的效果。

(3) 功能型 H5。功能型 H5 开发的难度更大,然而由于可以供用户重复使用,使品牌传播成为一个持续不断的过程。之前百度的一个针对北京地铁涨价的功能型 H5,让大家认识到了原来 H5 还可以这样玩。

在移动互联网时代,大企业大公司们都在利用自己的强大资源和技术比拼 H5 场景页面营销。因此出现了许多免费 H5 页面制作神器。MAKA 作为国内第一家做 H5 平台的公司,操作也是非常简单的。

2. H5 的策划流程

(1) 策略定位。明确传播目的、目标人群,制定策略。基于用户的洞察,就是要细致观察用户,然后深度挖掘用户的心理,找到一个可以让用户心甘情愿转发的理由。而这种洞察往往就是找出用户的缺点或心灵弱势的一面,然后用内容去打动用户的内心深处。例如曾火爆朋友圈的 H5《心理测试:如果你回到那个年代,你会是〈琅琊榜〉里的谁?》,这样的 H5 正好可以给用户炫耀自己优点、掩盖缺点的机会。

(2) 营销场景。通过各类热点等形式,使人与虚拟场景产生强烈关联。H5 营销与传统营销相比是一种新的营销手段,它有一个优点是可以跨多个平台。而融合技术与场景的 H5,可以让人眼前一亮。例如,天猫在每年的“双十一”,都会放出一些技术与场景融合的 H5,如《淘宝造物节》的伪 3D、《天猫双 11 狂欢节》的 VR 等。

(3) 内容类型。H5 内容可以划分为故事型(引发好奇)、走心型(引发用户情感)、数据型(长知识)、谈资型(热点话题)、脑洞型(有趣好玩)。

(4) 交互体验。要想打动用户,并不只是靠漂亮界面或酷炫交互。现在的 H5 并不能像早期那样随便就能让客户赞叹,如今都是要求带有互动特性。互动和刷屏是推广 H5 的必备要素。有了互动和刷屏,用户就是跟 H5 建立了一种微妙的关系,可以获取用户信任甚至用户信息。好的产品一定是细节打动人,H5 也是。

案例:腾讯公益 H5 使用

3. H5 的实现方法

想要实现一个好点子,那么需要好的策划,而一个好的 H5 策划就需要一个好的执行团队。从策划到执行,H5 推广是否成功就取决于实现的方法。

视频:H5 制作

(1) 定好 H5 风格基调。所有 H5 的前提是基调,不同的内容或不同的主题,需要不同的风格基调。如果要想与用户友好地交流,就要先了解用户的喜好基调。无法满足所有网友的要求,但是可以锁定目标用户的爱好风格,如卖萌、煽情、酷炫、文艺等。

(2) 好内容是 H5 的灵魂所在。如果没有好内容,再先进的技术也就让用户惊叹一秒,过了就忘了,再漂亮的页面也在看完后就忘了。站在用户的角度,讲述一个篇幅不长但走心的故事,可以让用户耐心看完并且难以忘怀。

(3) 删繁就简的交互是王道。先进的技术不是为了增加交互的复杂性而生的,恰恰相反,而是为了获得删繁就简的交互。简单的操作永远比复杂酷炫的操作容易得人心。很多时候,简单的体验,看起来没有太多技术含量,却往往能带来惊人的效果。

4. H5 的推广

企业应进行推广费用竞品分析、市场 SWOT 分析等,对费用预算和预估效果尽可能进行真实模拟,然后加入 H5 的方案中去。

掌握推广的节奏,就是要了解用户使用微信的时间点是什么时候,什么时候有闲心打开?而 H5 耗费流量,什么情况下用户才可以肆无忌惮地打开看?这两个问题,在推广时必须考虑。

考虑推广的平台。例如游戏周边适合在年轻人经常玩的游戏社交上面推广；而美妆护肤品则适合在相关品牌的平台或购物网页推广。

二、软文营销

微信软文是相对于硬性广告而言，属于"文字广告"。与硬广告相比，软文之所以叫作软文，精妙之处就在于一个"软"字，让用户在不受强制广告的宣传下，文章内容与广告完美结合，从而达到广告宣传效果。一篇好的软文，可以降低企业广告成本，提高和打造产品与品牌的知名度，提高网站的流量。因此，微信软文在微信营销中占据着重要的地位。

党的二十大报告提出，要增强中华文明传播力与影响力。坚守中华文化立场，提炼展示中华文明的精神标识和文化精髓，加快构建中国话语和中国叙事体系，讲好中国故事、传播好中国声音，展现可信、可爱、可敬的中国形象。软文可以通过润物细无声的方式，推动中华民族优秀传统文化的发扬。

软文营销，专业术语解释就是指通过特定的概念诉求、以摆事实讲道理的方式使消费者走进企业设定的"思维圈"，以强有力的针对性心理攻击迅速实现产品销售的文字模式和口头传播。例如新闻、第三方评论、访谈、采访、口碑。软文是基于特定产品的概念诉求与问题分析，对消费者进行针对性心理引导的一种文字模式，从本质上来说，它是企业软性渗透的商业策略在广告形式上的实现，通常借助文字表达与舆论传播使消费者认同某种概念、观点和分析思路，从而达到企业品牌宣传、产品销售的目的。

从品牌的传播成本的角度考虑，软文是性价比很低的一种形式。它不仅长，需要消费者花时间去阅读，甚至连品牌的名字都不会出现。虽然如此，软文依旧获得了众多商家的认可。商家们花很多钱雇佣网络红人去写软文、发软文，但大多数消费者根本就没有意识到"哦，原来某某牌子的东西这么好用啊"，那为什么许多商家还乐此不疲地找网络红人发软文呢？要回答这个问题，首先要确定的是，软文的受众是谁？

1. 明确软文的受众

软文的受众主要有两部分群体。

(1) 长期上网并且有一定购买力的群体。软文传播主要通过网络，最终目的是实现销售目标。

(2) 有一定的受教育程度，讨厌乏味无乐趣；有一定的审美，讨厌粗暴无情调的群体。软文大多是通过故事为产品做宣传，故事的好坏直接决定了软文能否被广泛传播，每个愿意传播软文的消费者一般不会喜欢"恒源祥，羊羊羊"这样的广告。

综上所述，可以大致确定，软文的主要受众为"85 后""90 后""95 后"。这个群体的网感普遍很好，渐渐拥有了强大的购买力，他们所喜欢的文化从亚文化逐渐转变成社会的主流文化。确定了受众之后，再去研究他们喜欢什么，这是一个最基本的逻辑。

2. 软文的写作思路

写软文的思维模式主要有三点一线，用来寻找软文的核心诉求。三点包括：痒点(G 点)，消费者享受的体验(good experience)；痛点(T 点)，无法获得该功能会有什么痛苦(terrible felling)；利益点(B 点)，解决方案(benefit point)，称为 GTB 核心。

以图 2-4 某热水器品牌为例，做一个简单的对比。

软文A

G点：洗个舒舒服服的热水澡

T点：高层热水供应，总是时冷时热

B点：特有“高层恒温”技术，杜绝水温遽动和打火失败

软文B

标题：【唐朝顶级SPA：杨玉环沐浴一次需花钱32万？】

正文：

一线：华清汤池让杨贵妃肤若凝脂的故事；古代昂贵沐浴设施；SPA来自中国

T点：现代人连古代人都比不上，水温根本无法让人痛快享受

G点：安心洗个热水澡

B点：高层恒温技术，给自己一个贵妃级SPA

图 2-4 GTB 核心软文写作对比

软文 A 基本上符合策略要求，但是如果要有阅读量，还需要“一线”，才算真正完整。一线即故事性，例如热点、冲突、惊悚、情感、悬念、幽默、争议、名人等，即用故事性的叙述来铺垫和陈述 GT，最后用 B 收尾。

知识拓展：图样理论

软文 B 相较于软文 A，要素更为完善。即便如此，因为人的大脑是懒惰的，越是碎片化时间，越是注意力飘忽。一定要用图片、动画、表情、视频等“便捷”工具帮助思考。

3. 软文的排版要求

一篇排版漂亮的微信文章，让受众在移动端看起来赏心悦目，微信公众号可以发图文消息，也可以发图片，这就要求企业在运用的时候做到图文并茂，因为这是一个读图的时代，毕竟通篇的文字显得枯燥和乏味，还容易引起“文字密集恐怖感”，就算内容精彩绝伦，也容易造成用户视觉疲劳，那么如何排版才好呢？以下有九个注意事项。

(1) 制作精美图片。要想制作精美图片，需要有熟练的 PS 功底，用 PS 做一般的 GIF 图不是问题，这类图片的主题主要集中在一些吸引人的热点事件，不管是社会还是行业热点问题，都可以配合公司的 Logo 或是微信公众号进行创作。在这里，需要强调创意，因为只有好的点子配合图片的创意，才能吸引人气。

(2) 巧用插图。插图与内容有机结合构成一个整体，会使图文相得益彰。合理利用插图能帮助用户形象地理解文章的内容。另外，如果图可以给人一种美的感受，那么图文并茂的效果就立竿见影了。当然，插图也可以是搞笑动漫，搞笑动漫比较深得人心，让人记忆犹新，回味无穷。

(3) 字体大小最好是 18px。人眼用手机屏幕看文章都比较吃力，如果字体太小，人的眼睛会感到受不了，设置合适的字号，阅读体验更舒适。

(4) 段落排版上，每一段尽可能短一点。尽量避免出现大段的文字，如果有，拆分之，主要还是因为手机屏幕小，拆成小段落后，读起来更舒服。如果手机整屏都是一段文字，估计眼睛也会看花。

(5) 在每篇文章的最后附上版权信息。因为微信的内容可能被分享到各种地方，带上自己的版权信息就为读者增加一个入口。

(6) 图文消息下面的摘要尽量简洁、直白。这个地方对读者来说，几乎都是一闪而过，而且多数是被上方的图片吸引，所以不要放置太多的文字、词句。

(7) 图片少而精，注重科学性，尽量不要用太多图片。大图一定要先压缩，因为图片太大了，一是打开速度慢，二是耗费用户的流量。

微课：微信公众号排版

(8) 文章不要太长，尽量控制在1000～1500字。别出现错别字，记得每篇文章多校验、检查几次再发布。

(9) 文章背景色彩不要太过浓烈。

图2-5为软文排版示例。

图2-5　软文排版示例

4. 软文的道德底线

软文避开了“硬广告”的软肋，能够为品牌或产品积累美誉度。软文的创作需要深沉的文字功底和技巧，从软文标题到正文，每一个环节都不例外，而且都有较高的要求。

但是，创作软文光有文字功底和技巧还不够，文字功底深沉和技巧娴熟最多只能算是“战术”上的优势。软文创作必须具有“战略”上的优势，即软文的创作应当讲“德”，担负肯定的社会责任，不能为了一时的刺激和利益而“瞎吹滥吹，不着边际的吹”，否则，不仅很难达到实际效果，而且会给品牌本身造成巨大的伤害。

(1) 没有丝毫特点的产品或品牌，坚决不能进行软文创作，否则，创作出来的软文只是一堆不负责任的大话、空话。例如，愈演愈烈的“空调大战”中，大量软文宣讲有关健康的一系列概念中，大部分只是“嘴上说说”的功效而已。

(2) 没有实际功效甚至有害的产品，坚决不能进行软文创作。想一想，倒下的保健品中有几个品牌的产品是具有实际功效的？又有几个品牌的减肥产品对身体真的没有伤害？但是，看到的软文宣传却都是“绿色的”“阳光的”“有特效的”。

(3) 对于有特点的产品或品牌要进行深度挖掘，充分理解产品或品牌所具有的特征、功效和内涵，然后用极其精简的词语进行概括，即“创造概念”，以方便消费者理解。例如，海尔洗衣机推出的“搓板洗”概念就是一个特别不错的概念，既具有实际功效，又易于消费者理解，在此基础上创作的软文就特别有助于广泛传播。

(4) 在上述基础上，软文创作者还要充分理解人性，把握人的需求层次，发自内心尊重消费者。唯有这样，软文创作者才能站在消费者的角度，基于消费者的利益创作软文。而且，只有先考虑消费者的切实需求，让消费者感受到实在的收益，软文才有可能产生实际效果，即提高销量、塑造品牌，真正做到“软文不‘软’”，并促进商家与消费者完成“双赢”。

三、微网站

视频：微网站制作(有赞平台)

微信微网站是指专门用于微信中显示企业信息、服务、活动等内容的展示性网站。企业可以通过发送链接地址、图文信息中添加、自定义菜单等展示给用户，引导用户访问企业的微网站，选择所需要的服务，同样也可以实现自定义菜单导航的效果。在这里，也可以把微网站理解为一个微门户，为客户提供一站式的服务，包括资讯与企业简介等。你可以简单地将构建微网站理解为将企业官网移到微信上。

企业通过线上线下多渠道推广企业微信公众账号，只要有潜在用户关注，就可以立即从用户管理中知道是谁，并可以通过和新关注者的及时互动获得商机。另外，当关注者关注企业微信后，可以引导其进入企业的微网站。总之，企业可以把相关的产品和特色都放到微网站里面，这也就意味着用户打开微信公众账号的同时就能打开企业的官网，值得称赞的是，用户有问题或留言时，再也不需要打电话或 QQ 咨询了，而是可以直接通过微信对话框进行咨询。

用最通俗的话说，微网站就是企业官方网站的微信版，如今微信用户已突破 12 亿，这是一个十分庞大的客户资源，抓住了这一资源对企业的未来发展必然有利，让企业成功抓住微信营销，在这种背景下，企业拥有一个属于自己的微信网站可以吸引更多用户。

(1) 展示企业形象。微网站是企业在移动互联网时代完美展示企业及品牌形象的最佳选择，表现内容丰富、实时更新、形式多样化，保证品牌形象的有效传播。

(2) 互动营销。通过针对企业产品或服务的在线意见反馈、有奖问答、促销购买、优惠券、手机投票、手机抽奖等，实现互动营销，提升企业知名度，增强客户黏性。

(3) 商业交易与服务。企业或商家可以通过微网站搭建微商城、组织微团购，实现会员管理并集成已有的在线商城或在线客服，用户可以直接通过手机实现会员登录、场所预订、服务预约、商品预订、在线购物等。微网站帮助企业实现移动互联网时代的商业交易与服务。

(4) 二维码营销。通过扫描电视广告、户外大屏广告、户外海报、企业宣传册、产品彩页等传统广告上的二维码，直接进入企业掌上微网站，帮助企业打通移动互联网营销通道。

(5) 微信营销。微网站直接连通企业微信公众平台，将企业提供的产品服务和业务流程采用微信公众号的媒介推送给客户群，在微信中形成移动电子商务营销模式。

(6) 微博营销。微网站直接连通企业微博平台，在社会化媒体时代，每个消费者都可以是一个内容出口，微博营销的重要性在于让消费者自动传播公司产品和服务的良好评价，从而加强市场认知度和信誉度。

综合能力训练项目

一、项目训练内容

华为企业的 P 系列新品上市，需要制订具体的新媒体营销策划方案。首先要做的就是制作新品发布会的邀请函和产品软文的推广。请使用 H5 工具，制作华为 P 系列新品发布会邀请函。另外，选择一个切入点，为该新品策划一篇推广软文。

二、项目训练要求

- 教师对微信营销策划的工具实践应用的重要性给予充分说明，调动学生项目操作的积极性与热情；
- 教师对微信营销策划工具（H5、软文）的程序、内容和方式进行具体指导，其中手机的目标群体识别、微信营销内容的创作是重点，需要学生对微信营销传播的方式非常熟悉，并能够结合实际进行方案的设计。

三、项目训练步骤与方法

- 采用模拟分权式组织结构，要求学生以六人为单位成立模拟营销策划机构，每个策划机构设策划经理一名、副经理一名、策划专员若干；
- 每个策划机构成员相互讨论微信营销的特殊性及适用消费群体；
- 每个策划机构成员互相讨论确定微信营销的主题和策划目的，选择合适的方向；
- 制订方案，包括 H5 邀请函制作和软文的内容推广。

四、项目训练考核要求

- 目标群体把控和定位（30 分）；
- H5 和软文的创作、创新能力（30 分）；
- 社交化传播策略（40 分）。

任务四 微信营销工具

学习目标

- 了解微信营销工具；
- 熟悉并掌握微信营销的两种基本工具：微信小程序、微信小商店；
- 掌握两种微信营销工具的使用方法和适用情况；
- 在微信小程序的营销中提升专业时代性和开放性；
- 在微信营销工具策划中增长知识和见识；
- 培育创新精神、创造意识和创业能力。

课堂讨论

每个人的生活都离不开微信小程序，你常用的微信小程序功能有哪些？请详细说说。

党的二十大报告提出，要坚持以推动高质量发展为主题。构建优质高效的服务业新体系，推动现代服务业同先进制造业、现代农业深度融合。加快发展物联网，建设高效顺畅的流通体系，降低物流成本。加快发展数字经济，促进数字经济和实体经济深度融合，打造具有国际竞争力的数字产业集群。微信小程序、微信小商店在时代发展中不断与时俱进，为中小微企业的快速发展提供广阔的平台。

一、微信小程序

2017 年 1 月 9 日，微信小程序正式上线。张小龙在公开演讲中强调，他将微信看作工具而非平台，并提出“用完即走”的理念。基于这样的理念，小程序是轻量级的产品，主要通过二维码的方式，不用下载，即扫即用，用完即走。

可见，小程序作为一个新的物种，它的价值更多的是借助微信的海量用户，作为工具连接线上线下，提升线下商家的生产效率和服务能力，而微信因此将自身的业务和生态蔓延至线下。

（一）微信小程序的优势

（1）独立生态。微信小程序采用微信统一的开发语言，不仅对用户界面、运营等方面有着严格的规范，还拥有严格的审核机制，保证产品本身的内容质量。

（2）体验好。微信小程序拥有着近乎原生 App 的体验，无须安装，“扫一扫”或“搜一下”即可打开直接进入主界面，用完也无须卸载，随用随走。

（3）接口更多。微信会对小程序开放一些接口，例如支付、网络、多媒体、数据缓存等，接下来微信会逐步开放更多的接口，这样大家能开发出更多有趣的应用。

（4）成本比原生态 App 更低。微信小程序的开发者无须开发 iOS 和 Android 两个版本的应用，直接用一套即可，也不用因各种各样的兼容问题而费尽心思，仅在这些方面就降低了很多成本。

“附近的小程序”如今已广为大众所知。商户可在公众号后台添加地点，展示已关联的小程序。或在小程序后台添加地点，展示这个小程序。当用户在此地点的周围，可在微信小程序入口中“附近的小程序”发现并使用小程序提供的服务。

（二）微信小程序的注册使用

视频：微信小程序注册演示

1. 注册微信小程序

进入微信公众平台官网首页，点击右上角的“立即注册”按钮，进入注册账号类型选择页面，点击“小程序”按钮，进入填写微信小程序账号信息页面，完成以下三个步骤。

第一步：填写账号信息。微信小程序注册时填写的邮箱应是一个新的账号，这个账号既不能注册过公众平台、订阅号、服务号、企业号，也不能绑定个人账号。

第二步：激活邮箱。登录邮箱，查收激活邮件，点击激活链接。

第三步：登记信息。点击邮箱激活链接后，会进入登记主题信息页面。

2. 小程序相关规定

微信小程序规定，通过认证的小程序最多可以绑定 20 个开发者，而未经认证的小程序最多只能绑定 10 个开发者。从这里可以判断，一个小程序可以包含多个应用，而且每个应用开发者还可独立管理，最终交由管理员统一提交。

填写管理员信息，在信息登录步骤中，不仅要填写主体信息，还要填写小程序的管理员信息。

3. 确认主体信息不可变更

微信小程序注册用户所填写的主体信息一旦提交成功，将成为小程序用户使用微信公众平台各项服务与功能的唯一法律主体和缔约主体，而且在后续开通其他功能时不得变更或修改。此外，腾讯将在法律允许的范围内向微信用户展示用户的注册信息，用户需对填写资料的真实性、合法性、准确性和有效性承担法律责任，否则腾讯有权拒绝或终止提供服务。

4. 公众号关联小程序绑定流程

（1）登录公众号—小程序—管理小程序—添加。

（2）管理员扫码确认。

（3）输入需要绑定的小程序 App ID，查找小程序并发送绑定邀请。

（4）小程序管理员接受邀请。

（5）绑定完成。

关联小程序后，系统将自动向公众号粉丝推送关联成功消息，点击消息即可跳转至小程序。

（三）微信小程序商业价值的体现

微信小程序的商业化应用，意味着小程序时代的到来。移动互联网真正进入了下半场的较量，从互联网＋到＋互联网，小程序开启全新的生态，传统行业成为中心和驱动。

（1）公众号和小程序支持互相跳转。公众号商城的定位是商家，对粉丝和平台进行管理；而小程序商城的定位是用户，以方便、快捷的体验感获得广大用户的喜爱。目前，公众号已支持图文跳转到小程序，并且只支持跳转小程序，公众号庞大的流量和粉丝数让小程序变现更容易。但相对来说,小程序还是比较封闭的,只支持 a 小程序跳转 b 小程序,未来可能会开放小程序跳转公众号、微信群等新功能,小程序将会和微信生态完全打通,微信的社交、内容、消费形成真正的闭环,社交、内容已成为国内第一,甩开竞争对手一大截,代表消费的小程序会有怎样的成绩,让人期待。可以打通小程序商城和公众号商城,数据同步。

(2) 小程序可投放广告。对于大部分企业来说,都会遇到没有抢注到好名称或担心小程序推广问题,随着小程序生态的完善,付费竞价系统会上线。新能力开放后,对于微信生态的电商,是天大的好事,好产品、服务的小程序会迎来爆发式增长,但是,对于不专业的小程序运营团队来说,它却是致命的。

(3) 小程序排行榜。目前小程序的排名规则是以上线时间为准,不管你在任何地区,不管你是再小的品牌,只要先上线就可以排在前面,但是,随着小程序越来越多,站在用户体验的角度,腾讯官方会出台一套完整的小程序评测指数,引导开发出更多优质小程序,优秀的小程序会得到更多的免费曝光机会。

(4) 搜索首推小程序。

(5) 出现交易额过百万的小程序案例。京东借助微信企业实现盈利,滴滴借助微信收购快的。在美容、养生、餐饮、实体经济等领域,会诞生无数个细分行业,就像 PC 时代的淘品牌,会产生无数微品牌。

案例:周黑鸭小程序

(6) 更多国家级小程序上线。随着农业部、外交部等小程序上线,更多关于政务民生的小程序也开始上线。2022 年年底,疫情之下医院资源紧张,众多医院通过小程序开启线上问诊,实现资源的最大化利用。

二、微信小商店

案例:知名企业小程序

随着微信小程序使用范围越来越广,有不少人质疑,微信小程序中的商城功能完全可以替代微信小商店,微信小商店是否还有存在的必要? 微信小商店是在腾讯微信公众平台推出的一款基于移动互联网的商城应用服务产品。对企业来说,微信小商店可以帮助企业把商城开到每个人的手机里。对消费者来说,可以随时随地购物。

所谓微信小商店,就是在微信平台上设置的一款类似商城的服务产品,消费者利用微信支付手段和商家完成交易。其优势来自微信的功能特点,即不必花费精力装修店面,不必特意建立个人网站,也无须 App。微信早就为商家量身定做好了一切。

1. 微信小商店与微信小程序的对比

许多店家的小程序便是微信小商店,认为拥有微信小商店,小程序就没有必要了,这种认知自然是不正确的,小程序和微信小商店之间的差别还是很显著的,主要体现在以下几个层面。

(1) 展现通道不一样。微信小商店由第三方开发,如大优掌门人等,随后关联在微信公众平台上,运营和管理较完善,功能齐备,能够考虑品牌宣传、卖东西、代理招募、线上推广、增粉等店家基础要求。微信小商店功能齐全,例如,大优掌门人除了微商城展现、卖东西功能,还额外拥有许多营销推广实用工具,以及代理商智能管理系统等。小程序功能比较有限，主要具有地形图正确引导和卖东西的功能，别的功能还有待开发。

(2) 应用情景不一样。微信小商店用意是吸引粉丝，塑造忠实顾客。小程序用完即走，便捷顾客，但针对商家来讲较难提升用户留存率。

(3) 使用人的差别。小程序以线下推广实体店家为主导，电子商务辅助。微信小商店以公司和电子商务为主导。微信小商店比手机微信小程序商城出现的时间早一些，管理体系更为完善，在和别的系统软件或是服务平台的连接层面能够反映自身的优点，公司在运作微信小商店的过程中，只持续地提升功能即可。

手机微信小程序商城的功能十分强劲，开发服务平台能够依据公司的规定开发出相对的功能，现阶段关键的功能包含商品管理、会员管理系统、营销管理系统、财务软件等，微信小程序商城开发的人性化较强，店家能够依据自身的要求来订制不一样的小程序，进而能够考虑各个领域的需求。

微信小商店的等级较多，以根据公众号认证微信服务号开发的商城特征进行分析，客户必须关心微信服务号，点一下自定义菜单，进入相匹配网页页面最少进行三步实际操作。如果是这类微信订阅号加外部链接商城的方法，则中后期应用最少需要四步实际操作，即开启微信订阅号伸缩栏，开启相匹配微信订阅号，点一下自定义菜单，进到相匹配网页页面。从所述内容看，客户开启商城的操作流程较为烦琐。

2. 微信小商店的功能

微信商城的功能可以细分出很多种，其中最常用的包括结算功能、支付功能、会员管理、管理产品、板块分类、促销产品、奖励和投票、推荐会员。

3. 开设微信小商店

微信小商店是通过调用小程序交易组件，让购物更有保障。支持个性化开发，适合已有小程序且具备开发能力的商家注册使用。

4. 微信小商店的运营与维护

微信用户数量很大，可拓展的电子商务市场巨大，建设一个微信小商店也是不错的个人创业方向。微信小商店网站的运营与维护也就显得格外重要。

运营微信小商店，首先需要注意选品。选对产品，微信小商店也就成功了一半。产品最好具有这些特点：①毛利高。保证有50%的毛利，甚至越高越好。②质量好。③满足大众需求。大家都可以有需求，如吃的产品，人人都愿意尝试。④竞争少。⑤易传播，产品能在200个字以内说清楚是最好的，也方便大家记住。

其次是个人先对自身条件进行分析。打造微信小商店，做营销就需要微信公众号，微信公众号的好友数量需要大量扩充。做微信小商店营销号，前期最好有300个以上的粉丝好友，而且是高质量的好友，才能产生一定的效果。此时公众号的运营和维护也就显得异常重要。

综合能力训练项目

一、项目训练内容

以华为商城+华为终端客户服务小程序为例，分小组分析商城和终端客户服务小程序的运营、功能和定位等情况，之后根据分析情况，选择一种营销工具对华为P系列产品进行具体的策划和运营方案。

二、项目训练要求

通过本实训，学生了解和掌握微信营销的两种工具的步骤及要点，并在一定程度上培养学生的动手能力。

- 教师对微信营销工具策划的实践应用的重要性给予充分说明，调动学生项目操作的积极性与热情；
- 教师对微信营销工具的使用程序、内容和方式进行具体指导，使学生熟悉不同营销工具，并能够结合实际进行方案的设计。

三、项目训练步骤与方法

- 采用分组作业，要求学生以四人为单位组成小组，分别负责市场调研、主题策划和文本编写；
- 小组成员相互讨论分析华为的商城＋终端客户服务小程序微信营销工具；
- 讨论确定P系列产品的微信营销主题和营销工具，选择合适的平台；
- 制订方案，包括参与商品的选择过程、经费预算和效果评估方案；
- 根据策划方案进行微信营销工具的使用，并在微信平台上推广。

四、项目训练考核要求

- 产品的定位(30分)；
- 产品的创意(30分)；
- 产品营销工具的适用性(40分)。

任务五　微信营销数据分析

学习目标

- 掌握微信营销的六大要素衡量指标；
- 掌握微信营销的KPI考核标准与计算方法；
- 掌握微信数据统计方法；
- 培养严谨、诚信、客观的职业道德，增强职业责任感；
- 提高运用数据分析解决具体问题的意识和能力。

课堂讨论

应当从哪几个方面评价微信营销的效果？思考并列出需要考虑的内容。

一、微信营销六大要素的衡量指标

微课：微信公众号数据分析

关键绩效指标是通过对组织内部流程的输入端、输出端的关键参数进行设置、取样、计算、分析，衡量流程绩效的一种目标式量化管理指标，是把企业的战略目标分解为可操作的工作目标的工具，是企业绩效管理的基础。一直以来，KPI(关键绩效指标)就是衡量和检验营销的标准。那么，对于微信营销来说，应该包括哪些KPI呢？内容见图2-6。

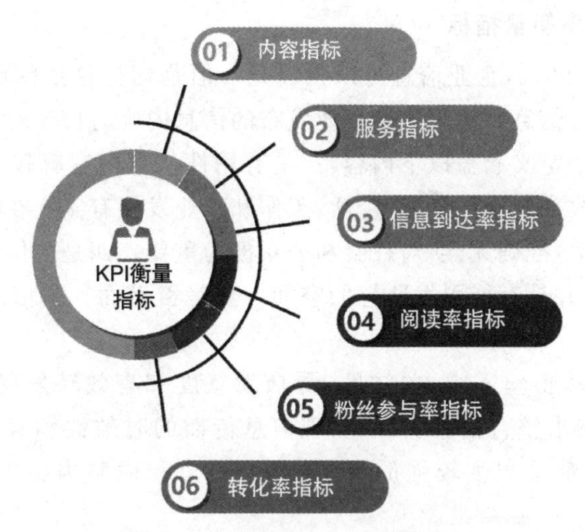

图 2-6 微信营销的六大衡量指标

1. 微信内容营销衡量指标

(1) 独立访问量。独立访问量(pv)是最典型的衡量指标,能够明确表示出在特定时间内有多少用户浏览了你的内容。这个 KPI 指标可以用来对比不同类型的内容及发展趋势。

(2) 地域分布。可以按地域对阅读的用户进行分析,从而制定更好的营销策略。

(3) 图文浏览量。这能够表明读者的参与度,浏览量高通常意味着读者会经常定期访问你的内容。这也是一个很好的衡量内容的方式,能够帮助了解内容所获得的传播效果。例如,读者是否在阅读了一页后便放弃了阅读,或根本没有看。这类问题的答案可以帮助自己针对读者的喜好,优化以后发布的内容。

(4) 读者评论。在社交媒体时代,发布的几乎所有内容都将成为双向沟通的话题。评论越多,就代表话题针对性越强。企业可以针对评论进行话题策划。

知识拓展:微信运营的部分数据指标

(5) 社交分享。如果想让自己的内容吸引到更多人的注意,最有效的方式就是让人们在社交网络中进行分享。即便是得到为数不多的社交分享,内容也能够以不可思议的速度迅速传播开来。

内容营销的终极目标就是扩大品牌的传播范围,增加企业的经营利润。因此,衡量成功的最终指标通常就是内容营销策略所获得的潜在消费者数量。然而,在追求潜在消费者或销售额的过程中,不要忽视这些 KPI 指标,倘若如此,你就能够从内容传播中获得更多的成果。

知识拓展:考核微信运营能力的六个常用 KPI 指标

2. 微信服务衡量指标

微信服务可以从如何留住你的粉丝,提高粉丝的满意度来衡量。例如,服务号是否提供了 400 或 800 全国免费电话、在线留言与产品评论、网站帮助、配送范围与物流费用、支付方式多样化、退换货标准等服务。客户遇到的问题是否及时得到解决、客户的满意度是衡量微信服务的主要 KPI 指标。

3. 微信信息到达率衡量指标

微信的到达率是100%，企业信息可以强曝光。但是切记这里的到达率是指发出去之后有多少人点开看了。信息到达率是指企业发布的信息内容对接受对象的信息需求的有用程度和影响能力。这个定义涵盖以下内容：一是有用性信息内容有较高的使用价值。二是实用性。信息内容对改变观众的学习、生活、工作和事业发展有实实在在的帮助。三是权威性。信息内容真实可信，准确无误，对社会和公众极为重要。四是公信力。信息内容在观众记忆中留存的时间长，并具有能引发联想的空间。五是覆盖面。即信息内容在传播区间内有效的接收数量。

信息到达率应该从粉丝需求、关注度、受众满意度和有效转发等参考指标和要素出发，主要根据粉丝的需求整合信息资源，实现信息传播的时效性和有效性、实用性和共享性，提升信息质量，对粉丝产生较强的吸引力、影响力和说服力。主要从以下三个方面入手。

(1) 需求性。具体来说，企业微信应该从六个方面考虑粉丝对信息的接受程度：需要什么；想看到什么内容；知道了什么；相信了什么；思考了什么；结论是什么。一定要知道“对谁传”“传什么”“怎么传”，把这个作为信息取舍和发布的标准，从而构成信息互动，为信息到达率奠定基础。

(2) 关注度。这是引发粉丝的关注与浓厚兴趣。是实现信息到达率的重要手段。企业微信所发的信息，满足粉丝的消费需求越直接、越有用、越实用，粉丝的关注度就会越高，关注面就会越广。因为有用、实用、共享是关注度的重要考核标准。

信息的有用程度越高，接受者越重视，信息也就越有传播价值。例如和人们生活相关的价格信息、供求信息等公众倍加关注的信息。实用性是指信息的及时性、重要性和可靠性，最重要的是解决问题的客观存在性。例如与粉丝相关的日常生活、学习、工作、事业等有实实在在帮助的内容。共享性信息是指能够满足大众生理、心理和欣赏、休闲消费类信息，一般指文化娱乐和知识类资讯，你可以简单地理解为精神消费类信息。

(3) 满意度。满意度作为信息到达率的重要指标，主要反映在传播过程中，是否满足了粉丝的急需。一是提供粉丝急需的、能够帮助解决问题的信息；二是提供有利于提高其业务水平的相关信息。

对微信信息到达率的调查主要涉及以下几项：微信信息投放后，有多少实际到达目标受众；实际到达目标受众的微信信息中，有多少是有效到达；微信信息实际投放数量与实际达到、有效到达微信信息数量的比较数据。

4. 微信阅读率衡量指标

阅读率的下降，暴露出了微信内容不理想的端倪。在“快速、快感、快扔”的消费时尚的引导下，以快餐式、跳跃性、碎片化为特征的“浅阅读”正成为阅读的新趋势。读图代替读文，读屏代替读书，读博客代替读经典，读故事代替读思想已成为常态。因此，微信阅读率衡量指标主要从阅读的娱乐化和实用性入手，主要衡量指标有三个：①内容的可读性，只有导读具有可读性，才能吸引更多的读者。②内容的贴近性、鲜活性、趣味性和服务性，如果内容可以成为粉丝的信息超市、生活帮手和精神伴侣，达到与粉丝心心相印、水乳交融的理想境界，就能赢得读者的认可和赞誉。③有用性，要抓“有用”的内容。

5. 粉丝参与率衡量指标

微信是线上社交工具，微信用户热衷于虚拟网络世界中的交流和分享，用户在网络中的交流与分享行为，正是微信营销所需要的“粉丝参与率”。粉丝参与率主要是指微信营销活动中，通过粉丝的点赞、留言、转发、分享等行为，帮助消费者产生的对产品的认识和记忆以及增强的消费者的购买信心。

粉丝参与率的衡量指标包括互动次数、互动天数、互动内容等。互动次数包括所有互动类型的互动次数，无论是长内容文字还是一个表情都传达了粉丝的参与感。互动天数是指在所观察的时间周期内，粉丝来访互动的天数，该指标反映出与社群的黏度。互动内容量中，文字消息更多地传递了粉丝的情感、偏好、建议、投诉等，文字消息量越多越需要用户付出更多的关注度、心智和情感，参与度更深。从互动次数、互动天数、互动内容量单项，以及单项合成的综合指标，可以计算出粉丝参与度排名和相关互动值。参与率的提升方法，即促销方式，包括折扣促销、有奖促销、免费促销、积分返现促销等。

6. 转化率衡量指标

转化率是企业微信能否盈利的核心，是衡量企业微信综合运营实力的重要指标。企业微信转化率是指微信粉丝当中，有多少比例的人发生过对企业微信有利的动作行为，有利的动作行为包括购买交易行为、收藏微信、对微信进行二次访问、咨询企业微信和宣传微信。

考核企业微信转化率的因素有品牌、用户体验、商品吸引力、客户服务、顾客行为等，这里重点讲述商品吸引力因素。企业微信需要有好的商品、好的客户服务，更需要吸引客户注意力。商品吸引力主要从以下几个方面去考虑：商品质量、商品特色、价格优势、商品图片与描述、折扣促销团购积分活动。特色商品（包括品牌特色和品质特色）有助于企业微信转化率的提升，例如销售其他平台没有的产品，选择竞争对手少的行业去做，垂直化、细分化，做出有品质特色的产品。另外就是价格，价格是直接影响企业微信的盈利关键所在，也是与竞争对手展开竞争的重要手段之一。根据自身优势给产品选择合适的定价策略，让自己的商品在价格上有优势，有助于促进销售、提升企业微信的转化率。

例如，在知名的“新榜”公众号分析平台中，可以选择公众号的排行榜、排名上升最快、文章排行榜等各种数据，由此进行分析，判断自身的定位。

二、微信营销的 KPI 考核标准及计算方法

知识拓展：微信公众号新榜榜单

营销的本质是传播，既然是传播，就必须有一个核算的 KPI 标准。如果公众账号没有形成传播或是传播的力度不够，无论想借助它实现怎样的营销目的都将很难达成。所以，微信营销要遵循服务、互动的原则，进而为客户创造价值、诱发分享，从而达到营销的目的。另外就是要借助微信提供的手段进行客户锁定、拓展、维系、服务，从而不断地增加客户、产生交易、形成利润，达到营销的最终结果。

综上所述，微信营销一定要本着互动、服务、为客户创造价值的原则来进行。因此，要根据这个原则来设定考评公众账号运营的 KPI，从而观察和分析营销的效果。一般建议采用的 KPI 如下。

1. 粉丝数

粉丝数(累积关注人数):原有关注人数+净增加关注人数(即新关注人数-取消关注人数)。

微信公众账号的粉丝超级精准,且来之不易,粉丝数是第一指标,这决定了传播的直接效果,大部分微信传播都不能打破第一环。

2. 流失率

微信公众账号不能主动添加好友,而公众账号的好友却可以随时关闭与你的互动,这种状况称为流失率。营销理论认为,吸引一个新客户的成本是留住一个老客户的五倍。精准客户流失一个都是极大损失,所以考评微信运营的重要指标是流失率,绝不能因为好友增长大于流失而忽略对流失好友的关注。

3. 传播率

理论上微信传播的到达率为100%,但是,要实现传播效果的放大,需要打破第一个闭环,通过定位精准的内容诱发破坏传播,生发出不亚于微博的开放传播。但这一点极难实现,所以微信的传播率更难实现,而一旦实现,回报便会呈指数级增长。

4. 转化率

从在线的关注到线下的消费,或是从线上的关注到线上的消费,每一次好友到客户的转化,以及好友转化的比例,都是最终考评营销效果的关键。这是营销的终极目的,必须关注。

知识拓展:微信公众号数据年报分析

5. 好评率、分享率、反馈率等

这几个指标也可以作为参照,针对公众账号实际营销行业、内容的区别,选择适合的KPI指标,用以评估营销行为是否有效。

三、巧用微信数据统计

知识拓展:微信数据统计

微信公众平台的数据统计功能包括用户分析、图文分析、消息分析和开发支持四个模块,这让企业可以轻松掌握微信的实际运营情况,并可以监控微信运营效果,可谓是一举两得。

1. 用户分析

企业管理者可以在这个模块了解账号的用户增长情况及用户属性。用户增长关键指标包括新增人数、取消关注人数、净增人数、累计关注人数等,以相应的曲线图和数据表来显示数量发展趋势。在用户属性中,可以看到用户的性别、语言、省份分布数量以及各自所占的比例。

2. 图文分析

图文分析包括图文群发和图文统计两部分。在这里管理者可以看到图文消息中的每篇文章有多少用户接收、图文页阅读数量、原文页阅读次数以及文章的分享转发人数和次数等。此外,后台也提供了按照图文页阅读人数、分享转发人数进行排序的功能,相应的时间段内,哪些文章最受欢迎一目了然。

3. 消息分析

这里主要是查看用户向公众账号发送的消息数统计,可以帮助管理者了解读者与账号的互动情况。

4. 开发支持

使用开发模式的管理者可以在此查看接口调用的相关统计，例如调用次数、失败率和平均耗时等。

知识拓展：微信指数介绍

四、微信指数

微信指数是微信官方提供的基于微信大数据分析的移动端指数。2017 年 3 月 23 日晚，微信官方推出了“微信指数”功能，如图 2-7 所示。

图 2-7 微信小程序——微信指数

微信官方公众号“微信派”发表的文章表示，微信开放大数据能力，希望给个人或企业提供更多参考价值。此外，官方还提供了三种微信指数的应用场景：判断趋势、监测舆情、精准营销。

微信指数可以对关键词搜索的趋势进行展示，可以深度挖掘舆情信息、市场需求等多方面的数据特征。图 2-8 所示为“共同富裕”这一关键词在微信平台搜索的趋势和数据来源展示。

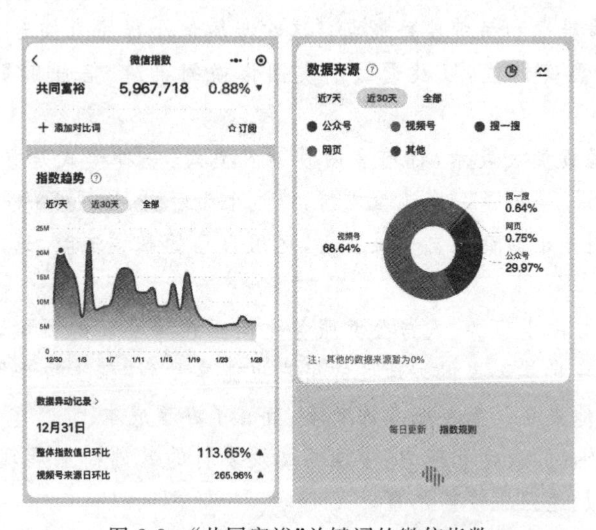

图 2-8 “共同富裕”关键词的微信指数

微信指数可以提供社会舆情的监测，能实时了解互联网用户当前最为关注的社会问题、热点事件、舆论焦点等，方便政府、企业对舆情进行研究，从而形成有效的舆情应对方案。

思政园地

乡村振兴，微信平台有何“杀手锏”

《2020 年微信县域乡村数字经济报告》显示，微信支付作为首选支付方式在县乡用户中的使用比例已高于城市用户，数字化支付方式进一步下沉，实现了金融普惠；同时，基于微信生态能力，数字化扶贫展现了明显成效，特别是助力“三区三州”国家深度贫困区加速繁荣。

8 月 8 日，国务院国资委联合 8 家央企，开展了“百县百品央字号——三区三州电商扶贫日”的小程序直播，本次直播活动持续了五个小时，选品包括藏黑猪午餐肉罐头、有机草莓果酱、高原小扁豆在内的 51 件商品，共带动贫苦地区农产品销售价值总额为 1129 万元。除此之外，在 88 智慧生活日期间，微信支付还与京东、苏宁易购等联手，通过微信支付商家消费券小程序组织助农专区，并发起多场助农主题小程序直播。图 2-9 所示为三区三州的小程序直播现场照片。

图 2-9　三区三州小程序直播

国资委新闻中心副主任闫永向媒体介绍，一直在探索用科技的方式来带货助农，直播主要解决了农产品销售难题和品牌传播痛点。这次与微信小程序直播合作，是一次全新的尝试，主要看重其社交裂变功能，以及通过朋友圈传播的渠道，信任感更强，有利于交易的产生。

微信小程序直播负责人表示，目前有两种助农模式：一种模式是跟大型的电商平台合作，对微信或腾讯来讲，会给予一个流量支持，以这个为牵引，让更多的电商平台参与到扶贫当中。另一种模式则是小微商家自己做直播，运用自己的私域流量，通过发朋友圈、发群等形式进行运营。

通过微信，政府与民生事务、人与公共服务之间正在建立新的桥梁，数字化工具穿越了大山大河，让县域及乡村甚至更偏远地区的用户也能享受到“掌上办理”的移动电子政务服务的便利，从而极大地提高了基层服务的效率，节省了办事成本。

正是基于微信平台的数字化能力，中国县域及乡村的基础商业展现出强大的内循环动能和自愈复苏能力，加速摆脱疫情阴霾。

（资料来源：https://baijiahao.baidu.com/s?id=1674820898707189153&wfr=spider&for=pc）

思政启示：通过微信小程序直播、微信公众号助农，可以将乡村甚至更偏远地区的农特产品销售出去，微信平台的生态圈和数字化能力，大幅提高了私域流量的转化变现能力。作为当代大学生，请思考一下应该如何利用自己的力量助力乡村振兴，通过微信平台实现创业与就业。

综合能力训练项目

一、项目训练内容

对营销策划项目进行微信数据分析。通过分析，了解自身策划的不足与优势，并根据数据进行更好的策划。

二、项目训练要求

通过本实训，使学生了解和掌握微信数据分析的步骤及要点，并在一定程度上培养学生微信数据分析和应用的能力。

- 教师对微信数据分析的实践应用的重要性给予充分说明，调动学生项目操作的积极性与热情；
- 教师对微信数据分析的内容和步骤进行具体指导，其中微信指数小程序及各种软件的使用方法是重点，需要学生对微信数据的方式非常熟悉，并能够结合实际进行方案的设计。

三、项目训练步骤与方法

- 学生以小组为单位进行作业；
- 了解策划后学生的参与率，以及造成参与率高低的原因，在此基础上，通过微信指数小程序进行微信数据的 KPI 量化分析；
- 撰写微信数据分析报告书；
- 根据微信数据，结合营销目标，进行微信营销策划分析；
- 递交作品，在班级内进行作品展示交流。

四、项目训练考核要求

- 项目策划方案(30 分)；
- 项目中对微信指数的应用(30 分)；
- 项目的数据分析(40 分)。

项目三

微博营销

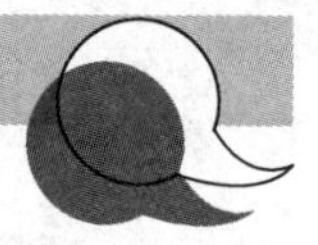

学习目标

素养目标

- 正确认识网络流行文化，以正确的态度看待网络上不断出现的新事物。

知识目标

- 掌握微博营销的概念；
- 掌握微博营销的价值；
- 掌握微博营销的技巧；
- 掌握微博营销的活动类型和策划方法。

技能目标

- 能够开通并装修好微博，并熟练运营个人微博；
- 掌握微博营销的运营技巧；
- 能够配合营销目的，策划微博营销活动，并撰写策划方案；
- 能够进行微博软文写作。

案例导入

微博的"力量"

2020年，借助丁真的热度，新浪集团乡村振兴合作办公室与理塘融媒体中心发起多个话题，还原理塘脱贫攻坚和乡村振兴故事，促进当地建立区域公共品牌，助推农产品架销售。在微博的协助下，理塘县着力打造"极地果蔬"品牌，联动相关单位进行以"丁真家乡萝卜熟了"为主题的直播活动。通过线上线下互动、网红达人带动，推送理塘"极地果蔬"被疯狂抢购。直播在线观看的网友多达189.9万人，评论14.3万，点赞49.1万，卖出4000多单，2万斤萝卜，销售额达8万余元。理塘县"极地果蔬"的区域品牌自此打响。

2022年3月，"春风送暖·点亮美丽乡村"行动走进甘孜，联动四川本地的微博知名博主兼"微博扶贫乡村振兴助威团"成员@李子柒、@川香秋月参与。活动创建#李子柒去甘孜了#话题，发起后迅速登上全国热搜第一、文娱榜第一，截至目前话题阅读量3.5亿+，#点亮美丽乡村#话题阅读量1.1亿+，登上全国热搜第三位。

9月，微博及新浪集团乡村振兴合作办公室联合、@悦凯娱乐、@萌扬文化、@天娱传媒、@哇唧唧哇，携手@中国乡村发展基金会、@中国青少年发展基金会、@中华思源工程扶贫基金会、@中华救助，共同发起“星光点亮美丽乡村行动”，以实际行动助力乡村振兴。活动发起后，四家娱乐经纪公司旗下30+位艺人响应号召，担任美丽乡村点亮官，号召广大微博网友与粉丝共同关注乡村发展，助力公益。

党的二十大报告明确提出，要全面推进乡村振兴，坚持农业农村优先发展，巩固拓展脱贫攻坚成果，加快建设农业强国，扎实推动乡村产业、人才、文化、生态、组织振兴。新浪集团学习贯彻党的二十大精神，致力于持续把微博平台助力乡村振兴的新模式拓展到全国各地，依托社交媒体强大的信息传播能力，构建互联网乡村振兴生态，打造新浪门户和微博独有的智库、宣传、带货一体的新媒体助力县域经济发展模式，践行企业社会责任，推进可持续乡村振兴。

（资料来源：https://cj.sina.com.cn/articles/view/3766659924/e082ab5400101bdsi?finpagefr=p_104_js&sudaref=www.baidu.com&display=0&retcode=0）

项目简介

项目内容

中国互联网已经全面进入微博时代。微博注册用户总数已经突破6亿，每天日登录数超过4000万。同时，微博用户群又是中国互联网使用的高端人群，这部分用户群虽然只占中国互联网用户群的10%，但他们是城市中对新鲜事物最敏感的人群，也是中国互联网上购买力最高的人群。

随着近几年微博的发展，使用人数也在不断地增长，微博营销已成为一种常见的必备的推广方法。然而，微博营销并不像论坛推广那样简单，随便发个帖子就是一条外链，发了帖子就会有人去看，仅是多少不同而已，即使没人去看，对你也不会有什么危害。微博则不然，不合时宜的广告帖，不但起不到宣传作用，搞不好还会殃及微博的命运，让你的微博人气尽失，成为一个无人问津的死博，那么到底该如何才能发挥微博营销的作用？

根据微博营销的不同策略，本项目划分为认识微博营销、微博营销价值与策略、微博营销技巧、微博营销活动策划四个任务。

项目任务

本项目以学生团队为活动单位，安排学生以微博为研究对象，分析其在新媒体形式下营销模式的优缺点，同时在文案设计、图片选择、互动内容上下功夫，制作相应的微博营销策划方案。

项目学习课时

建议课内学习时间10课时，课外学习时间12课时。

项目成果

在项目学习结束后，学生应递交以下项目学习成果：

（1）微博个人账号规划与实施报告一份；

（2）为某企业设计微博营销策划书一份；

（3）运营某类型微博账号一个，包括不同类型的软文内容推广；

（4）微博营销工具案例分析报告一份；

（5）微博公众号数据分析报告一份。

任务一　认识微博营销

学习目标

- 了解微博的发展历程以及传播特征；
- 能区分微博与微信公众号；
- 注重个人品德修养，在生活中弘扬爱国主义精神，实现网络舆论环境向良性循环方向发展。

课堂讨论

生活中获取的信息或遇到的事情，你会主动分享到微博上吗？

一、微博的发展

微课：什么是微博

微博，简称“一句话”的博客，是一个广播型的社会网络平台，它利用跟踪机制来共享即时的短消息。用户可以使用不同的客户端，如WEB、WAP，建立自己的个人社群，用140字的文本进行实时的更新和共享。

最早和最出名的微博是美国的Twitter。2006年，Twitter允许用户将他们的最新消息、信息、观点通过短信发送到移动电话和个性化站点，而不只是针对个人。

Twitter刚成立时，少量的用户仅在该平台上互相开玩笑，但是用户很快就发现Twitter的传播方式非常不同：当一个推客收到他觉得有价值的消息时，就会把它再次转发给更多的人。这就意味着，你可能只有一小部分的粉丝，但随着粉丝们的不断转发，这些消息就会不断地被放大，数量会成百上千，甚至达到数万倍。

根据美国网络流量监测公司公布的统计数据，截至2021年，Twitter的用户总数达到2.17亿，2022年7月，comScore市场调研公司宣称Twitter全球独立访问用户数打破5000万大关，达到5160万人。在Twitter上“落户”的，不仅有政界人士、海内外名人，更有知名的公司。

Twitter的出现，改变了人们被动接受信息的方式，同时也打破了传统媒介和公众之间的信息交流局限。微博时代，正式开始了。

在Twitter流行的同时，中国的微博也在悄无声息地发展起来，经历了三个发展阶段。

第一阶段（2007—2008年）：代表有“海内”“饭否”“叽歪”“做啥”，其中“饭否”是中国第一个微博产品。我国第一家尝试推出微博产品的网站是腾讯，其产品名为“腾讯滔滔”。这个阶段的微博产品虽然做了很多尝试，但是由于各种原因，都没能避免停止运营的命运。

第二阶段（2009—2010年）：在这个阶段“follow5”“新浪微博”“搜狐微博”“人民微博”“网易微博”“腾讯微博”相继上线。当时，我国的微博产品多达20种，百花齐放的微博产品扩大了使用者群体，由于其独特的媒介特性和社会属性，它在用户中逐渐流行起来并走向成熟。

第三阶段（2010—2014年）：随着中国的微博进入蓬勃发展期，各款产品之间竞争加剧。各大网站使出浑身解数吸引用户。其中以新浪微博表现尤为出色。新浪微博采用明星营销策略，邀请大量名人加入并吸引了众多粉丝跟随注册账号，在众多竞争对手中脱颖而出。“你微博了吗？”“你‘织围脖’了吗？”已经成为2010年网民的流行语。

到2020年，随着腾讯微博官方宣布停止服务和运营，这场微博之争落幕，新浪微博成为最终的赢家。

如今，微博已经融入人们的日常生活，除微博的活跃用户数量持续增长之外，微博平台的功能也在逐渐丰富和完善。例如，从一开始微博只能发布140字以内的文字内容到现在支持发布长文章、九宫格图片、长图文、短视频、长视频等多种形式。“热搜”“超话”也成为广大用户平时热聊的话题，同时也是公司或机构组织进行市场推广和公共关系的一个主要途径。

二、微博的传播模式和特征

微博具有独特的传播模式和特征，具体表现为内容的生产门槛低，信息扩散的效率高，热点事件升温快，内容互动强裂变、平民化。其实和社交网站不同，用户在微博上互动，不需要用户双方互相关注，用户可以在微博上关注他人账号，且不需要对方确认通过，这种关注与被关注的模式是一种不对称的人际关系，正是这种不对称的人际关系形成了微博广播式的信息流动。

1. 内容生产门槛低

微博注册和操作方式简单，对于文字功底和时间的要求也没那么强，一张图片、一句话就能成为一篇简短的博文，大幅降低了准入门槛，方便了微博的普及，十分契合现代社会快节奏的生活方式。与此同时，微博用户也可以通过微博平台执行搜索、转发、评论、收藏、关注等功能，快速查看自己感兴趣的信息和话题。而且，相比于博客的“被动”关注，微博的关注则更为“主动”，只要轻点“关注”，即表示你愿意接受某位用户的即时更新信息，一些出自普通民众之口的原创语句经过微博的传播后，也被视为“经典”传播开来。

2. 信息扩散效率高

仅容纳140字的微博，却能借助多种媒体技术手段（如文字、图片、视频等形式）多样化地传播出来，信息表现形式更为生动形象，增强了用户的阅读体验，提升了它的使用黏性。而且微博采用跟随式的互动方式，可以实现点对点、一点对多点的互动，信息传播更为广泛高效。

3. 热点事件升温快

微博营销最大的特点就是“快”。微博的篇幅仅有140个字，便于企业在极短的时间里传递自己的营销信息。只需要轻轻点击一下“发送”，立即就有千百万人看到你刚发的营销内容。其速度之快，是所有新闻媒体都无法比拟的。

2021年神舟十二号载人飞船再问苍穹，成为全网焦点，更是掀起了一股航天关注热潮，＃神舟十二号发射升空＃、＃航天员敬礼＃、＃中国航天成绩单＃、＃空间站＃等热门话题的热度一直居高不下，“飞行”“航天员”“中国”“空间站”等热词霸屏网络。6月17日，微博上共有神舟十二号发射升空相关讨论670万＋，相关话题百余个，话题累计阅读量超70亿，多个话题凭借自然热度冲上新浪微博热搜榜首。神舟十二号载人飞行任务的成功，刷新了中国载人航天技术的新高度，完成五项“中国首次”，同时也意味着我国第一座自主研发的空间站开始进入一个全新的篇章。

4. 强裂变内容更多元

目前微博传播不是点对点和简单的点对面的传播，而是裂变式的广泛传播。微博用户在微博上不仅可以接收、传播和发布信息，还可以通过简单的评论和转发进行信息的二次加工和传播。例如一个人的微博可以被其“粉丝”转发，再被“粉丝”的“粉丝”转发，不断蔓延。因此，这种传播方式既不是传统媒体的线性传播(one to one)，也不是网络媒体的网络传播(one to N)，而是一种裂变传播(one to N to N)。这种形态的传播速度是几何级的，远远高于之前任何一种媒介产品的传播速度和传播广度。尤其是微博不对称的关注关系，保证了信息即时扩散的高效性。一条被认为有分享价值的内容被层层转发，产生裂变式的规模传播效应。“裂变”是一个十分形象的比喻。所谓裂变，多指核裂变，是一个重原子的原子核分裂为两个或更多较轻原子核，同时放出两到三个自由中子，并释放巨大能量的过程。这个过程不仅是“少”快速分裂为“多”的过程，更是能量从“小”到“大”的变化过程。

三、微博账号类型

1. 个人微博

个人微博不仅是个人用户日常表达自己的场所，也是个人或团队营销的主要阵地。一般来说，个人的微博营销基于个人本身的知名度，通过发布有价值的信息来吸引关注和粉丝，扩大个人的影响，从而达到营销效果。其中，部分企业高管、名人的个人微博通常还会配合企业或团队微博形成影响链条，扩大企业和品牌的影响力。图 3-1 所示为明星个人微博账号。

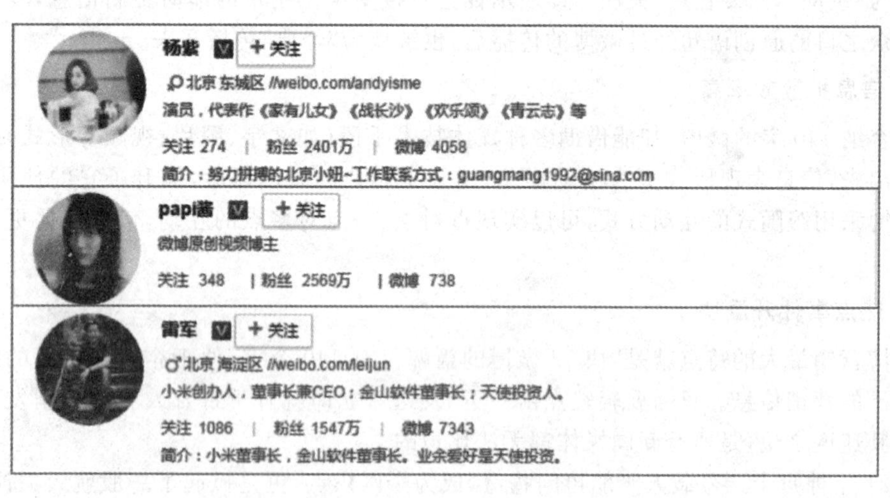

图 3-1 明星个人微博账号

2. 企业微博

企业微博一般是以营利为目的，企业的微博运营人员或团队会通过微博来提高企业的知名度，为最终的产品销售服务，如图 3-2 所示。

图 3-2 企业微博

3. 政务微博

知识拓展：政务微博影响力凸显，渐成政民互动新模式

政务微博是指政府部门为工作之便开设的微博，政府部门通过微博可以调和公民言论自由、政府信息透明、国家安全和个人隐私之间的矛盾，还可以作为群众对政党机关和公职人员的工作进行监督的途径，如图 3-3 所示。

图 3-3 政务微博

4. 组织机构微博

知识拓展：《2022 年政务微博影响力报告》

微博快速传递信息的特点使其不仅深受个人和企业的青睐，也逐渐受到很多组织机构的欢迎，很多学校、机构、组织纷纷开设了自己的官方微博，用于传播信息、促进沟通，在教育教学、危机公关等方面发挥着重要作用。图 3-4 所示为组织机构微博中的校园微博。

图 3-4 校园微博

5. 其他微博

除类型比较明显的微博外，还有一些具有特定用途和时效性的微博，例如为某个重要活动、重要事件、电影宣传等特意开设的微博，这类微博通常不会持续运营，只能发挥阶段性作用，但带来的宣传效果也不容小觑。图 3-5 所示为某剧组临时开设的微博。

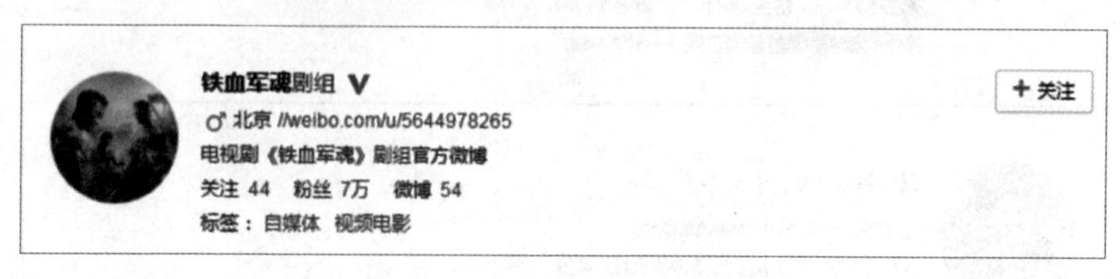

图 3-5 某剧组临时开设的微博

综合能力训练项目

一、项目训练内容

打开微博，进入热门微博排行榜，浏览排行榜上的微博内容，分别选择几个不同类型的微博账号，点击进入该账号的微博主页，了解其粉丝量及微博转发、评论、点赞等数据，分析该微博账号的运营特点。选取近期成功微博营销案例并以团队形式进行汇报和分析；结合校企合作中企业的实际面临的问题，设计微博营销方式和文案助力企业销售。

二、项目训练要求

选取一个成功的微博营销案例进行分析，将分析结果在班级进行展示和汇报，同时进行校企合作企业的微博营销项目训练。

- 准确选择微博营销案例；
- 恰当运用微博营销理论；
- 运用微博营销方法进行项目的分析和归纳；
- 将案例分析的结果运用于本团队的微博营销项目策划中。

三、项目训练考核要求

- 微博案例分析的要点齐全(10 分)；
- 团队对微博营销案例分析条理清楚，把握到位(30 分)；
- 语言表达逻辑性强，表述清晰、准确(10 分)；
- 团队项目的微博营销方案切实可行(30 分)；
- 团队项目的微博营销手段有创新、有创意(20 分)。

任务二 微博营销价值与策略

学习目标

- 掌握微博平台的营销价值；
- 了解不同群体的微博运营策略；

- 树立正确的市场意识，形成初步的现代营销思维。

课堂讨论

帮助一家乡村土鸡蛋企业进行微博运营，最适合的微博运营策略是哪些？分享自己的观点，并说明理由。

一、微博营销的概念

微课：微博营销价值与策略

微博作为社会化媒体中用户极其活跃的社交平台之一，中国微博的规模在2011年就已经突破了3亿，之后微博的规模继续扩大，2022年9月微博月活跃用户数为5.84亿、同比净增约1100万，其中移动端用户占比约95%，日均活跃用户数为2.53亿，以微博为代表的社会化媒体正改变着网民的生活和消费习惯，微博营销已经成为企业常用的营销手段之一。

微博营销是指公司以微博平台做市场推广，通过更新企业微博，与其他微博进行交流，发布自己或是用户感兴趣的事情来吸引网民的注意力，让大众主动关注传播企业的产品信息，从而达到树立企业良好形象的目的。

二、微博营销的价值

1. 品牌推广

微博具有内容低门槛、传播高效率、互动更多元的特征，任何企业都可以按照宣传需要，随时随地在微博平台发布广告或其他内容，而通过微博运营，企业可以快速聚合用户关注度，提升品牌知名度，与用户形成情感共鸣，提升品牌好感度，扩大品牌传播，曝光新产品和服务。

2. 用户维护

微博营销的便利之处就是通过内容活动、触达用户的同时，还可以一对一地进行用户维护，提升用户满意度，进行用户管理。例如，现在越来越多的企业在用户购买、产品包装、物流体验等各个环节中引导用户晒单，鼓励他们使用或体验完产品之后，通过微博拍照分享。

3. 市场调查

市场调查是企业开展营销不可缺少的环节，通常企业可以通过问卷调查、人工调研、数据购买等方式来调查用户的需求，但这些调查方式耗费的财力和人力都比较大，而不同的行业效果好坏也参差不齐，然而微博的出现为企业提供一个低成本、高效率的创新工具，基于微博用户的巨大数量以及微博平台几十个垂直领域的划分，每个用户都有其感兴趣的领域。企业可以做到针对性地对特定偏好的用户进行调研，这为企业制定个性化服务提供了便利。

4. 危机公关

在微博平台上涉及知名企业产品质量、企业信用出现问题等公众事件就会迅速登上微博的热搜品牌排行榜。企业如果不去进行应对处理，事件就会持续发酵，会对企业十分不利。企业可以通过微博快速了解并应对突发状况。通过检测关键词，企业可以迅速了解对事件高度关注的用户群体，从话题中可以全面了解用户对此事件的评价和意见，由此企业能够迅速在微博上锁定危机公关的目标人群，了解危机发生的原因和经过，并据此迅速做出更有针对性的措施。

快速有效的微博危机公关，不仅能有效地将危机尽可能降到最低，甚至可能将危机转化为重塑企业形象的机遇，利用微博快速对事件做出声明和正确的回应，有利于企业形象的建立。

5. 闭环电商

案例：阿宽面皮，鼠肉风波

个人或企业可以通过微博运营获取一批粉丝，直接导流销售获取收益。例如，很多企业在微博平台发布产品推文的时候，会直接植入产品的购买链接，粉丝看到微博的内容后，可通过链接进行购买。

三、微博运营的六大策略

1. 明星策略

案例：海信，世界杯广告词风波

丰富形象，提升商业价值。目前，微博成为明星自我营销的重要阵地，具有强曝光、强宣传的特点，让企业愿意支付高额费用，通过微博来进行明星代言。图 3-6 是井柏然为野兽派代言发的微博。

图 3-6　井柏然为野兽派代言发的微博

2. 网红模式

案例：挖掘名人效应，发挥微博强大生态带来的传播影响力

微博等互联网新媒体平台的兴起，极大地降低了构建个人品牌的技术难度和传播门槛。伴随这一现象，很多人可以凭借技能才艺在互联网上走红，通过优质的内容吸引大量用户关注，形成独特的网红文化。图 3-7 所示为微博网红账号。

微博 2023 年第一季度财报数据显示，微博平台月活跃用户数达到

5.93 亿，同比增长 1100 万，日活跃用户数达到 2.55 亿。

目前头部电商用户 1.56 万以上，日均发布电商博文 12.8 万，日均博文阅读量 4.1 亿。内容带货已经成为微博博主非常重要的变现方式。其中微综艺电商栏目第一期，由某网红带领下，一个晚上的直播最终斩获 2.35 亿成交额。这个让人震惊的现象使微博对电商的促进作用再也不能被忽视，而网红经济也进入大众视野。

3. 企业管理者

很多企业家公司的高管也开通了微博账号，构建个人的发声渠道，他们的个人形象对于企业品牌在用户心中的形象也有着很重要的作用。同时企业管理者也责无旁贷地担当起了企业代言人的职责，一些企业家在微博上的运营上，一方面为企业品牌、产品做宣传，另一方面发布一些个人相关的内容，包括日常生活、社会热点、公益活动等。图 3-8 所示为李开复的微博账号。

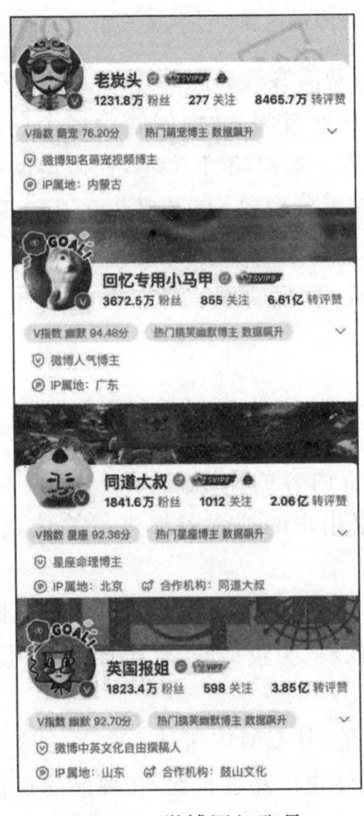

图 3-7 微博网红账号

图 3-8 李开复微博账号

4. 媒体运营

从传统媒体到新媒体用户在微博移动端发布新闻有更大的便利性，可以随时随地获取和发布信息，信息的形式也趋于多样，例如文字、图片、视频、直播等。很多传统媒体开始把微博作为自己的主要平台来运营，它的运营效果比平面纸媒更好。图 3-9 所示为人民日报官方微博账号发布的内容。

5. 专家策略

微博平台上汇集了各个领域的专家，作为拥有过硬技术的人，专家们的变现能力相比普

图 3-9　人民日报官方微博账号发布的内容

通人有很大的优势，微博的功能也在不断进化，打赏、付费问答等功能的开发层出不穷。

在用户付费方面，微博为创作者打造了打赏、V＋粉丝订阅、微博问答等多个产品。越来越多的用户通过打赏功能支持自己喜欢的优质创作者。2021 年上半年，在微博问答模式下，付费问答答主新增近 45 万创作者，超 5 万付费问答得到解答，获得超 290 万围观，回答累计 1900 万字，约等于 5 套《十万个为什么(第六版)》。其中，被“好奇宝宝”问及最多的问题类型包括育儿、择校、房产、两性、学生、治疗、疾病预防、宝宝喂养、教育、考研、房租、历史、问诊。图 3-10 所示为某微博付费内容。

6. 电商模式

微博由于互动性和传播性好，是很多企业进行新品推广的首选平台，微博博主也可以通过电商渠道来变现。博主通过转发抽奖配合干货内容的输出，这种方法虽然老套，但是参与者仍然很多，大数据支持下的微博推荐，根据用户的搜索习惯进行筛选，精准度也越来越高。

2021 年，微博电商博主人均电商收入比 2020 年提升了 3.7 倍，超 1 亿用户在逛微博小店时被好物种草。用户最爱的热销产品品类包括食品饮料、美妆护肤、家居日用、图书杂志、生鲜、女装精品、内衣、母婴、医疗保健、3C 数码等。

数码领域的知名博主@孙斌 1990 拥有 74 万粉丝量，月 GMV 超过 500 万。这个账号长期输出专业的数码内容对数码产品进行种草及带货，注重产品性价比，在商品冰点价时会择优推荐给粉丝。

情感领域博主@一只蹦蹦跳跳的尤物粉丝量 129 万，月 GMV 则达到 600 万＋。这个账号是非典型带货博主，三观正、毒舌、幽默，擅长作文式种草、怼人式宠粉。从自己找供应链做电商全品类带货，到 2021 年成立了独立设计师服装品牌“偶得一物”，发力中国品牌。

2021 年，微博还正式上线了“电商号”成长体系，为博主提供一站式电商解决方案，包括百亿流量、现金激励、资源扶持、专属勋章、活动造场、签约服务商六大核心服务，已有超 1000 家机构和 100 万博主加入。图 3-11 是人民网为网友准备的新年抽奖活动。

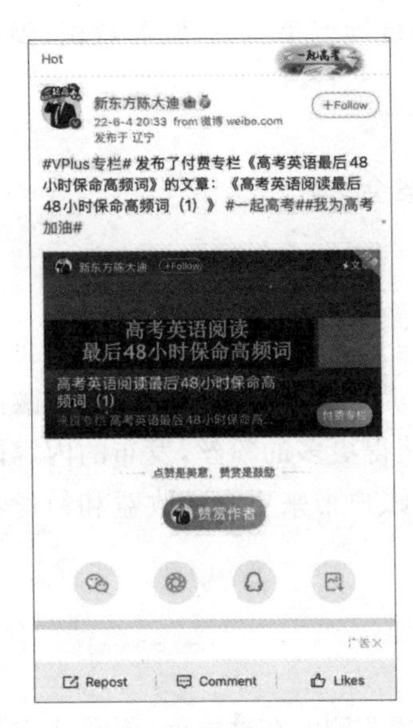

图 3-10　某微博付费内容

图 3-11　人民网为网友准备的新年抽奖活动

综合能力训练项目

一、项目训练内容

以团队项目形式为某乡村土鸡蛋企业选择合适有效的营销模式，结合企业实际情况和面临的问题，设计微博营销方式及内容策划。

二、项目训练要求

将分析结果在班级进行展示和汇报。

- 准确选择微博营销策略；
- 恰当运用微博营销理论；
- 运用微博营销方法进行项目的分析和归纳。

三、项目训练考核要求

- 对某土鸡蛋企业的分析要点齐全(10 分)；
- 团队对土鸡蛋的微博营销方式分析条理清楚，把握到位(30 分)；
- 语言表达逻辑性强，表述清晰、准确(10 分)；
- 土鸡蛋微博营销方案切实可行(30 分)；
- 微博营销手段有创新、有创意(20 分)。

任务三　微博营销技巧

学习目标

- 学会微博定位的方法；
- 掌握微博矩阵的建立方式；
- 学会如何撰写优质微博；

- 树立正确的价值观和道德观，能结合中国特色，培养良性竞争意识、服务意识，团队协作能力和开拓创新精神。

课堂讨论

如果做一幅信息长图介绍自己的大学，配以下哪种文案会更好？

(1) 一张图告诉你关于某某大学的十件事。

(2) 一段文案导读。

微博营销是新媒体营销的热门渠道之一，由于微博是一个强大的营销平台，很多企业都渴望通过微博在市场上多分一杯羹。而要做到这一点并不是一件容易的事情，想在微博上获得收益，就要深谙微博营销的策略。怎样才能在平台上获得更多的粉丝，发布的内容能被更多的人看到，继而产生互动和传播的可能性，进而给微博账户带来更多的收益和粉丝？这就需要了解微博营销推广的内容。

一、微博定位

如何定位微博？销售型，品牌传播型，客户关系管理，舆情监测？在这之前，要明确它是能直接或间接给企业带来利益的，以销售为核心，在前期阶段或微矩阵分工期最好采用定位品牌传播型，实际上就是做口碑营销，有利于培养有效粉丝，建立与客户之间的关系。因此无论是企业账号还是个人账号，想要做好微博运营，关键是找准定位。只有在合适自己账号的发展、符合自身形象的定位之后，才能确定目标群体，投其所好，慢慢圈粉，最终打造微博账号的影响力。

1. 明确运营目的

(1) 企业方面。如果企业有品牌需求、形象塑造或是市场公关的需求，可以选择注册和认证官方账号。企业在发展初期，多会选择以创始人或企业核心成员的个人微博账号为主要运营账号，由创始人或核心成员进行账号运营和维护，打造个人品牌影响力。等到这些创始人或核心成员账号拥有一定的影响力并积累一定的粉丝后，企业才会开始重点打造品牌账号矩阵，由专业团队来接收并重新设计和规划账号的运营策略。图 3-12 所示为锤子科技的微博账号矩阵。

图 3-12 锤子科技微博账号矩阵

(2) 个人账号。个人用户如果想成为自媒体达人，打造个人在某个领域的影响力，可以选择注册个人账号。目前，微博上个人账号运营方向主要分为两大类：影响力账号和电商达人账号。这两类账号不管是重点输出的内容还是广告的侧重点都是不一样的。

例如，影响力账号通常以“干货”、热点和权威信息的发布为主，主要是为了吸引粉丝和扩大影响力，广告商也是在看到该账号的粉丝数量和影响力后才决定是否与其合作。影响力账号多见于行业的领军人物、意见领袖等。

而电商达人账号，更多的是有“带货”属性，像美妆达人、美食达人等。例如，微博测评达人@老爸测评-魏老爸的微博内容以测评、“种草”产品教程、生活日常分享为主。广告商看中的就是这类账号的转化率和粉丝黏性。

在很多时候，一个账号也可以同时拥有粉丝黏性和影响力，只不过电商达人账号的影响力与行业专家的影响力有所不同而已。

2. 明确用户需求

对于微博的影响，最重要的一点就是它是否能捕捉到用户的需要并为其带来利益。不管是公司账号，还是私人账号，微博运营者都要了解其客户，对其特性进行剖析，发现其偏好，使经营战略更贴近使用者的实际。所谓的“目标”，指的是那些已经关注了博客账号的人（即“粉丝”用户），以及那些微博运营者想要吸引的人。通过对用户的特征进行剖析，可以从不同的年龄、职业、经济状况等方面进行研究，并通过不同的方式来设计微博的主题、表达方式、从而达到企业树立品牌形象和经营目的。

运营者可以从以下几个方面来进行用户分析。

（1）地域。地域是指目标用户所在的地理位置。每个地方都有自己独特的文化、语言、生存习惯，也有自己独特的生活要求。

（2）性别。微博上男女目标用户的性别占比会对微博的经营产生一定的影响。不管是在风格上，还是关注点上，男女目标用户都会存在一定的差异性。所以，了解微博的受众比例，对于微博的后续内容和风格设计，都能起到很大的帮助。

（3）收入水平。目标用户的收入水平对运营者进行微博运营具有显著的作用。当用户不能承担起产品与服务的高昂价位时，即使是优秀的广告，也难以达到更好的转换。在进行账号经营与内容规划时，目标用户的收入水平和消费水平是一个不容忽视的重要参考条件。

（4）年龄。不同的年龄层的用户会有不同的文化，关注的主题，交流的方法，以及语言的风格。运营者必须清楚地了解他们的受众群体，并根据他们喜爱的风格来进行微博内容的设计。

（5）教育水平。不同的用户其教育水平会对他们的文化喜好、消费习惯、表现形式产生一定的影响。

（6）兴趣标签。许多微博使用者都有自己的喜好。运营者可以利用微博后台的数据，对这些人的特征进行分析，从而知道他们的粉丝们最爱的是哪些，然后将这些信息融入微博的内容设计和制作中。

3. 明确自身特色

明确了微博的运营目标和用户的需要之后，运营者就能完成最初的积累，也就是对目标人群的认知。另外，为了让用户能认识和识别运营微博账号，并且愿意为其产品和服务支付一定的费用，运营者必须让自己的微博账号拥有鲜明的个性。

但想要打造一个拥有个人特色的微博账号并非易事，除了运营者需要明确账号的定位，属性以及内容的风格，还需要配合不同的运营方式。

二、建立微博矩阵

微博营销除做好自身账号的定位之外，还需要建立一个能够产生影响力的平台，并建立链式传播系统，即需要一个账号矩阵。一些成熟的微博运营企业都建立了完善的微博矩阵。

案例：小米事件广告营销表现

不管是从企业微博助理公布的各大品牌微博排行榜来看，还是从个人直观感受来说，企业微博矩阵的推广方式都非常有效。微博目前生态虽然已经成熟，且各行业领域的触角已进入，但有些更加垂直细分领域，仍有可操作空间，有些地标性位置还未被人占领。为了获得更加细分垂直领域的话语权，抢占或竞争到地标性的位置，企业尽早建立微博矩阵相当有必要。

官方平台也曾经重点推荐过微博矩阵，企业微博助理认为：企业营销推广需求日益多样，一个企业官V账号不免势单力薄。以企业产品、服务、地域等为基点，开设不同功能的企业账号，建立组合企业的微博账号矩阵，将业务精准拆分，有效避免信息混乱和实时刷屏的差评体验！的确，不同账号定位及内容塑造，可以有效承担起原有账号的某些功能。面对重要节点、热点造势等情况，更是可彼此互相协作，形成传播合力！各个账号相互独立，又彼此关联，运营技巧可相互借鉴。用户也会根据自身需求，利用微博搜索快速精确地找到“组织”。

稍微留意有影响力的品牌企业官微会发现，企业或品牌不论大小，都或多或少运用了矩阵。小一点的矩阵常见的有创始人微博与官微相互配合，遥相呼应，或是公司几个主要负责人微博号与创始人及官微同气相求；大一点的企业品牌会有不少账号矩阵，有的甚至多达二十几个。目前建立微博矩阵的方式主要有以下几种。

（1）以公司各部门的负责人为单位，设立个人化微博，定位其内容，承担某一方面的功能。

（2）以公司的具体业务流程环节为划分依据，建立账号矩阵。

（3）以公司的服务地域为设立依据，建立账号矩阵。例如，小米科技有限公司建立了以@小米、@小米手机、@小米公司、@小米智能生态、@小米电视、@小米商城、@小米洪峰、小米 MIX 为主要阵地的微博矩阵，如图 3-13 所示。小米手机及小米营销号主要负责发布产品、促销活动等信息；其他子微博明确定位，各司其职。同时各账号的头像、页面装修、内部建设都要保持统一，共同展现小米科技的企业文化和互联网品牌的内涵。

图 3-13　小米科技有限公司微博矩阵

三、微博文案设计

微课：撰写优质微博

怎样才能撰写出优质的微博，什么样的微博才能带动用户转发以及涨粉？运营者首先要了解微博平台哪些内容是有吸粉特质的，再从中选择适合自己的输出的形式。

（一）三大类比较受欢迎的微博

1. 干货类

干货类的内容受欢迎的原因主要有两点：①实用性，它能够解决用户某一方面的问题，让用户有获得感，从而有价值感。②便利性，大多数用户都是比较懒的，或者说更希望自己的时间节约，干货的内容让用户感觉便利。

目前微博平台上的干货内容主要有三类。

（1）专业内容普及。它是拥有一定的专业门槛，只有拥有专业背景的人才能写。例如，医学病理、心理咨询类的知识需要有专业背景的人去写，这样才更加具有权威性。图 3-14 所示为专业针灸师为网友提供的妙招。

（2）实践分享类。实践经验分享要求分享的人拥有一定的实践经验，这样分享人才能写得既实用又可以让用户产生共鸣，一定程度上可以不受专业门槛限制。例如，摄影教程、美食教程、穿搭技巧、美妆教程等一些日常的生活内容。图 3-15 所示为某美妆博主为微博用户分享化妆技巧。

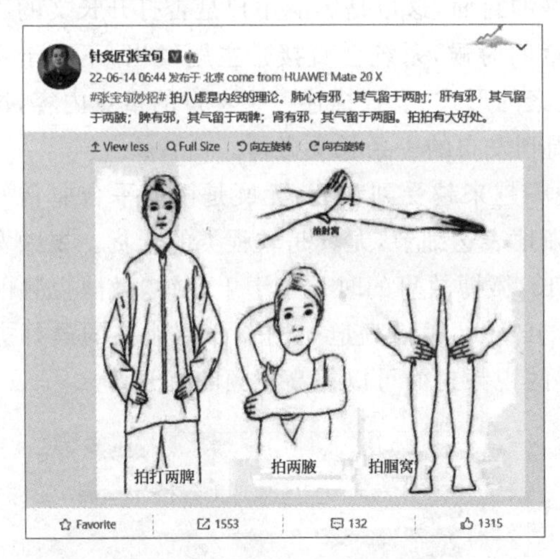

图 3-14　专业针灸师为网友提供的妙招

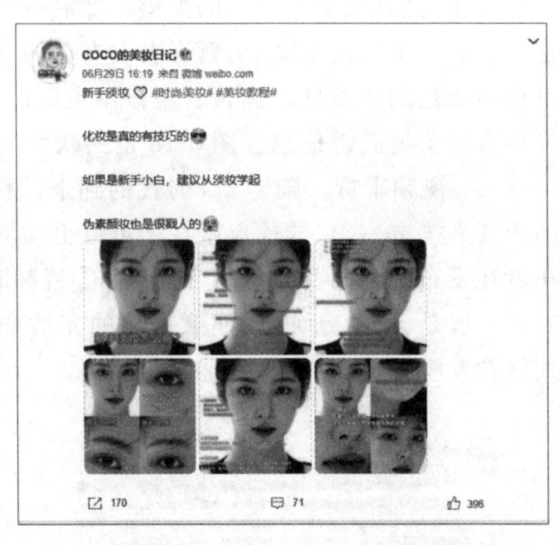

图 3-15　某美妆博主为微博用户分享化妆技巧

（3）合集分享。合集分享要求分享人具有一定的粉丝基础，以和谐内容干货为主，覆盖范围较广。例如，一些办公软件快捷键合集，英语四六级必备短句，职场人必看书籍等。图 3-16 所示中国网校园通讯社就为广大网友提供了 Word 使用快捷键的技能分享，助力五月的计算机等级考试。

那么如何才能制作出干货的内容来增加其可读性和传播性呢？主要有以下三种方式。

（1）九图干货。它是转化和提升互动较好的形式之一，因为它给用户提供了统一的图片风格，带来了视觉冲击。同时，九图相对视频来说，更省流量、更直观、更容易传播。好的九图一般都会包含这样两个特点：①视觉统一，就是它的版式风格尽量达到统一，完成用户视觉上的注意力吸引目的。②信息非常清晰，图片的主题和具体信息文案要注意突出重点。图 3-17 所示为九图穿搭微博。

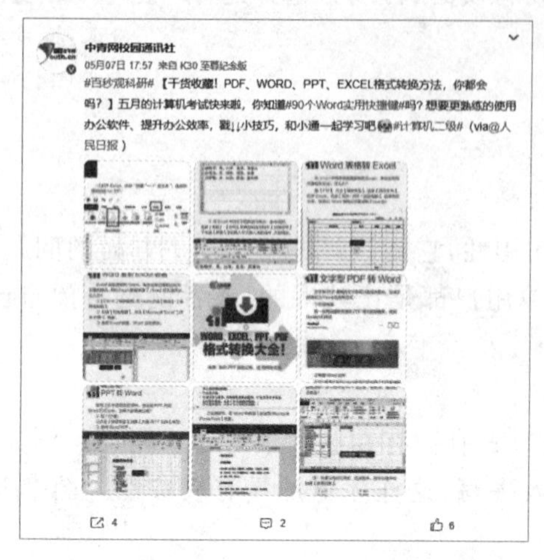

图 3-16　中国网校园通讯社为广大网友提供了 Word 使用快捷键的技能分享

图 3-17　九图穿搭微博

（2）长文干货。好的长文通常具备三个特点：①有一个好的标题，它是可以吸引用户点开文章，提高长文打开率的关键。②有一个好的封面，这也是影响用户是否打开长文的因素。③有一个好的文案，运营者在发布微博文章的时候，系统会直接带主题发出，不利于文章内容表达的丰富性。运营者应该用主题加文案的形式，大致描述一下文章的重点内容，这样更容易了解关键信息。图 3-18 是三联生活周刊发布的一条长文微博。

（3）视频干货。随着 5G 时代的到来，短视频越来越受到欢迎，无疑是微博平台非常好的干货形式之一，它的优点就在于可以更加清晰地表达细节，尤其是教程类的干货。视频发布者在发布的时候要注意两个要点：①视频时长，微博故事的时长小于 1 分钟，微博视频的时长一般是 3～5 分钟，要注意视频的完播率。iPanda 熊猫频道向网友介绍熊猫的最好方式就是发视频，见图 3-19。②视频封面，一个好的视频封面可以提高视频的打开率。

图 3-18　三联生活周刊发布的一条长文微博

图 3-19　iPanda 熊猫频道发视频向网友介绍熊猫

2. 美图类

美图容易激发人们对美好事物的喜爱和对美好生活的向往，所以大家会秀颜值、秀才华、秀食物。例如，秀颜值这类经常会在摄影博主、娱乐明星博主的微博中看到。其实每个领域都可以出现高颜值的图片，例如育儿领域的高颜值宝宝照、萌宠领域的特色宠物照、旅行领域的山川大合照。秀才华的多是那些不太愿意真人出镜，但是非常有才华、有才艺的博主。例如练字、画画、手工制作之类，图 3-20 所示为某博主秀书法作品。秀食物的则是针对实地拍摄或展示引起粉丝的注意。不管是风景还是实物，只要运营者发布的图片精美，坚持输出，总能吸引喜欢这种风格的粉丝。

3. 好物推荐类

好物推荐类也是目前微博平台带货力非常强的一种形式。目前在微博平台上比较常见以下三种推荐方式。

（1）测评推荐。真人测评就是非常流行的推荐方式之一，博主通过真人的实测来向粉丝推荐，这种方式提升了内容的可信度，同时会让粉丝觉得有人帮自己选好产品，不用花费时间与精力，久而久之，粉丝就喜欢跟着测评博主买东西。图 3-21 是博主在做防晒霜的测评。

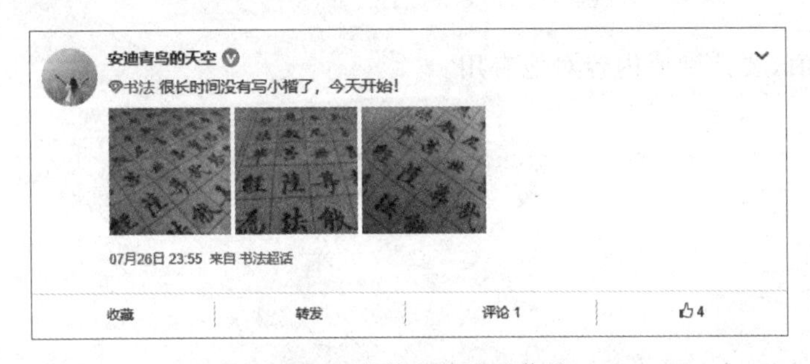

图 3-20　某博主秀书法作品

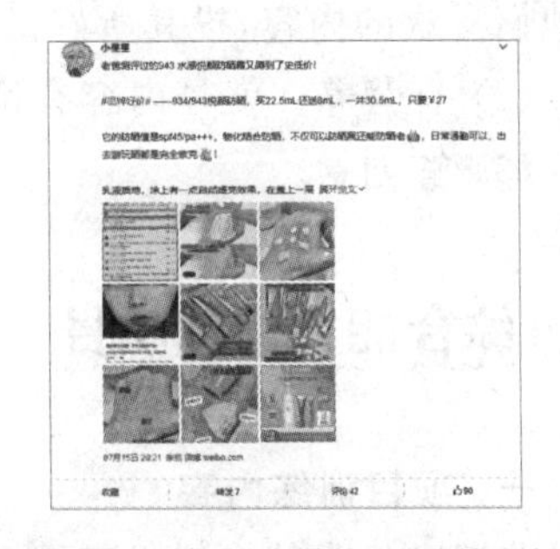

图 3-21　博主在做防晒霜的测评

（2）教程推荐。教程推荐一方面为粉丝提供了教程，另一方面也让粉丝和博主之间产生一种买了同款工具和产品之后，就能够做出和博主一样效果的感觉，所以粉丝更愿意去买单。图 3-22 是博主以短视频的形式为网友提供的眼妆教程。

（3）晒图推荐，晒图推荐与美食类的内容非常接近，只是在内容的选择上会更加具有带货的特性。例如，穿搭的博主会让高颜值的模特穿自家的服装拍摄，推荐的内容在一定程度上帮助粉丝节省时间，同时因为向往博主的生活，粉丝也越来越愿意买单，越来越多的粉丝需要体验官来帮助筛选。图 3-23 所示为某博主发布的晒单微博。

（二）病毒式传播创意策划

微博作为社会化自媒体，和传统媒体一个重要区别在于可以借助社会化媒体能量传播覆盖更多的人，因而做好微博创意策划是非常重要的。在微博热门转发中，情感类、新鲜类、实用类、娱乐类、消遣类、通用话题类内容会使互动效果事半功倍。

不管微博定位为产品传播还是产品销售，微博内容策划都要先找到目标客户群想要听的话，微博内容要做到以下三点。

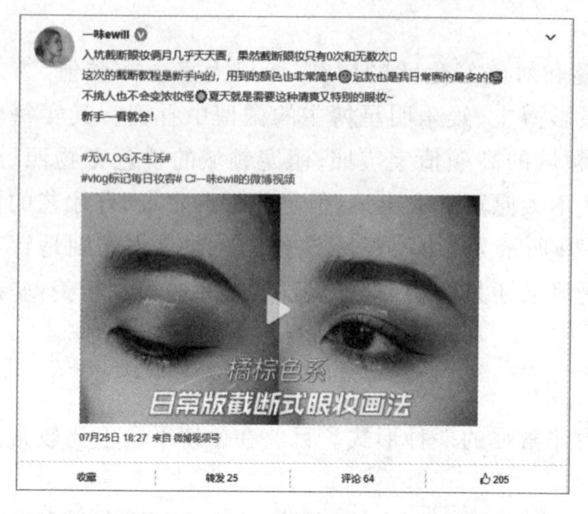

图 3-22　博主以短视频的形式为网友提供眼妆教程

图 3-23　某博主发布的晒单微博

（1）对胃口。就是了解目标人群，要弄清楚粉丝是什么人，摸清用户的喜好。同时，以用户为中心，针对目标人群策划内容，锁定人群的职业、性别、年龄，结合他们的兴趣爱好，制定他们喜欢的内容，投其所好。

（2）有营养。就是内容有价值，要让微博内容对他有用。

（3）够创意。

综合能力训练项目

一、项目训练内容

前期已经为某乡村土鸡蛋企业选择合适有效的营销模式和设计营销内容。本项目请大家在微博中寻找同类企业微博，试分析该账号的发布时间和内容板块所形成的排期表的优缺点。尝试为某乡村土鸡蛋企业的官微设计一个运营排期表，助力企业销售。以团队形式进行汇报。

二、项目训练要求

根据项目训练内容，将过程与结果在班级进行展示和汇报，同时进行校企合作企业的微博营销项目训练。

- 选取微博账号有特色；
- 能对选取的微博营销案例进行正确的排期表分析；
- 能针对某乡村土鸡蛋企业设计合适的排期表并有所创新。

三、项目训练考核要求

- 微博案例分析的要点齐全（10 分）；
- 团队对微博营销案例分析条理清楚，把握到位（30 分）；
- 语言表达逻辑性强，表述清晰、准确（10 分）；
- 团队项目的排期表切实可行（30 分）；
- 团队项目的微博营销内容有创新、有创意（20 分）。

任务四 微博营销活动策划

学习目标

- 了解微博营销活动常见形式；
- 掌握微博营销活动的策划技巧；
- 遵守职业道德，树立法律、法规意识，正确践行社会主义核心价值观、履行社会责任。

课堂讨论

注册一个微博账号，你将用什么样的方式来累积自己的第一批粉丝？

一、微博营销活动的常见形式

微课：微博活动设计

微博营销活动是贯彻微博运营始终的，所以每次做微博营销活动，都要设定一个清晰的目标，一开始都是为了涨粉，但随着累积一些原始粉丝之后，就要考虑粉丝转化的问题，所以从初期的有奖刺激粉丝转发，到后期产品的推广，引流到店铺拍单，或引流到微信进行管理、维护，再从微信进行转化，又或引流到其他渠道都是可以的。目前微博平台也有微博橱窗，也可以直接在微博平台内部成交。进行微博活动策划的方式有很多，但围绕着增加曝光率、提高品牌认知和忠诚度是不变的，所以，做微博营销活动的核心就是一切活动的对象都是产品的潜在消费者。微博营销活动的常见形式主要有以下几种。

（一）抽奖转发

转发抽奖是微博平台上目前采用最多也是最简单的活动形式，只要粉丝们通过点赞＋转发＋评论＋@好友就有机会中奖，粉丝们也乐于积极参与其中。随着转发抽奖的活动形式被广泛运用，众多营销者也相应提高了中奖门槛。除转发之外，还必须关注活动发起人指定的微博账号，关注1～3个微博账号较常见，并且还要@1～3个微博好友，同时满足这几个条件才可以参与抽奖。转发抽奖也要与时俱进，不断升级，从最初送些简单的礼品，包括吃的、穿的、用的，还有的送一些虚拟的奖品，如送“微博会员”，做一次活动不需要投入太多，又到送苹果手机，投入成本逐渐提高，再到现在的现金抽奖。2016年5月新浪官方新上线，为了更好地规范微博有奖活动，根据《微博商业行为规范办法》中的有奖活动管理办法第七条：以现金或现金转账作为奖品的有奖活动，备案完成后必须使用@微博抽奖平台进行抽奖，动辄1000元、5000元、上万元，奖金额度越来越大。做一次活动的投入越来越多，真的可以用“简单、直接、粗暴”来形容。但是，从效果上来看，一些有影响力的大咖帮助他人做的现金抽奖活动，涨粉确实不错，所以很多有资金实力的企业和个人纷纷加入现金抽奖大军。

转发抽奖设置步骤如下：①登录新浪微博，进入微博个人主页，点击“管理中心”按钮；②在新页面左侧找到“营销推广”并点击，找到“抽奖中心”并点击；③在页面右侧即可看到抽奖设置，每条微博只要有转发，都可以设置“抽奖”；④选择要做微博活动的那条微博，然后点击“抽奖”按钮（或直接通过链接导入）进入新页面，开始填好各项要求，抽奖设置中包括奖品名称、奖品类型、奖品数量、@好友数、过滤垃圾用户、公示微博样式、更多增值功能包的设置，全部填好后，点击“开始抽奖”按钮即可。

奖品类型包括实物奖品、虚拟奖品、现金三项。目前来看，使用现金抽奖形式的人逐渐增多，越来越受粉丝们的追捧，而且无论是从涨粉，还是从品牌、服务推广上来看，效果都是立竿见影的，就是成本投入越来越高，只有资金实力雄厚的博主，才能经常性地做现金抽奖，而且需要进行官方备案。有的现金抽奖活动也会得到官微转发，从官微再次转发的数量是非常高的，如果奖金额度够大，转、评、赞都会很高，阅读量也超高。

（二）微话题活动

微话题活动最常见，可参与性强，传播速度快，可以结合微博“热点”，也可以围绕企业主推关键词、营销活动或品牌来创建活动，热门话题自然会迅速获得众多人士的关注、转发和评论，而非热门话题就需要提前组织“粉丝”圈子的朋友助力，也可以联系行业大咖、达人参与其中，使这个微话题迅速扩散。

（三）微话题的玩法

1. 创建微话题

以＃关键词＃的形式发布微博时，＃号内的关键词即为话题词，而话题就是微博热点、个人兴趣、网友讨论等多种内容，经过话题主持人补充说明和加以设置，与某个话题词有的专题聚合页面。话题是微博中最重要的一种兴趣主页，微博用户可以进入话题发表微博参与讨论，同时话题页面也会自动收录含有该话题词的相关微博。

2. 发布微话题

在微博、私信、评论等文字中输入＃话题词＃即可。

3. 设置关键词

如果希望增强话题的吸引力，让更多对话题感兴趣的微博网友关注自己的微博，在设置话题词时需要使用新鲜亮眼、亲切有趣的词语或短句，更能吸引网友们探讨，话题词中不能包含特殊字符、空格，长度在4～32个字，少于4个字是不能申请话题主持人的，所以这里大家要注意，避免后面阅读量很高了，再申请话题主持人，到时可能申请不下来。

微话题实例(分类)包括：①本地话题，如＃杭州身边事＃、＃杭州美食＃、＃杭州慢生活＃等；②社会类话题，如＃今日头条＃和＃数据想象力＃等；③明星类话题，如＃××掀翻颜值小船＃等。

4. 话题榜的主要规则

(1) 话题榜是小时榜，每小时更新一次。

(2) 榜单推荐页面：由用户所感兴趣的分类话题、用户所在地本地热门话题、榜单推荐话题组成。

(3) 榜单排序以单位小时内话题的阅读量增量及用户参与量为标准。

(4) 无线/PC榜单一致。

5. 话题主持人申请

每个话题都可以申请话题主持人，有的话题是自己创建的，那么直接申请即可，有的话题是他人创建的，如果你喜欢，也可以申请。在玩微博的过程中，会遇到一些话题，阅读数很高，但是还没有主持人，那么大家就要抓住机会，立刻申请。当然碰到好的话题还没有主持人的概率非常小。

话题主持人的权限：话题主持人是某个话题页面，具有相关管理权限的用户，通过对话题页的编辑，用户可以完善话题页，并提升自己的微博影响力。目前，每个话题只能有一位话题主持人，话题主持人可以设置互粉好友为话题管理员，最多可设置20个。

6. 提高话题讨论量的方法

（1）有效利用话题的导语和配图，提高话题基本介绍区的吸引力，增强话题的阅读性。

（2）利用话题页面中部的微博推荐模块和推荐用户模块，展示相关用户，增强话题的引导性。

（3）利用微博，分享、转发话题，适当与话题页下方的用户进行沟通，调动话题讨论。

（4）利用微博之外的网站及渠道，分享、推广话题，引导其他用户参与话题讨论。

在关注的微博里点开一个带话题的微博，看看话题页面排名靠前的都是什么样的话题？想象这里的营销推广空间是什么？

大家可以尝试选择一个话题发一条微博，看看话题相关的博主是否会回复。

（四）其他活动形式

微博营销活动最常见的活动形式就是转发抽奖，目前现金抽奖形式效果最好。除此之外，还有一些活动形式，如有奖转发、有奖调查、限时抢、幸运转盘、预约报名、预约抢购、免费试用、有奖征集等。这些玩法要具体结合自己的实际需要来做，假如你的企业有新品上市，可以选择免费试用，这种活动的形式会很快收集到产品效果反馈，如果想尝试这些玩法，可以到“活动中心”进行一些设置。

二、微博活动策划

微博活动是微博运营中很重要的一环，它能够在短时间内聚集到大量的关注和人气，而且还能够增强博主和粉丝之间的互动。活动的类型很多样，不同的活动目的也不相同。目前微博上最常见的活动的目的就是增加微博的活跃粉丝和推广产品，可以自己组织策划活动，也可以联合其他博主共同组织策划活动，而且企业和个人可以根据实际情况来选择策划哪一种类型的活动。

微博活动看似简单，很多人觉得不就是写一段文字、配几张图片吗？其实不然。一次有效的微博活动在活动前、活动中、活动后都有很多需要注意的细节，文案中的每一个字都不是废话，每一张图都会吸引路人的注意力，每一个奖品的设置都要具有诱惑力，每一次活动数据的分析都要为下一次活动提供依据，每一次奖品的及时发放都是信任的建立，每一次粉丝晒单都会形成二次传播、扩散、购买。可以说，活动中的每一个环节都至关重要，都会影响活动的效果。

1. 确定活动主题

活动的主题方向设计对整个活动的导向、最终效果的发挥起着至关重要的作用，所以，在策划每一次活动之前，都要确定活动的主题，之后的所有活动方案都要围绕这个主题来开展。只有主题明确了，才能吸引对其感兴趣的粉丝前来参与，并快速形成话题口碑传播，无限地转发、传播、扩散下去。

可以选择节假日来做活动主题，如春节、情人节、端午节、中秋节、国庆节等。这类节日通常是大家集中做活动的时间节点，此时人气聚集、关注度高，属于大众话题类。

例如，#爱在情人节#浓情沐浴中，某相机定格幸福时刻。活动期间，购买某相机的客户欢迎参与#爱在情人节#话题，说说情人节和谁一起过，朋友还是TA？转发此条微博，即有机会赢取50元优惠券，中奖率高，美美带回家，情人节更多优惠，猛戳(此处可加链接)。

除了节假日、各种纪念日的主题活动，还可以想出很多类型的主题。

(1) 季节性主题。春季：#我和春天有个约会#、#×××春季美妆节#；夏季：#夏日话清凉#、#冰爽夏日 激情回馈#；秋季：#金秋感恩伴你同行的TA#；冬季：#冬季女神必备礼#、#冬季恋哥#。

(2) 公益性主题。#冰桶挑战#、#大手牵小手、圆梦微心愿#、#公益一种职业#。

(3) 比赛性的主题。#搞笑红人大赛#、#舞技大赛#、#萌宠睡姿大赛#、#六一卖萌大赛#、#明星仿妆大赛#、#电商帅哥大赛#、#电商美女大赛#、#清唱大赛#、#端午节秀图大赛#。

(4) 各种晒图主题。#晒单有奖#、#晒大长腿挑战#、#晒萌娃福利连环送#、#晒出明星童年照#、#晒晒马甲线#、#晒晒我的男神女神#、#晒效果赢大奖#、#晒旧照#。

以上这些主题活动都是非常有趣的，有的还很具体，只要开动脑筋，集思广益，就会有无穷多的主题任由来玩，但前提是一定要结合自己的实际情况，是为了推广产品，还是为了吸引粉丝？不要只顾着有趣、好玩而忽略了根本。微博营销活动的策划都是一环套一环的，有引导作用，如可以将微博粉丝捎带着引导加微信、加QQ，淘宝去拍单等都是可以结合在一起操作的。

2. 明确活动规则

每天微博的信息是海量的，玩微博的朋友也是刷得很快，一扫而过，所以做活动的时候，力求简单，尤其是活动规则，一定要简单明了，操作步骤不要太烦琐，粉丝们看到后能够容易操作，并快速参与进来，而不是花太多时间去细看活动规则。

目前采用最多的是“关注＋转发＋@好友”的形式，也已然形成了习惯。无论谁做活动，大家的第一反应就是需要关注博主指定的微博账号，并@几个好友，通常是@1至3个好友。这样操作的目的有两个：一是为了涨粉；二是撬动粉丝的转发。这样会无限传播、扩散下去。

如果想通过微博活动带动自己创建的微话题一起操作，可以在规则上说明需要带某个微话题，例如“转发××微话题”。如果微话题热度足够高，很容易冲上整个平台的话题榜，增加此微话题页面内容的曝光度。一般节假日做这样的活动比较好，在整个平台关于节日的微话题也比较多，即使自己创建的微话题，只要带有像“春节、端午节、中秋节、国庆节”等关键词，就会容易被用户搜索到，也有机会获得系统推荐，这样会吸引部分粉圈外的人参与其中，扩大活动受众面。

3. 活动时间、活动奖项设置

在活动规则中，一定要说明活动开始和截止的时间及活动奖项的设置，目前各位博主设置的时间以3～15天居多，活动奖项通常以实物和现金为主，有资金实力的朋友可以选择这种方式，现金抽奖不用到活动最后一天才进行，可以随时抽，随时公布某一天的获奖名单，避免了粉丝转发疲劳感，刺激他们渴望获奖的心情。

活动规则示例如下（温馨提示：3个条件缺一不可）。

（1）关注@××××、@××××、@××××。

（2）转发本微博。

（3）@3位你的真实好友。例如，某月某日将通过@转发抽奖平台抽取幸运“粉丝”××名，每人将获得现金××元，中奖者会收到由@微博抽奖平台自动发出的私信中奖通知，本活动由微博官方抽奖工具@微博抽奖平台监督，已备案。

4. 编辑活动文案

活动文案至关重要，同样也要简单、清晰、一目了然，文案中主要说清楚活动主题、活动规则、活动时间、活动形式、活动奖项，告知给大家即可。通常活动文案采用短微形式，内容要新颖、有趣、可参与度高，不要太生硬，活泼、轻松、接地气最好，可以搭配长图，图文结合，互为补充，效果更佳。活动文案中最关键的地方就是活动主题，直接影响用户对活动的第一关注印象，一个好的主题，尤其是具有诱惑力的主题能瞬间吸引粉丝积极参与。

（1）现金抽奖文案主题，突出金额，吸引粉丝。目前最火爆的转发抽奖形式还是现金抽奖。营销微博账号可以在奖金额度上吸引粉丝，例如“有钱任性10万元抽奖”“10万元任性送”“今晚8点用平台从转发中抽5名朋友送1000元红包”。

（2）实物抽奖文案主题，突出情怀，引起共鸣。一般节假日、某个纪念日，以情怀式的主题做活动最容易引起粉丝共鸣。例如，“我和电影的故事，转发抽奖送50张全国通用电影票”，大家都喜欢看电影，每个人都能说出许多感人的故事，所以参与的人很多。诸如此类的，送书、送演唱会门票、送明星签名照、送自己设计、绘制的漫画、头像等。当然，这要结合自己的微博定位，如果微博主要做明星粉丝后援团，粉丝受众群体就是喜欢明星的粉丝，那么这么做活动是受欢迎的。如果是作家，可以送书，来作为粉丝福利。

（3）新品试吃、试用主题，强调免费，收集反馈意见。通常做微博活动不仅是涨粉，更重要的是通过活动，把自己的企业或个人推广出去，在开始的时候，一般采用免费送的形式，然后让大家晒单，进行口碑宣传，尤其是对一些比较适合晒单的产品，采用这种形式效果很好。做活动，重点强调免费试吃、试用，这个意思是连邮费都由博主承担，所以，大家不用花钱，还能吃到、用到产品，当然愿意参与了，卖家朋友也可以通过试吃、试用活动，收集体验者的反馈意见，进而改善自己的产品，这是一种多赢的活动形式。

例如，“某月某日开业试尝大会，××个免费试吃名额等你来拿”“×××私房菜：扫码免费”“试吃美味，我在××等你来”和“×××小火锅，免费试吃你来不来”等。通常这类活动是线下实体店通过微博做试吃活动，吸引同城人到店试吃，然后拍照发微博晒一晒，适合一些餐饮业，而微博上卖农产品的朋友们做试吃、试用活动，重点是做好晒单，引起其他粉丝消费是关键。

5. 活动数据分析

在微博运营过程中，不会只做一次活动，几乎每隔一段时间就会做活动。小型的活动，平时可以随时做；大型的活动，一般节假日、纪念日，或按周、按月形成规律，如每隔两周做一次主题活动，每隔一个月做一次大型活动。每次都要对活动的数据进行整理、归纳、分析，以便调整下一次活动的方向，根据数据分析本次活动哪里做得好、哪里不足，对各个细节的把控，哪里还需要提升，这些数据分析是非常重要的，那么要对哪些活动数据进行分析呢？

（1）转发、评论、点赞量统计分析。

（2）粉丝传播深度和关键传播点分析。

（3）参与转、评、赞的粉丝群体特征分析。

（4）活动奖品发放。

6. 活动后续晒单

无论是现金奖还是实物奖，获奖人“晒一晒”是非常重要的环节：①证明活动的真实性，让其他人看到后产生信任感，等下一次活动时，他们就敢于参加；②实物晒单，拍出精美的照片晒出来，会引起从众购买效果。当发起活动方再转出这个晒单就更加真实，可以快速建立信任，几次活动做下来，粉丝的参与习惯就会养成，以后只要有活动，他们都会踊跃参与。

在晒单环节，也可以在活动文案中说明，如晒单有奖、晒单加微话题会再送一份礼物都是可以的。一般关于晒单的微话题可以自己创建，也可以直接使用平台已有的话题，例如＃晒单有奖＃、＃晒单有礼＃、＃我们爱晒单＃、＃听说晒单会走运＃、＃晒效果赢大奖＃等，这些都是平台已有话题，为了将自己的粉丝聚合在一个微话题页面，可以自己创建相关晒单的微话题，取名时要带“晒单”两个字，其余字可以加品牌名，例如“品牌名＋晒单”。也可以具体到某一类群体，例如，宅女晒单、时尚红人晒单、幸福妈妈晒单。微话题取名可以结合自己的实际情况，简单、易记、易传播的话题最好，如图 3-24 所示。

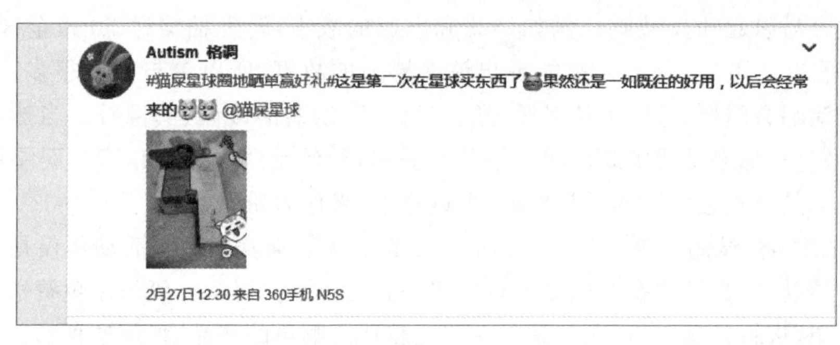

图 3-24　某中奖用户晒单

7. 活动效果分析

一般一次微博活动的时间为 7～15 天，活动后要对活动效果进行分析，以便为下一次活动提供参考。微博做活动主要有以下几个目标。

（1）涨粉。不仅微博账号涨粉，如果想引流到微信、QQ，那么在活动文案中可以进行说明，如加微信还会有“红包雨”，加 QQ 还会有不定期的“白菜”（特价、低价）福利活动，通过这样的利益引导粉丝加其他平台账号，几个平台账号通过一次活动同时涨粉，这样操作，需要团队在活动期间安排好分工，否则，粉丝们纷纷加微信、QQ 号，而没有人进行加入、管理、维护也是不行的。

（2）推广产品。以此为目标，希望在活动期间有订单，那么活动文案中就加上店铺链接，淘宝店铺、微博橱窗、微店的链接都可以，这样操作会为这些店铺积累基础的销量，有了基础销量，自然平台排名靠前，从而有了自然流量。如果活动订单较少，那么这次活动也算是一种产品推介，向大家告知，你们企业或个人所销售的产品是什么，粉丝以后有需求时，自然对你有印象，就会找你订购。

（3）粉丝回馈。通常粉丝较多、有一定影响力的博主会不定期地做粉丝回馈活动，重在向一直支持自己的粉丝朋友们表示感谢，拉近与粉丝之间的距离，使感情越来越深厚。不管是哪种目标，根据本次活动效果分析为下一次活动做铺垫，好的地方保留，欠缺的地方改进，积累多了便成为经验，不断地组织活动，不断地分析、总结，一次会比一次好，微博活动就是这样，需要在实践中总结经验。

思政园地

“美丽中国·青春行动”，有责任担当的青春才会闪光

2022年3月12日，由共青团中央社会联络部、微博以及中国绿化基金会联合发起，新浪新闻、新浪扬帆公益基金联合支持的“美丽中国·青春行动”第十二届全国青少年绿植领养活动正式开启。全国25个省级团委官微在微博平台积极发声，1238所高校官博参与线上活动。

图3-25 线上助力贡献公益力量

微博平台#绿植领养#系列话题阅读增量达202.8亿，讨论增量3914.8万，共组织发动859.16万人参与。线下有1124所高校参与，126.29万大学生领取绿植，活动期间面向各大高校共计发放53400盆多肉，12000份桌面草坪，1400万粒草莓种子。#豫你一起共赏青绿#、#绿意盎然植在云南#、#北京高校春日手势舞#、#西建大版春风十里#、#西南交通大学绿植领养#、#当北京校园的春花遇上雪花#等100余个话题登至同城热搜榜。

不仅如此，为了延续活动开展的热度，常态化输出绿色生态理念，微博还上线了一款绿植领养小程序。微博用户可通过邀请好友或者在微博平台发帖、签到等方式，赢取“水滴值”用于培养自己的虚拟绿植（图3-25）。虚拟绿植养成后，可根据积分获取不同等级的绿植。作为中国领先的社交媒体平台，微博希望吸引全平台用户共同参与，以此推动绿色理念成为社会共同关注的话题。

微博联合上千所高校积极创新活动形式，探索灵活多样玩法，激发学生创新活力，在学校形成“植绿护绿”的“土壤”和“气候”。

在历时20天的“春日呐喊值”活动中，学生“益”起为爱发声，为活动助力发声。全国高校学子们共发出243.2万点呐喊值。最终南阳师范学院、贵州大学、山东管理学院获得全国前三甲，喜提4600斤香蕉。同时，活动主办方以第一名学校南阳师范学院的名义向网络植树绿色项目捐赠了10000元（图3-26）。

浙江海洋大学的同学们不仅用寝室里的大小空瓶兑换绿色植物种子、盆栽，还用改造后的空瓶作为花瓶，变废为宝。除了这些线下的活动，学校还开展了“绿色生态伴我行 节能

环保记心中”知识竞赛和“光瓶行动倡议”等线上主题活动(图 3-27)。

图 3-26　南阳师范学院学生领取香蕉现场

图 3-27　浙江海洋大学学生用大小空瓶兑换绿色植物种子现场

西安培华学院的同学们创新开启绿植领养宝藏盲盒玩法，在校园角落放置“绿植盲盒”。在全校范围内开启藏宝寻宝模式，不仅增加了活动趣味性，而且让同学们在参与绿植领养的活动中关注校园绿色环境，号召大家保护绿色、保护生态。

公益于心，责任于行。自 2011 年第一届全国大学生“绿植领养”活动启动至今，已累计覆盖各类学校超 5000 所，参与青少年超 6000 万人次，线下发放绿植累计超过 2.9 亿株。如今，“绿植领养”已成为全国最具品牌影响力和号召力的校园公益活动之一，也因此持续多年受到学生群体的广泛关注，将绿色低碳理念传播到每一个青年人心中。

(资料来源：https://baijiahao.baidu.com/s?id=1735215800267871091&wfr=spider&for=pc)

思政启示：建设美丽中国，需要蓬勃的青年力量。“绿植领养”是一场大型公益环保社交活动，聚焦生态文明教育和绿色生活实践，利用科技化、低成本、低门槛、多场景的互联网优势，引领青少年参与新风潮。发挥微博的社交媒体属性，让青少年学习生物多样性，关注节能减排，以青少年喜闻乐见、易于参与的方式，增加青少年群体的主动参与性，激发青少年做公益的社会责任感，开启绿色生活，为建设美丽中国贡献力量。

综合能力训练项目

一、项目训练内容

在前几节内容中，已为某土鸡蛋企业官微进行了定位，设计了时间内容排期表。在本小节中，继续以新浪微博为平台，利用所学知识，设计微博营销方案并具体实施。以小组为单位，以某土鸡蛋企业为背景，结合企业的实际情况实施微博营销，助力企业发展。

二、项目训练要求

为某土鸡蛋企业设计不同的微博营销活动，将营销活动设计及安排在班级进行展示和汇报。

- 设计调研方案准确匹配企业；
- 完成微博账号的相关设置；
- 合理设计营销方案，对项目进行分析和归纳；

- 监测营销结果。

三、项目训练考核要求

- 微博营销方案包含完整的活动规则以及软文推广(30分);
- 团队项目的微博营销方案切实可行(30分);
- 团队项目的微博营销手段有创新、有创意(20分);
- 根据营销活动评估,列出存在问题,并给出相应的解决方案(20分)。

项目四

短视频营销

学习目标

素养目标

- 遵守新媒体运营职业操守；
- 培养诚实守信、乐于奉献、依法行事的职业道德。

知识目标

- 掌握短视频营销概念；
- 掌握短视频营销理论；
- 掌握短视频营销的推广平台和创作要点；
- 掌握短视频营销策略；
- 了解短视频营销的策略及分工。

技能目标

- 能够区分不同短视频营销的推广平台，对标合适的用户群体选择相应平台进行投放；
- 能够利用拍摄工具和新媒体编辑工具，尝试完成短视频的拍摄和制作；
- 能够结合时事热点，筛选合适的关键词进行短视频投放，获取流量；
- 能够掌握短视频营销所需的技能和技巧。

案例导入

龙里平坡村民 RAP 唱响新生活

平坡村位于贵州省龙里县洗马镇最北端的清水江畔，与黔南州贵定县、福泉市和贵阳市开阳县交界，素有“鸡鸣四县”之称。作为当地独特的文化符号，“画天画地画生活”的平坡苗画多次在全国各地美术馆参展，并已申报贵州省非物质文化遗产。

虽然贵州黔南龙里平坡村向来以苗画闻名，不过，这里的村民不只喜欢画画，他们还用富有地方特色的方言创作了许多说唱歌曲，把当地的经济发展和艺术文化表现得淋漓尽致。在他们的说唱作品里，不仅有对村民勤劳致富的赞颂，也有对卫生提升的惊喜，同时也不忘与实事相结合，如喜迎党的二十大、抗击疫情等主题在村民的演绎下收获了大量的播放和点赞，也为县级抖音账号“新龙里”收获了大批粉丝，对标同级账号的成绩显赫，图 4-1 为抖音账号“新龙里”的运营情况。而通过这种新颖的传播方式，当地的苗画制品在抖音小店上打开了销路，也迅速提高了平坡苗画的知名度和销售量，2021年销售额近100万元，带动当地近百名妇女苗画师年均增收7000余元。这种“黔韵说唱”的宣传方式也为平坡村和龙里县带来了大量的游客资源，盘活了当地的人文旅游资源，拓宽了村民的增收路径，走出了一条平坡村乡村振兴的新路径。

图4-1 抖音账号“新龙里”及其作品

（资料来源：https://view.inews.qq.com/a/20210906A098JX00）

 项目简介

项目内容

随着互联网技术的普及、设备的迭代更新，以及新技术的不断出现，基于互联网的营销技术也进行了数轮发展创新，短视频营销具备可视化、立体化、互动性等特点及优势，已经成为当前营销中的“主力军”，形式也从最初在短片片头片尾或剧情中插入广告，到以全方位介绍产品并完成实时销售的短视频营销活动，巨大的变化让受众目不暇接。而随着短视频营销的效果持续显现，当前新媒体行业对于短视频营销的相关岗位需求也持续走高，能够完整策划短视频营销活动以及能够实施不同策略开展相应短视频营销的优秀人才也成为行业的热门需求。

从短视频营销概念及岗位认知入手，本项目划分为认识短视频营销和短视频营销策略两个任务。

项目任务

以学校的校内外实训基地为载体，基于校企合作企业资源和网络二手资料，结合当前网络热门关键词以及平台流量算法规则，能够为所在企业制定相应的短视频营销策略和方案，助力企业在新媒体平台推广品牌和产品销售。

项目学习课时

建议课内学习时间12课时，课外学习时间14课时。

项目成果

在项目学习结束后,学生应递交以下项目学习成果:

(1) 某企业短视频营销案例一份;

(2) 某企业短视频营销策划方案一份;

(3) 某企业短视频营销脚本一份;

(4) 某企业新品短视频营销作品一份。

任务一 认识短视频营销

学习目标

- 掌握短视频营销概念;
- 掌握短视频营销理论;
- 掌握短视频营销的推广平台和创作要点。

课堂讨论

你最常看的视频账号有哪些?说一说你最喜欢的博主,并阐述原因。

一、短视频营销概念

微课:认识视频营销

短视频营销是指主要基于视频网站为核心的网络平台,以内容为核心、创意为导向,利用精细策划的视频内容实现产品营销与品牌传播的目的。它是"视频"和"互联网"的结合,同时具备两者的优点:既有电视短片的优点,如感染力强、形式内容多样、创意新颖等,又有互联网营销的优势,如互动性、主动传播性、传播速度快、成本低廉等;既有由专业团队制作的精美"微电影",如益达口香糖的视频广告,又有中小企业的独立制作、小型外包甚至众包的短视频。短视频包含电视广告、网络小视频、宣传片、微电影等。视频包含电视广告、网络视频、宣传片、微电影等,随着科技的进步,抖音、快手、西瓜视频、Bilibili(简称"B 站")等新兴媒体崛起,短视频营销的内涵也随之延伸,但是归根结底,短视频营销是营销活动,成功的短视频营销不仅要有高水准的制作,更要注重内容。

二、短视频营销特征

微课:短视频营销模式

1. 传播者多元化

传播者是传播过程的起点,肩负着内容输出并且传达给受众的重要职责,在移动互联网背景下,越来越多的商务组织或从业者开始意识到短视频营销的重要性,开始利用视频平台,从事内容的制作和传播。目前,短视频营销的传播者,内容生产多以 PGC(professional generated content,专业生产内容)与 UGC(user generated content,用户原创内容)为主。由于生产模式的不同,不同主体输出内容在科学性、原创性及公益性方面都有显著差异。PGC 模式下的用户,多拥有专业创作团队,从脚本构架、拍摄实施到传播路径都有着较高的科学性和原创性,并在一定程度上具备公益性。反观 UGC 模式，因为多为个人用户，在科学性和原创性方面有不足，而为了维持运营，也会通过在公益科学内容中夹带商业信息，起到营销的效果。

但是，传播者多元化的特征也会导致短视频营销在平台传播中出现一些问题。例如，注册名与实际内容不符。一些用户以“科普”“猎奇”为名称标签，传播内容却多为产品营销。由于新兴视频传播平台缺乏必要的内容监管，部分用户在视频传播中存在着夸大产品功效或刻意隐瞒产品不利信息，故意诱导消费者等情况。

由于缺乏内容的生产制作，一些平台用户成了“僵尸用户”，在以关键词检索时，可以搜索到带有该关键词的账号，但是并未提供相应内容，容易对搜索者产生信息干扰，影响受众体验。

2. 传播媒介多渠道

随着社交网络的兴起，短视频营销的传播也不再仅限于平台内部，而是可以通过网页、小程序等方式进行跨平台分享，从而实现传播的深度和广度，这也是短视频营销实现社交化的重要手段。正如麦克卢汉的“媒介即讯息”理论所述，媒介作为一种工具形式，与其承载的内容具有同等重要的作用。据此，用户依托各类视频平台，实现营销内容的一次创作，继而跨平台展开多渠道传播，也有了相应的理论依据。

依托跨平台传播机制，传播效果的“裂变”也成了可能，当一个创作者在西瓜视频、抖音两大平台都拥有大量粉丝，在两个平台上都运用了相同的视觉识别系统，即统一 Logo、统一文案、统一发布，有利于品牌知名度的规模化提升。同时，依托视频网站“基于算法分发内容”机制，当受众观看该视频并表示喜欢，产生点赞或转发行为后，系统会借助算法将更多同类型内容的视频进行推荐，由此，同账号下同类内容视频也将获得更广泛的传播效果。

3. 传播内容趣味化

短视频营销的可能性是基于受众最大限度的接受和认同，因而追求视频表征的艺术化和趣味化成为短视频营销在内容上的特色。视频表征主要体现在知识文本、字号、多媒体元素符号（图片、动画、声音及文字）等方面，通过将以上要素进行一种趣味化的加工并输出，有助于引起受众兴趣，并拉近受众与传播内容之间的距离。但此过程并非简单杂糅，更需要一种解构重建，将复杂的原理或深奥晦涩的专业词汇做去除，对内容进行通俗化处理。正如 *Nature*（自然）杂志创意总监 Krause K 主张，向非专业受众解释科学，通常需要为主题增加更广泛的背景并去掉一些专业缩略词汇。

而在一些短视频营销的成功实践中，可以发现这种基于通俗化的内容趣味化，带来的不仅是传播的广泛，也是销售数据的转化，如一些关于艺术史的书籍，往往自身带有“曲高和寡”的基因，却因为短视频营销中使用了趣味化的解读，并以“隐藏彩蛋”的方式对书籍的介绍埋下伏笔，吸引消费者兴趣，不仅拉近了受众与产品之间的距离，也获得了良好的营销效果。

4. 传播对象差异化

根据专业数据分析机构易观千帆对抖音、快手、西瓜视频三个平台的用户年龄与用户所在城市进行分析，可以发现这三个平台用户年龄与城市分布呈现出较为分散的特征，同时存在明显的差异化，这种传播对象的差异化也是导致传播主体多元化的重要因素。通过视频平台，用户受众不仅是短视频营销的被动信息接受者，还可以进行互动传播，表达自己的意见，进而对营销视频展开二次传播，扮演传播中继者的角色。

5. 传播效能高质化

根据现行的短视频营销传播评价体系，对于视频传播效果的最直观价值数据在于视频的播放量、转发量以及点赞评论量。这其中，播放数据代表视频在平台内的影响力，以抖音为例，“热点榜”即以视频播放量为序进行排列。转发量体现了受众认同以及向平台外部转移传播，转发量越高，体现传播范围之广以及影响力之大。

此外，部分内容制作用户追求的大量粉丝数，与视频的传播并无直接显性关系，以抖音平台专注中英文化交流账号“英国报姐”为例，截至 2023 年 4 月，其粉丝数为 472.7 万，累计获赞 3.2 亿次，置顶视频点赞量达到百万，但其日常发布的视频点赞数多在 1 万～3 万，详情见图 4-2。而一些素人账号粉丝数往往不及达人账号的粉丝量，却也不乏点赞量高达百万的作品。基于此，在短视频营销中，高质量内容仍是传播效果的重要决定因素。

图 4-2 抖音账号“英国报姐”及日常作品点赞情况

三、短视频营销理论

短视频营销作为当前主流的营销模式，却因为开始时间短、发展速度快，尚未形成较多的理论支撑。因此，更多的是采用传媒与营销两门学科中的理论进行基础研究。以下主要用 4C 理论来解释短视频营销。

1. 基于消费者需求规划设计(customer)

基于短视频营销带有的营销的属性，决定了视频的设计首先是针对受众特性以及消费者需求开展的，即“消费者有怎样的需求，我们制作怎样的视频进行投放”。因此，将消费者的需求放在首位，并将此作为规划设计的依据，不仅有助于提升视频的营销的效果，还能有效实施传播互动，取得实效。

2. 更加便利化的服务(convenient)

短视频营销的支持技术是随着科技发展而不断改进提升的，在功能性上，不仅承载着视频制作和营销传播，也通过电子定位技术和标签细分等方式，实现了精准定位，并开展更为精准便利的营销服务。例如，微信朋友圈中投放的广告可以实现“千人千面”的效果，即不同的人群可以浏览的广告都不同，区分的标准则主要依赖标签分类以及地点分类（基于 LBS 定位技术），因此，当你浏览微信朋友圈时，可能会看到附近几百米的商超给你推送了大额优惠券，点击即可领取，步行即可前往消费。所有这些都是短视频营销可以提供的更加便利化的服务，并进一步提升营销效果。

3. 有效的沟通（communication）

传统的营销中，广告主与用户之间的沟通往往是烦琐的，这一点在跨国连锁企业中尤为明显，如上海迪士尼度假区的官方预约 App 中只提供了购买和查询功能，却并未提供 App 内的客户服务沟通功能，导致用户在遇到问题需要解决的时候只能自行拨打官方客服电话，不利于当下及时有效地沟通。而在抖音、快手等主流短视频营销服务平台中，由于平台集成了商家账号，依托平台原先的社交沟通属性即可开展实时的有效沟通，避免跳出平台产生可能增加的沟通成本。

4. 降低成本（cost）

短视频营销对于传统的营销方式，也具备了“降本增效”的特点，这也是科技的发展带动传播效能几何级提升后产生的直接体现。相较于传统纸媒和电视广播媒体动辄数万或整体高达百万的营销宣传费用，短视频营销的价格则更为透明，效果也更加直观，可以实现特定群体的精准推送，结果也可以直接以数据化的方式呈现。还是以抖音平台为例，在用户完成视频制作后便可直接上传至用户账号，通过投放“抖＋”或其他付费方式开展短视频营销推广，在推广前，可以进行相应的金额方案、特定的群体、投放的时间等选择，避免将视频推送给不相符的用户，而成本也会更为低廉。

四、短视频营销推广平台及视频类型

短视频营销作为当前新媒体营销的主力军，其内涵也在随着技术的更迭发展而持续更新扩容，结合目前短视频营销在行业中的应用情况，主要分为以下几类平台和视频类型。

1. 基于传统媒体的微电影营销

微电影营销，不同于商业化的影视大片，也不同于大众言论的视频短片，它是介于两者之间的一种新媒体网络化的营销手段。一般投放于电视等传统媒介平台，随着短视频平台在社交领域的不断扩张发展，微电影的投放也逐渐向短视频平台迁移。

目前，业界对于微电影并没有统一定义，一般将与传统电影同样高制作水准、完整故事情节的“迷你电影”定义为微电影，与传统电影相比，微电影最大的区别在于片长较短，时长多在一小时之内；与常规视频相比，微电影具备完整的故事性及更高的制作水平标准。

微电影营销则是为企业“私人订制”的影视营销作品，其出发点与影视作品中植入广告一致，但不会有让受众生厌的广告生硬感，这主要依靠与故事主线相融合的叙述形式，使受众在潜移默化中慢慢接受企业品牌输出，从而达成较好的营销效果。

2010 年，由吴彦祖主演的凯迪拉克动作悬疑微电影广告《一触即发》，被认为是第一部微电影广告，跌宕起伏的剧情引人入胜，让人感受到凯迪拉克品牌的科技感和未来感。通过这部微电影，凯迪拉克将品牌营销引入了一个新时代，依托广告和电影的跨界联姻，让品牌“讲故事”，传达品牌的主张和理念，让消费者在潜移默化中接收广告信息。此后的十年间，微电影营销在行业间迅速发展，并出现了每到重要节假日，各大品牌必定会拍摄相应主题的微电影，以2020年中秋节为例，蒙牛的《背后》，伊利的《不多》，金典的《淑贞》，泸州老窖的《停不下来的“我们”》，广汽传祺的《广州塔》都给受众留下了深刻印象，有故事、有泪点、有共情点的微电影，完成了品牌和消费者的情感对话，实现品牌在中秋节的营销占位和价值输出，也为“月圆人团圆”的中秋节营销增添了许多暖色。

2. 基于公域互联网平台的短视频营销

短视频营销的迅猛发展脱胎于互联网加速发展信息碎片化进程，通过短视频的高质量内容为用户创造价值，并通过相应的渠道平台与用户建立连接，通过互动维护关系，从而获得回报。

目前，短视频营销的重要平台主要集中于抖音、快手、小红书、淘宝、视频号、火山小视频等平台，这些平台凭借着有趣、好玩、创意等优点，拥有大量活跃用户，当用户积累了一定的订阅用户数后，可以通过关联视频平台自身、淘宝、京东的商品链接，实现销售转化。此外，这些平台都具备公开性的特点，是当前公域互联网平台视频传播的主流平台。

基于公域互联网平台的短视频营销不仅承担着流量和产品销量之间的直接转化，也承担着商业品牌公关的功能，可以不直接开展销售，但是通过一些故事性、趣味性内容的策划和推广，实现品牌的营销推广。以抖音用户“艺术菜花(抖音号：nideyishucaihua)”为例，以作家美雯小姐的生活为主线，通过戏剧性的表演融合法式幽默的表现形式，以提出问题开始吸引受众好奇，直至问题解决引出推广品牌及产品，为品牌及产品带来销量转化。此外，还有一种“切片”短视频，即一些视频博主及视频创作团队对其在直播过程中的精彩语言和画面进行剪辑，并在自己的账号或授权他人账号进行投放，以起到二次传播的作用，一方面便于平台传播，另一方面也可使用“切片视频＋购物车”的方式，把购物链接挂载于切片视频中，实现直播结束后的持续销售。

短视频营销的崛起，其带来的影响不仅是互联网发展出现了信息碎片化，消费者的决策也呈现出碎片化的特点，从计算机端到手机端，从静态的图文页面到快速流转的短视频，从货比三家的精挑细选到冲动型消费，新媒体营销正带给受众日新月异的新奇感受。2021年1月，阿里妈妈发布的《短视频营销攻略》报告中提到，短视频时代消费者的决策更具感性化：商品不再是唯一的、理性的决策因素，消费者也可能受到商家或达人“十八般武艺”的感染，进而感性决策。

诚然，短视频营销已成为新媒体营销的新增长点，但在营销实施过程中，仍有部分用户存在着内容质量低俗、传播不良信息等情况，这也需要相关从业者在营销过程中不仅要以结果为导向，更要注重树立主流意识形态话语传播意识，注重内容质量的管理和提升。

3. 基于私域平台的短视频营销

相较于前面提到的抖音、快手、小红书等公域平台，还有以微信为代表的私域平台也不可小觑，这其中，以微信为代表的私域流量平台也成为短视频营销的新阵地。而微信特有的私人属性也使短视频营销告别了此前在公域平台“广撒网”的模式，实现更精准地推送和传播。根据目前主流的基于私域平台的短视频营销，除传统的短视频网页在微信平台进行点对点传播外，还有 H5 和微信红包封面链接微信小程序等营销方式。

H5 是 html5 的简称，是一种制作万维网页面的标准计算机语言。运用该语言，可以制作出在微信朋友圈中经常看到的、点开后可以滑动、翻页、自带声画特效的页面，并且支持实时分享互动。在营销实践中，经常能看到各大品牌通过社交媒体发布的互动广告均为 H5 制作，也将其称为 H5 场景。

H5 场景应用相当广泛，除可以分享到朋友圈或向微信好友发送外，也可以实现在社交媒体上的裂变，如微博、豆瓣、小红书等。而依托页面内的二维码扫描，更能进一步实施用户的互动和信息收集，如调查问卷、报名表单。一个优秀的 H5 页面往往可以达到数亿的曝光量，这也使 H5 成为商业推广的重要推手、无处不在的引流工具。

以三元旗下的爱力优幼儿配方奶粉品牌宣传 H5 为例，以特别的儿童个展方式，宣传爱力优品牌和奶粉，详情见图 4-3。

图 4-3　三元旗下的爱力优幼儿配方奶粉品牌宣传 H5 页面

(1) 在白色的展厅外观远景，点击“进入展厅”按钮，一段进入展厅的过渡动画，出现在墙壁浮雕文字“萌娃个展开幕了”，提示向右前进(即向右滑动)。

(2) 等待宝贝登场输入页面，输入宝贝昵称、宝贝年龄和性别，输入完毕后，出现确认按钮。

(3) 进入宝贝照片上传界面，可以上传 9～15 张照片(最少 9 张，最多 15 张)，也可以分次上传(例如先上传 3 张，再上传 6 张，或更多)，如果不够 9 张，下方的按钮是“继续上传”；满足 9 张，下方的按钮变成“确认布展”；点击“确认布展”按钮，开始生成布展页。

(4) 布展完成页面，生成展示视频，独一无二的带有宝宝照片的展览开始，视频大气，令受众眼前一亮；这支 H5 选择纯白配合灰色，整体呈现出一种视觉高端质感。

不只是传统生产制造企业在 H5 营销中找到了营销提升的路径，许多传统纸媒也在积极探索新媒体平台，利用短视频营销的创意争夺受众的关注。2023 年 1 月 19 日，浙江省知名媒体《钱江晚报》的微信公众号推送了《兔年拜年爆火新玩法：三秒变成年画娃娃》，借助即将到来的新春佳节，群众对于传统年画的喜爱之情，引入 2022 年 10 月开始在视频平台上大火的“AI 绘画”技术，让用户扫描二维码，上传喜欢的照片后使用 AI 技术生成自己独有的年画娃娃图片。该推文一经发布，一小时内的阅读点击量达到 1 万，受到了受众的热烈欢迎和广泛传播，详情见图 4-4。

知识拓展：兔年拜年爆火新玩法，三秒变成年画娃娃

图 4-4 《钱江晚报》官方微信公众号推送的 AI 绘制年画 H5 活动页面

微信红包封面短视频链接微信小程序也是新出现的基于私域平台的短视频营销形式。微信具有实时点对点发红包的功能，而系统默认的红包封面只有一种，过去几年，红包封面设计成为一些新媒体账号争夺用户关注的手段，一般都是限量发放，并且红包封面的画面都是静态的。2022 年开始，越来越多的实体企业也出于企业品牌形象宣传的目的，开始制发微信红包封面，并且具备动态视频播放的功能，当这样的红包封面被选取发送后并打开，在手机屏幕上半部分开始自动播放企业的品牌或新品推广视频，并引导用户点击进入小程序进行了解和购买，成功地将产品和品牌的宣传及购买都锁定在微信平台，避免用户自行到第三方平台进行搜索导致用户流失的情况。图 4-5 展示了国产品牌“麦吉丽”的微信红包封面导流客户进入小程序下单的流程。

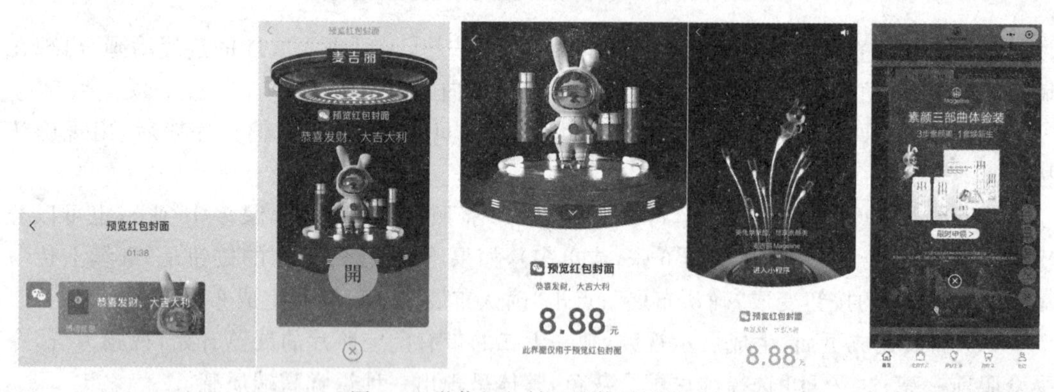

图 4-5 微信红包封面的使用及展示

五、短视频营销创作要点

知识拓展：“微信红包封面”成营销新武器

短视频营销的本质仍是营销活动，成功的短视频营销不仅依赖高水平的制作，也需要发掘营销内容的亮点。一般来说，营销视频的制作需要从以下几方面开展，前期准备、中期拍摄到后期剪辑各个环节统一为一个整体，需要各方面的协同。

（一）营销视频创作前期准备

知识拓展：小小红包封面为何连续几年都是春节“抢手货”

从十多年前的手持 DV，到现在视频制作发烧友的云台，技术的演进带来创意的革新，也将营销视频制作水平一再提升。尽管营销视频不是电视剧也不是电影，没有收视率和票房压力，其结果却是直接的流量转换，决定了某一品牌、某一产品在市场上的生死存亡。因此，对于这种新生的营销手段，在制作前期需要做好大量准备工作，且各个环节紧密相连，缺一不可。

1. 短视频营销准备

微课：视频营销创作的前期准备

（1）需要明确开展短视频营销目的。作为一项商业活动，短视频营销天生就带有商业属性，无须回避。通过短视频营销，是实现企业宣传品牌及产品形象，提升知名度，抑或是提升销售额及市场占有率，从而收获丰厚利润，都需要采取不同的营销手段和方法。以前者为例，企业在视频创意构思阶段就可以考虑以微电影、H5 为展现形式，依托社交属性形成裂变，提升传播效果，树立品牌形象。若考虑后者，最有效的形式则可以是视频广告投放、电商直播。

（2）需要明确经费预算。除考虑商业目的和传播效果之外，单次活动的经费预算也是需要考虑的重要因素。从视频筹划开始直到结束，每一个步骤都会有相应的花费，需要逐一明确。若无明确经费预算，将很难明确活动的效果及对应的规格，也无法保证相关工作的顺利开展。

（3）需要严格执行计划。严格执行计划的前提是需要有一份完整的运营计划，在计划中需要呈现出活动的目的、策划思路及相应预算，还需要可行，因此计划不能笼统模糊，需要清晰列出每个阶段的重点任务和时间表，才能有计划地按时开展相关工作，保证短视频营销活动的有序进行，这也依赖短视频营销团队整体的通力配合，以及相关职能人员对于活动节点的整体把握。

2. 营销视频策划

营销视频的制作并非易事，一些微电影或高质量的视频更是依赖大量的人力物力，耗费大量的时间精良制作，为了确保出品的成果符合预期，在策划阶段就需要认真筹备，是所有拍摄工作实施前的基础。在策划中，不仅要注重视频的艺术性，更要注重体现其商业价值，因此，不能简单地把视频作为一个艺术品进行加工，而需要更多的巧思和头脑风暴。

（1）视频要学会“说故事”。基于受众的接受角度出发，一个隐藏在故事情节中的营销视频往往比平铺直叙的广告更引人入胜，据此，对于营销视频的内容，可以从受众更愿意接受的“故事性”情节进行构思，围绕受众最为关心和最需要了解的事实，结合企业想要传达的信息展开充分的想象，继而进行故事化创作，使视频在内容上更胜一筹。

以五芳斋为例，将粽子广告策划成了一条短视频《白白胖胖才有明天》，以粽子的原料——糯米为视角，讲述了五芳斋从原材料选取到制作完成的全过程，并于 2018 年端午节前在视频平台上投放，通过社交媒体大量传播，不仅实现了产品的推广，还助推了品牌的年轻化。2019 年端午节前，五芳斋又推出了短视频续集《一糯百年心》，将原先的“一颗糯米的故事”升级为“糯文明”，2020 年同期，再次推出《朋友们，蘸起来》，不仅牢牢锁定了年轻受众，更展现了品牌的文化底蕴。

（2）内容要“很有趣”。在短视频营销内容为王的年代里，具备高质量内容的视频往往更易吸引受众的注意和共鸣，这也是他们自发评论、转载、分享的前提。因此在内容质量上，通俗易懂的趣味性叙事足以让视频变得有趣生动，且充满互动性，从而具有转发分享价值。2021年4月，抖音更是提出“兴趣电商”的概念，即一种基于人们对美好生活的向往，满足用户潜在购物兴趣，提升消费者生活品质的电商。基于这种生态背景，2022年抖音电商的平台GMV增幅超80%，电商直播日均场观达29亿次，平台全年卖出了300亿件商品，处于高速增长阶段。

诚然，原创一个很有趣的内容营销视频绝非易事，一旦成功，即可成为引流打造“爆款”的“原点”，在短视频营销中占据主动地位。

（3）角度要“很人性”。短视频营销是在大数据背景下开展的新形态人际传播，信息得以传播的第一视角必须是以人为本，基于人性化视角的视频，可以是情感上的共鸣，也可以是激发受众的好奇，从而引发受众群体的传播分享欲望。归结起来，一个优秀的人性化传播营销视频大体需要具备以下几个特性。

① 表演性。一些品牌在开展短视频营销推广时，会通过艺术化加工，使表演呈现出一种戏剧化特征。例如，2014年3月，德国KUKA机器人对战当时世界冠军Tim Boll的“人机乒乓大战”视频，通过剪辑手段，让KUKA机器人有了拟人化特征，从一开始的不可一世，到中期的焦灼，直至比赛结束后的不甘心，刻画得淋漓尽致，让受众印象深刻，并在转发分享时提出疑问“人机对战，究竟哪方获胜？”

② 话题性。在这里，话题性分为两种：一种是直接通过短视频营销制造话题，并以该话题引爆舆论，衍生出同一话题下的巨量视频进行营销助推；另一种是贴近当前热点，即“追热度”，而这也是当前短视频营销中使用较多的手段。以2022年北京冬季奥运会吉祥物“冰墩墩”为例，2019年9月17日，“冰墩墩”正式亮相，随着2022年2月，北京冬季奥运会开幕式临近，相关话题开始火爆社交平台，和冰墩墩有关的一切都具有了话题度，如冰墩墩的命名和设计，表情包衍生再创作，开幕式上呆萌可爱、被工作人员拉着离场的冰墩墩人偶，以及只有获奖选手才能拥有的限定款非卖品等，仅2月6日一天，和冰墩墩相关的热搜就有19个，抖音仅“#冰墩墩”单个话题播放量就达62亿次，并在持续增加（截至2月10日），图4-6即为2022年2月6日，冰墩墩相关的社交平台热搜情况。此热况很快传导至线下授权店内，冰墩墩被广大消费者热捧、抢购，形成了“一墩难求”。冰墩墩一时间成了一种现象，从线上传导至线下，并且持续引爆相关热度话题，与正在进行中的冬季奥运会进程相得益彰，取得了良好的宣传效果。

③ 共鸣性。共鸣性主要表现在情感上的贴近性，并以此为传播基点开展人际间的传播。引起共鸣的可以是相似的经历，也可以是对往日生活的追忆。以网络红人“李子柒”为例，其视频中表现的是宁静平和的乡村生活，最初设定的话题取自俗语“四季更替，适食而食”，后来在编辑的建议下改成了“古香古食”。期间，她曾用一年多的时间还原“文房四宝”在古代的制作过程，也用古法制作过手工酱油，甚至以一人之力在院子里用木头和竹子搭了一座茅草棚和秋千架。系列视频在抖音等国内视频平台播出，还通过You Tube在海外播放，不仅传播了中华传统农耕文化，更适时成功打造了个人品牌“李子柒”，利用短视频营销推广品牌系列产品。在“李子柒”账号停更后，同类型的三农类账号也取得了不俗的成绩。

图 4-6 “冰墩墩”相关话题在社交平台上的热度

例如，抖音的“张同学”，该账号通过拍摄东北乡村地区普通生活场景和百姓生活，10 天涨粉 300 万。浙江绍兴新昌的“帅农鸟哥”，则在抖音、bilibili 等平台用视频记录下他在乡村地区利用墙绘开展社会主义核心价值观和美丽乡村建设成果宣传的过程，起号半年即吸引粉丝 400 余万，单条视频播放量破亿，一时间流量无人能敌。2022 年 12 月下旬的一天，抖音博主“东北雨姐”的一条介绍东北传统食物“磨汤子”视频突然获得 2227.4 万的播放量，当天涨粉 42.9 万，6 条视频平均播放量达到 1546.5 万，通过拆解“东北雨姐”账号下的视频特征，不难发现，聚焦于东北菜制作、民俗风情、乡村生活等内容，使用东北方言进行录制，还原真实生活场景，这种东北特有的生活文化与美食成为出圈的关键诱因。

④ 幽默性。幽默性所带来的直观效果即是欢乐，不仅有效拉近受众和营销视频之间的距离，更有助于加深受众对于营销内容的记忆点，增强视频本身被分享传播的驱动力。也正因如此，在短视频营销中，幽默这一要素是最先被考虑的，传播效果较好。一些品牌在开展短视频营销时，为了吸引受众关注，也会主动放下身段，抛弃以往“高冷”的品牌设定，进行一些幽默的处理，也会收获“反差萌”的意外效果。

除了以上提及的几种特性可以有效提升短视频营销效果，还会存在一些视频内容用户为了吸引人的注意力，在视频中传播低俗恶搞内容的情况，随着受众对于信息识别甄别水平的进一步提升，这种违背主流意识形态传播的无底线营销方式也逐渐被摒弃。

3. 视频剧本编写

为了确保短视频营销的效果，一个好的视频也需要一个好的剧本。剧本的创意和创新更能为营销视频带来耳目一新的感觉，再通过导演、演员、特效等因素的结合，确保出品质量。对于剧本编写，一般可以大致分为四个步骤。

(1) 完成完整故事构思和构架，对于故事发生的时间、地点以及主线任务设定明确，并决定好故事发生发展的流程方向，避免出现随着拍摄推进故事不按剧情走的情况。

(2) 通过支线细节的补充，将故事从一个梗概扩充至较为饱满的大纲形态，明确故事发展情节。

(3) 编制分场提纲，编制每一场影片的故事提纲。

(4) 剧本初稿完成后，还需要进行数次乃至数十次的修正，直至最终定稿开拍。

好的剧本需要编写者有较强的逻辑叙事能力和故事情节推进掌控能力，但通过长期的学习和研究，也可以在故事完备的基础上写出一部优质的剧本，这就需要创作者多多研读成功作品，多观摩优秀影视作品，勤于思考，多写多练，在经历反复的写作、阅读、重新研读、修正等环节后，更能形成带有自己风格标签的作品，获得市场和受众的认可。

(二) 营销视频创作中期拍摄

完成前期准备后，就要进入营销视频创作的中期环节。本环节主要涉及素材的提取和准备，在海量资源中寻求最适合的资源。

1. 素材选取

目前，营销视频的创作素材已不再是“巧妇难为无米之炊”，相反，过多的素材也会影响创作者的判断，因此，需要什么样的素材，需要哪些素材，素材从哪里来，是否需要自己拍摄，反而成了创作者更需要关注的问题。

(1) 网络资源。随着视频制作市场细分的推进，各类视频素材资源库也层出不穷，这也是创作者可以获取素材的最便捷的方式。但是需要注意的是，短视频营销涉及商业使用，在字体、视频、文案等素材选取的时候需要注意该素材是否允许商业使用。以字体为例，一些商业作品中因使用了未授权字体而被起诉侵权，或导致视频下架，或紧急更换字体，更甚者还涉及巨额赔偿屡见不鲜。

(2) 屏幕录制。在一些涉及教学教程或展示的营销视频中，由于创作需求，需要对于一些游戏视频以及软件操作过程进行摄录，这类素材的获取并不复杂，只涉及显示画面及声音，可以简单通过录屏软件辅助麦克风收录声音并输出图像声音兼具的视频文件。较常用的录屏软件有 PC 端的屏幕录制专家、超级捕快、Camtasia Studio 等，手机移动端则可以调用系统自带屏幕录制功能实现。

(3) 存储复制。过去的几十年间，视频存储设备有了巨大变化，从最早的录像带磁带、VCD、DVD 等存储介质，到现在的云存储时代，存储复制也越来越简便，通过登录云存储的智能设备便可轻松下载上传，并通过网络进行传输。

(4) 自行拍摄。与存储复制媒介发展进程一样，素材的自行拍摄门槛也不再遥不可及，自媒体的崛起使“人人都是自媒体”成为可能，简便到一部智能手机就能完成素材的拍摄，此外还有各类专业设备，如航拍无人机、运动相机等智能设备，为素材的高质量拍摄提供了更加便利的条件，只要操控技术过硬，每一帧都是“大片”。

2. 营销视频拍摄技巧

相比于短视频营销开展初期，大量普通用户的日常拍摄也能获得令人羡慕的流量，现在的短视频营销则对于画面有了更高的要求，主要体现在以下几点。

知识拓展：抖音短视频拍摄技巧

(1) 构图。在绘画、摄影和平面构图设计中最讲究的是构图，创作者要根据要求把题材和主题表现出来并结合好。要想构成一幅协调完整的画面，就应把要表现的形象适当组织好。在拍摄视频时，也要注意构图，突出作品主体，主次分明，简洁大气，减少画面中的干扰。

（2）防抖。在日常的拍摄中，经常会出现照片不对焦、视频抖动严重看不清的情况，除一些拍摄剧情有这样的需求外，在营销视频制作拍摄时，还是要注意画质的清晰度，以免影响受众观赏效果。为了避免这个问题，可以通过辅助器材实现防抖，如三脚架、独脚架、防抖稳定器、云台等，可以根据需要进行选择。此外，在拍摄中，拍摄者也要注意姿势的稳定，动作幅度不宜过大。

（3）运镜。拍摄时，除一些构图场景需要静止画面外，还要注意画面有一定的变化，可以通过一些推、拉、跟镜头，横着的运动摇晃镜头使画面变化感十足，人物定点拍摄可通过推镜头来进行全景、中景、近景、特写来实现画面的切换变化。适度的运镜会增强视频的观赏性，以抖音"张同学"的视频为例，在每一段七分钟的视频里，运镜达到 290 多次。

（4）光线。利用好光线，可以实现视频画面效果的提升，更可以利用光线明暗对比交代一些对白中无法展示的剧情，在拍摄的过程中可运用顺光、逆光、侧逆光、散射光来突出表现物体与人物，同时要确保视频的清晰度。场地的光线不足时，可以适当使用打光来补足。

（三）营销视频创作后期剪辑

知识拓展：五分钟学会使用剪映剪辑视频

要完成一部优秀的营销视频制作，后期剪辑也非常重要，好的剪辑师就是影片的第二位导演，通过逻辑严谨的剪辑编辑，将素材进行重新排列，完成故事的整体呈现。由于剪辑属于营销视频创作的后期部分，一般需要由导演、编剧、制片人、剪辑师共同参与完成，确保品质。

目前使用较多的视频编辑软件是剪映，该软件不仅有手机 App 端，也有计算机 PC 端。随着自媒体时代中，普通用户参与分享的热情持续升温，移动端视频剪辑 App 的下载量和普及度也在急速提升，其中，以剪映为代表的手机端视频编辑 App 由于使用便捷，剪辑全能，用户门槛低，可以直接在手机上实现编辑并输出至抖音和西瓜视频平台等特点，市场接纳度非常高。

综合能力训练项目

一、项目训练内容

以学校的校内外实训基地为载体，基于校企合作企业资源和网络二手资料，结合当前网络热门关键词以及平台流量算法规则，能够为所在企业制定相应的短视频营销策略和方案，助力企业在新媒体平台推广品牌和产品销售。

二、项目训练要求

拆解并分析一个优秀的短视频营销账号，将该账号的视频分析结果在班级进行展示和汇报，同时进行校企合作企业的短视频营销项目训练。

- 准确选择短视频营销账号进行拆解分析；
- 恰当运用短视频营销相关理论开展理论分析；
- 利用所学的方法对账号视频进行拆解，分析并梳理成功原因；
- 将分析的结果运用于本团队的短视频营销项目策划中。

三、项目训练考核要求

- 视频账号分析的要点齐全(10 分);
- 团队对短视频营销案例分析条理清楚,把握到位(30 分);
- 语言表达逻辑性强,表述清晰、准确(10 分);
- 团队设计的短视频营销方案切实可行(30 分);
- 团队设计的短视频有创意(20 分)。

任务二　短视频营销策略

学习目标

- 能够掌握短视频营销策略及相应实施技能;
- 能够针对不同平台的流量规则,为所投放的视频带来流量。

课堂讨论

你最常用使用的短视频营销平台有哪些?你最喜欢在哪一个平台上看视频并下单,请阐述原因。

一、短视频营销的基本策略

由计算机屏向电视屏、手机屏迁徙,这是在三网融合的推动下,视频新时代所面临的首要变化,这种变化给用户带来的基础价值,原来只属于互联网的视频内容,现在有了更大的展示空间。对终端用户来说,这种变化让人们更方便、更快捷、更能节省生活成本和提高生活效率,而对于原来的视频网站客户广告主来说,这样的变化也使其有了与消费者进行沟通、互动的新选择。

基于以上的转变,短视频营销的开展也有了自己的基本策略,包含以下几点。

1. 直接展现产品

这种策略适用于具有新奇性或实用性特点的产品,以视频直观展现产品,以起到开门见山、抓人注意力的作用。例如,家庭生活中好用的"神器"等物件,客单价不高,或超低价包邮,就很适合这样的展现方式。短视频营销也在助力解决农产品卖出难的问题上提供了解决之道,根据抖音电商于 2022 年 9 月 23 日发布的《2022 丰收节抖音电商助力乡村发展报告》显示,过去一年共有 28.3 亿单农产品通过抖音电商出村进城、卖向大江南北。该平台"三农"电商达人数量同比增长 252%,农货商家数量同比增长 152%,成为连接品质农特产和全国消费者的重要纽带,延边大米、平和蜜柚、柳州螺蛳粉等区域农产品的知名度和销售量也在一年内获得了数倍的提升。

2. 间接呈现产品

对于一些常规产品,或是虚拟的产品及服务等,则可以通过间接方式进行呈现。例如,图 4-7 中展示的"美团 App"投放的短视频广告"过敏社交礼仪",以七组故事呈现了易过敏人群在不同环境下可能遇到的过敏问题及表现,不仅有效向社会宣传了关爱过敏人群的理念,更利用片尾的医生形象加语句提示了易过敏人群在过敏时及时就医,并附上"三甲医院医生限量义诊"和"美团 App"搜索框内"换季过敏"等广告语提示,在获得用户共鸣的同时完成旗下“美团买药”品牌服务的推广。

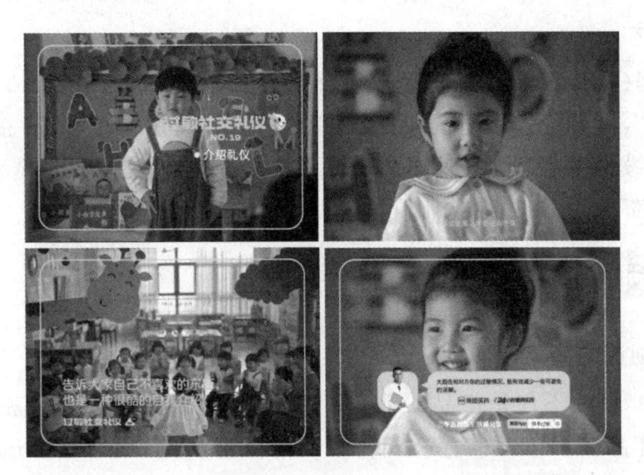

图 4-7 “美团 App”短视频广告“过敏社交礼仪”

3. 激发用户好奇心

激发用户好奇心策略比较容易吸引年轻群体参与，如火爆全网的海底捞火锅“隐藏吃法”，通过不同的食材搭配，诞生了菜单上没有的隐藏菜式，并通过短视频传播，吸引更多受众参与到隐藏吃法的实践和创新中，从而引发品牌与客户之间充分的互动与参与，获得了让品牌再次传播的机会。

4. 展示企业日常

短视频营销不仅可以传播品牌，也是企业文化在新媒体中传导的新实践。抖音平台账号“支付宝”作为支付宝(中国)网络技术有限公司的抖音官方号，在日常短视频中，不仅承担了品牌传播和功能普及，还热衷于展现公司办公室文化以及工作中的有趣画面，以达到良好的企业文化传播效果。随着短视频营销在商业传播中的普及，越来越多的企业也参与到利用短视频对企业日常进行展现中。

5. 开展口碑营销

开展口碑营销策略较多应用于线下的实体服务门店宣传推广中，如一些网红品牌店，在视频拍摄中着重展现消费者排队等待以及使用感受等，让受众对于品牌有了最直观的了解和认识。随着短视频社交平台进入探店、团购等商业版图，这种营销策略也较多应用到团购和推广中。

6. 自媒体重新入局

很多自媒体账号原本发展主要集中在微博等传统新媒体平台，随着短视频营销的火爆，这些自媒体账号也开始了重新入局，从微博平台向抖音、快手等平台迁移。由于这些账号在原本的平台已经积累了大批受众，相当于自带流量体质，它们的入局也为短视频平台带来了大批新粉丝，造就了大批高赞作品。例如，微博大 V“papi 酱”入驻抖音后，仅发布了七个作品就收获了 600 多万粉丝；同为微博大 V 的“天才小熊猫”，第一支视频《千万不要随便染头发啊》发布当天，抖音、B 站、视频号三大平台纷纷登榜，当日抖音平台涨粉破百万，随后发布的内容次次登上抖音热榜，他的这一次华丽转型，让大家看到了图文时代的“老兵”来到短视频时代，依旧“能抗能打”。

7. 启用新技术

根据飞瓜数据（抖音版）《2021 年短视频及直播营销年度报告》显示，2021 年最流行的关键词之一“元宇宙”，自带巨量话题，自同年 10 月底虚拟偶像“柳夜熙”拼接一条视频爆火出圈后，不少创作者纷纷搭上“元宇宙”概念的流量快车，用不同内容形式诠释自己的元宇宙世界观，截至报告发布时间，相关视频播放量接近 37 亿。

二、短视频营销的提升策略

微课：短视频营销的优化

1. 邀请用户创造内容

短视频营销中，用户不仅是产品的消费者，也可以是产品的创造者和传播者，大量 UGC 作品在平台上的存在和传播已是大势所趋，而通过合适的方式邀请用户对内容进行创造，生产指定内容的视频，从而达到更好的营销效果，也会呈现出传播中的叠加效应。因此，邀请用户参与到短视频营销活动中，创造内容，是短视频营销实践中非常值得考虑的一种手段。由于此类活动大多是出于商业目的，因而需要企业付出一定的费用，而这类邀请也分为付费类和竞赛类两种。

（1）付费类。以抖音平台为例，在“创作者中心”页面，用户可以积极参与到通过创造内容实现变现的奖励活动中，图 4-8 展示了抖音平台的“变现任务中心”页面中的部分任务（截至 2023 年 4 月 6 日），具体可以在“创作者中心”→“涨收入”→“了解更多变现任务”页面中进行查看。付费类活动由企业入驻短视频平台后开展，所获得奖励来自企业付费投放。

图 4-8　抖音平台的“变现任务中心”图示

（2）竞赛类。竞赛类活动也可在各短视频营销平台中的“创作者中心”页面查询，图 4-9 就展现了抖音平台的“乡村守护人 Q2 季度话题”活动情况，在 2023 年 4 月 6 日—6 月 30 日活动周期内，通过发放带话题“＃乡村守护人”参赛视频，围绕乡村风貌、美食特产、非遗民俗、文化旅游、农业技术等方向生产优质原创视频（大于 15 秒），超过 3 条/双周，即为参赛。根据比赛规则，评选出前 30 位获奖者，可获得最高价值 5000 元的“DOU＋”奖励。此类活动多为平台自身出于营销活动意愿发起，也有与企业或机构共同发起，以各种形式的奖励鼓励大众参赛，从而为话题引流，实现营销话题或营销内容的推广。

图 4-9 抖音平台“乡村守护人 Q2 季度话题”竞赛说明及参赛视频

2. 邀请受众进行共创

除在内容、终端上的变化外，三网融合后的大视频时代带来的另一大营销变革是在与受众互动性上。对于企业来说，在向消费者传递企业、产品、服务信息的同时，还需要了解消费者需求，倾听消费者声音，并根据消费者需求的转变即时调整自己的营销战略。而三网融合的落地，将实现广电与电信企业的“双向进入”，企业不但可以在原有的体系下传递企业信息，还可以通过同样的平台获得来自消费者的及时反馈，甚至消费者可以通过现有的视频终端，足不出户地实现交易行为。

因此，企业在制订新的短视频营销计划时，可适量考虑这种单向传播到双向接入的转变。2010 年以前，在视频网站大规模投放某一单一创意的广告或许还能提起消费者的兴趣，但在大视频时代，企业通过视频投放品牌广告时则需要更多考虑如何让消费者参与，甚至是如何使消费者通过终端实现最终交易。

以抖音账号“飞恋伞厂”账号为例，该账号自 2019 年入住抖音，是当时仅有的四家蓝 V 认证雨伞厂家之一。最初起号时，视频话术非常单一，甚至“简单粗暴”，无外乎“大家好，来看一下咱们家的自动伞，八根伞骨、黑胶防晒还防风，有喜欢的来我直播间。”等语言。账号主人，来自浙江义乌的商人雷鹏琳表示，传播效果非常有限，带货销量也不愠不火。

2022 年年初，雷鹏琳创作了一种只用“动作＋字幕”展示雨伞的方式，3 月 11 日在“飞恋伞厂”这个新账号上发布了第一条视频。雷鹏琳觉得，其实不用说话，观众都能看懂。后来，他干脆把字幕也去掉了。“灯都打开了，别人知道这是个灯，再转两下就是可以转，按一下雨伞打开是自动伞，使劲晃两下别人也知道质量好，再泼一点水放纸巾吹一下，大家一下子就知道是不沾水。”雷鹏琳坦言。

就是这样“不像广告”的广告，在 2022 年 5 月，雨季开始的时候，雷鹏琳的视频突然火了，视频中的他一语不发，一气呵成完成了开伞、使劲摇晃伞体、下蹲泼水、旋转摇晃、放纸巾吹落等动作。截至 2022 年 6 月 24 日，这条视频在抖音获赞 188 万，播放量近 6000 万，一度登上抖音热榜。受众在视频下评论：“就喜欢这种没有废话的商家。”

仅是“没有废话”，不足以成就“飞恋伞厂”的持续热度。在后续的视频中，开始有网友留言：“叔，能不能出一款××的伞”，而“飞恋伞厂”也很“听消费者的话”，按照网友的留言要求，逐一把不同功能、不同款式的伞做了出来，如伞柄下有手电筒、收缩自如、结实抗风、够大、防水速干等，并拍摄了新视频回复了当初提出要求的网友，吸引了网友的转发和互动，详见图 4-10。

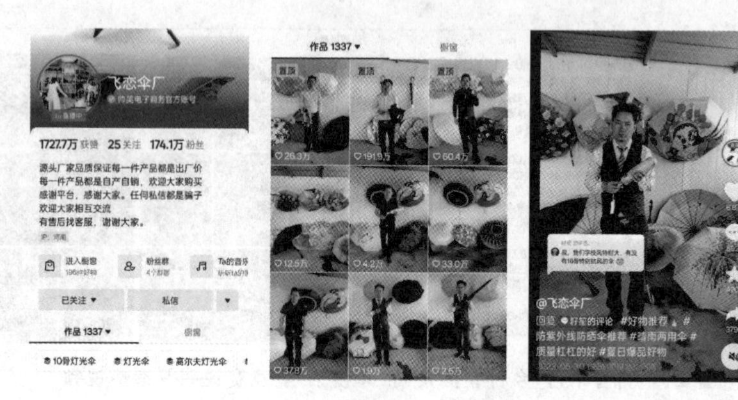

图 4-10 “飞恋伞厂”抖音账号

就这样，“飞恋伞厂”的产品线逐一完善，并向着多功能性、实用性、新颖性等方向走去。扫描右侧二维码，了解“飞恋伞厂”抖音账号完整新媒体营销案例。

案例：单条卖伞视频播放近 6000 万

3. 以趣味性破解时间限制

传统企业的视频投放往往顾虑视频时长，但是在进行视频叙事过程中，时间限制往往不利于故事逻辑的清晰展现，甚至一些视频经过大量剪辑后丧失了原本故事的完整性，导致受众看完以后不明就里。因此，视频时长不应作为硬性标准限制，而更应该在视频的内容以及趣味性上做文章。根据行业调查显示，目前在新媒体平台投放营销视频，在视频不可跳过的情况下，视频完整播放率达到 74%，这也意味着只要内容的吸引度足够高，大部分用户并不会主动避开观看营销视频。

图 4-11 中展示的就是系列短视频“出差注意手册”其中的几个画面，故事以一家日本企业派员工前往成都出差为主线，延伸出一系列令人捧腹、充满笑点的“城市攻略”，其本质是一组成都的宣传视频，且每条视频都在五分钟以上，最长甚至达八分钟，一经投放就获得了互联网用户的广泛分享和点赞。而目前，这个系列也从最开始的《成都出差注意手册》拓展至《泸州出差注意手册》。

图 4-11 《成都出差注意手册》视频

三、短视频营销的实施策略

从传统的网站视频、电视视频演变成如今弹幕视频、短视频、网红视频直播的走红，视频作为一种高效直观的内容营销方式，正爆发出超乎想象的吸引力，对营销人员来说，视频是培育顾客、与消费者交流、提高品牌知名度的最有效内容之一，越来越多的企业渴望在短视频营销中斩获头角，博得注意力。因此，除了短视频营销的基本策略和提升策略，下面还将以短视频营销主流平台之一抖音为例，通过分析算法和推荐机制，介绍短视频营销的实施策略，以创建更好的视频，并通过了解平台规则，让视频获得更好的流量。

1. 算法机制介绍

以抖音为例，其算法机制最核心的关键点是“去中心化”，即平台根据用户兴趣和需求进行用户喜好视频内容的推送，从而实现平台推流的公平性，基于这套统一的算法，无论是视频拍摄者还是观看视频的受众，在兴趣相同的情况下，理论上同一条视频都会有同等的概率被观看推送。

2. 算法推荐机制

知识拓展：抖音推荐算法机制全面解析

还是以抖音为例，营销视频能否被广泛推荐则主要依赖平台算法的推荐机制，包括智能分发和叠加推荐两种。其中，智能分发主要指根据相应的用户标签与内容标签进行分发，而针对尚未被标记的新账号或新发布视频，平台会根据账号的权重给予一定的初始推荐流量，初始推荐优先分发给附近的人与关注用户的粉丝。随后，当平台将用户的作品分发给初始流量，平台会根据初始流量的反馈来判断视频的内容是否受欢迎，受欢迎的作品将会得到平台分发的更多流量，这就是叠加推荐。

评价一条视频是否受欢迎，最重要的反馈指标包括完播量、转发评论以及点赞，其权重排序为播放量(完播率)→转发量→评论量→点赞量。

但是一条视频要从受欢迎变成热门视频，还需要经历几次系统推荐，具体情况见表 4-1。

表 4-1　抖音平台视频推广机制

轮次	推送流量数	判定结果优秀	评价主体
第一次	200～500	给予第二次推荐	机器算法
第二次	1000～5000	给予第三次推荐	机器算法
第三次	数万	成为抖音热门视频	机器算法＋人工审核

知识拓展：“DOU＋”是什么

除了系统算法可以让一条优质的短视频在平台上成为热门视频，抖音平台还提供付费渠道“DOU＋”，详情见图 4-12。通过一定的付费，系统将会根据用户投放“DOU＋”时勾选的信息为视频推送相应的流量，从而实现短视频更快地被受众看见的目的。

3. 影响系统推荐的因素

完播率：发布的 15 秒视频看完的人数持续增高，推荐则会慢慢增长。

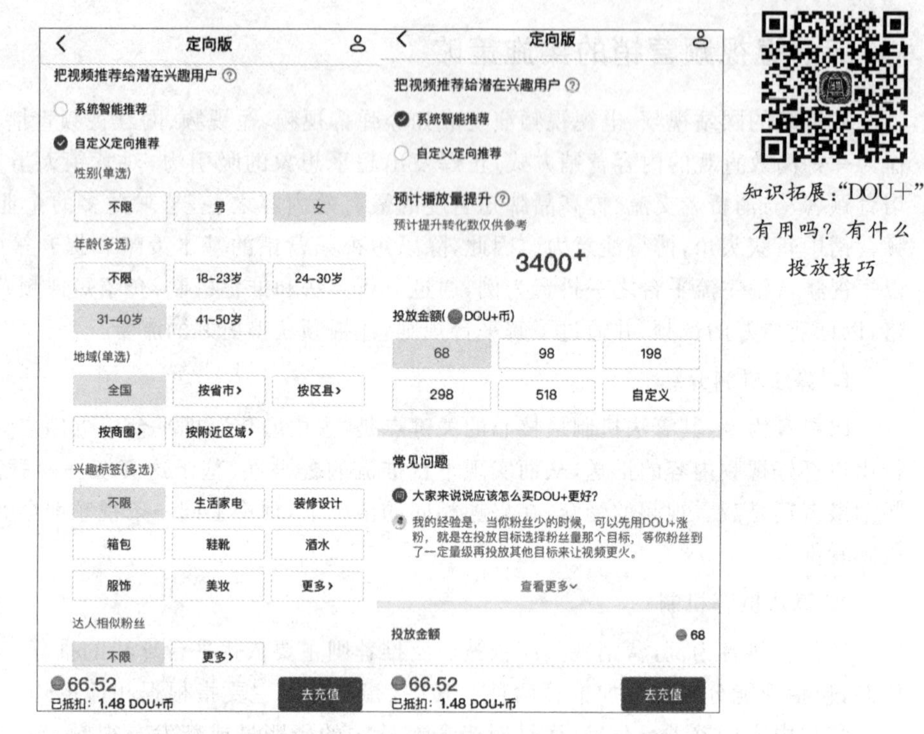

知识拓展:“DOU+”有用吗？有什么投放技巧

图 4-12　通过“DOU+”定向投放可以选择将视频精准投放给特定用户

点赞率：抖音官方公布的优质视频点赞率是 5%，如果所投放视频的点赞比高于或接近 5%，抖音算法机制会给予更多推荐量。

评论率：视频评论互动是账号活跃度检测的一个重要标准，跟抖音算法推荐机制直接挂钩。

转发率：视频的转发数量越高，抖音算法推荐度越高。

关注率：观众通过视频进入主页，关注数、关注率都会和抖音算法推荐机制挂钩。

通过以上五项因素的配合，可以很好地实现系统对于视频的推荐度，而当一条视频被发布后，抖音也会根据这五项因素的指标判断视频质量，因此，如果可以在视频发布后尽快完成相应的互动以提升这些指标，平台算法会给予更多的流量支持。

根据短视频营销平台的算法，以及相应的政策扶持，每个阶段都会有相应的 IP 系列任务和话题任务能够获得平台大量的流量扶持。如在服务三农领域，以抖音为例，2023 年将进一步加大三农视频的流量扶持力度，因此只要是三农相关话题，确保带上“#抖音好物年货节”“#三农流量扶持计划”“#新农人计划 2023”等话题，就能获得流量的倾斜和扶持，而如果视频的内容质量度高，所能获得的流量还会相应上浮。同期，快手平台也在“村播计划”启动会上宣布，2023 年将提供 30 亿流量扶持乡村发展与人才培养，正式发布“村播计划”“村播学堂”“幸福乡村带头人”“村播大会”四大乡村振兴 IP，围绕培训指导、流量扶持、线上运营、线下活动持续助力乡村人才振兴和产业发展。

4. 视频品牌化技巧

品牌用户化就是要品牌自己把自己当作产品的使用者，以用户的角度来与受众对话，而这也是当前视频账号开展短视频营销带货成功的前提，让品牌真正实现了用户化。以抖音的知名育儿博主、优质视频创作者“天天的一天到晚”为例，该账号精准定位中年中产群体、二胎家庭等标签，拥有565.4万粉丝（截至2023年1月），日常发布的作品点赞量均在15万以上，带货视频多以解决二胎家庭生活需求痛点进行开展，如带全家出行驾车，二胎家庭加上两位老人一起就会存在传统五座轿车无法满足的需求痛点，博主从自身生活需求出发，选择了国产某知名品牌的六座新能源家庭SUV，成功解决了因出行人多而五座轿车坐不下的问题，通过全方位的视频展示，助推了该款汽车在二胎中产家庭群体中的知名度。

5. 将产品的制作过程融入创意

对于传统生产制造企业，如何利用短视频营销创意“出圈”是大家共同面临的难题，尤其是一些“中华老字号”，都面临着营销环节的薄弱或缺失等问题。既要展示枯燥的生产过程，又要用创意吸引受众，就需要将产品的制作过程融入创意。以中华老字号“五芳斋”为例，五芳斋旗下产品众多，且都是传统食品，存在客单价不高、竞争对手众多等问题，据此，公司以创意短视频为突破口，在端午节、春节等关键中国传统节日前后投放创意短视频，如端午节的咸鸭蛋广告，将咸鸭蛋的制作和品尝，与毕业论文答辩、驾考、国考等人生中重要的事件节点进行绑定，并将咸鸭蛋风味之一“油多”作为核心卖点，称为“油多到能用吸管吃的咸鸭蛋”，成功将传统食物的制作过程融入创意中，详情见图4-13。该视频仅在Bilibili平台就获得了232.7万的播放量，让这种古老的食物更被年轻群体了解并接受。

图4-13　五芳斋咸鸭蛋广告

6. 控制视频长度

短视频营销的爆火是基于当前受众群体碎片化时间消磨的需要，因此过长的视频不容易完整播放。尤其是抖音这种视频社交平台，在控制好节奏和节点推进的情况下，控制在五分钟以内的短视频更便于传播和无Wi-Fi的情况打开。其次，短视频的节奏一定要快，包袱最好密集。时间太长容易让观众分心走神，背离了短视频“短”的初衷，也导致受众根本看不到最后就关了。如果确实需要发布较长的视频，则必须注意内容质量。

7. 标题和封面视觉效果突出

标题和封面往往决定了受众的第一印象，因此一定要抓受众的喜好。随着信息社会的来临，受众无时无刻不被信息裹挟和包围，因此会在极短的时间内判断是否要打开视频进行观看。为了向受众提供明确的视频信息，帮助其尽快了解视频内容和关键要素，视频标题一定要简短且突出重点，关键字明显，并带上相应话题以便于受众搜索。封面的选择上也应优先选择视觉效果突出的照片，以最大限度地吸引受众关注，并吸引好奇心。

此外，还应注意，在系列视频的推广中，标题和封面需要使用统一的格式，确保受众看到后能主动联想到前期视频，且账号视觉效果更美观。图 4-14 中对比了“赛博食录”“报告！鱼仔”“My name is 伊森”三个不同类型的原创视频账号情况，可以发现统一的封面排版会有更好的视觉效果。

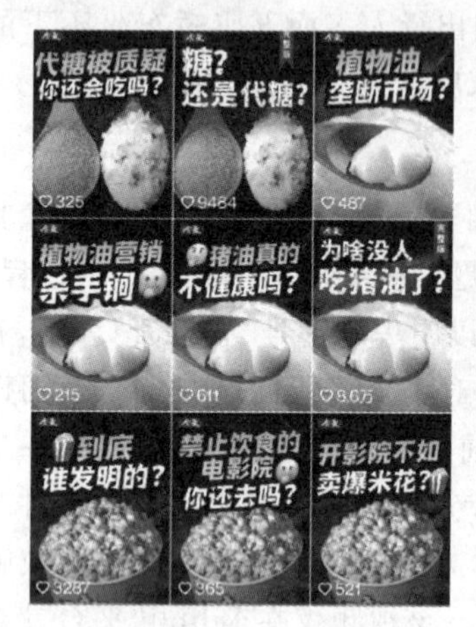

图 4-14 “赛博食录”“报告！鱼仔”“My name is 伊森”三个不同类型的原创视频账号所采用的统一格式

8. 授权其他账号在社交平台上二次分享

知识拓展：直播视频切片操作指南

品牌企业通过挖掘自身优质素材和借助热点内容制作了高质量、高价值的视频，或在积累了一定粉丝数后开启带货直播，都是短视频营销较为成功的体现。但是这只是短视频营销整体闭环中的一个部分，后期视频的二次加工以及依托社交平台进行宣传分发也极其重要。二次加工的直播切片视频在社交平台上发布，可以有效实现直播效果的二次延续，也为产品在直播后继续销售提供了可能性。而品牌企业制作的视频，通过自身投放或授权其他账号转载投放，也将进一步提升企业品牌的知名度。

微课：视频营销热点案例

此外，依托社交平台的数字化精确分析，对标签账号得以精准定位，也能将企业的推广视频更精确、更直接地推送到匹配的账号用户面前，联合多渠道实现多方合力，打造多维立体化的营销闭环，充分发挥“1＋1＞2”的强大营销辐射力和巨大长尾效应。

综合能力训练项目

一、项目训练内容

以学校的校内外实训基地为载体，基于校企合作企业资源和网络二手资料，结合企业实际业务发展需求，为企业制作宣传推广视频，在短视频营销平台尝试为企业制定并投放相应关键词，或利用匹配的流量倾斜关键词为企业视频引流，助力企业在新媒体平台推广品牌和产品销售。

二、项目训练要求

通过短视频营销平台的创作者中心，查询当前热门关键词，选择合适的关键词进行视频创作以及投放，将该视频的投放结果在班级进行展示和汇报，同时进行校企合作企业的短视频营销项目训练。

- 准确选择短视频营销热门关键词进行视频构思；
- 恰当运用视频制作工具开展视频创作；
- 利用所学的方法对视频进行投放优化，并分析效果；
- 将分析的结果运用于本团队的短视频营销项目策划中。

三、项目训练考核要求

- 视频关键词选择方法合适，关键词选取得当(10 分)；
- 团队对该视频的文案策划定位清晰、文字通畅(30 分)；
- 语言表达逻辑性强，表述清晰、准确(10 分)；
- 团队设计的短视频营销投放方案切实可行(30 分)；
- 团队设计的视频有创意(20 分)。

项目五

直播营销

学习目标

素养目标

- 遵守直播运营的职业操守；
- 培养信息判别能力，树立法制意识。

知识目标

- 掌握直播营销概念、直播营销的特点、直播营销的发展历程、直播的主流平台、直播的未来发展趋势；
- 掌握直播营销的主要场景；
- 掌握直播营销的实施；
- 掌握直播技巧。

技能目标

- 能够熟知直播营销的技巧；
- 能运用直播平台正常开展直播营销；
- 能够清晰知晓直播营销的工作内容；
- 能够掌握直播营销所需的技巧。

案例导入

"节约粮食"风尚下，抖音"约"饭营销如此"对味"

2022年的直播行业，比以往任何时候都更有话题度，相信多数年轻人都能说上几位大主播的名字。"宅经济"刺激下，文旅、美食类直播比以前更受欢迎。

当代年轻人非常乐见美食、美景，热衷通过旅游品尝各地美食，分享传递当地特色文化。此外，由于今年不便出门的环境因素，众多一人居、一人食的人群，偏好边吃边看美食直播得以心灵慰藉。

针对有着巨大需求空间的美食直播，抖音作为当下直播营销主阵地，不断尝试挖掘美食直播价值，力求丰富内容运营场景，探索美食直播"裂变"出的更多可能。

整个直播活动的视频播放量达到了1580.5万次，"DOU来'约'饭城市挑战赛"及线下全程直播累计吸引了上千万用户观看。

抖音的一波直播营销新操作，不仅彰显出亿级流量资源优势，更以极富创意的营销“玩法”，带来直播营销升级运营的全新思考。

在推广“节约粮食”理念这件事上，抖音并没有单一与美食、旅游等品牌进行商业营销合作，也没有脱离网友实际生活场景，进行形而上学的宣贯。而是直接进行精心洞察，面对“中国每年浪费粮食3500万吨”的数据统计情况，并结合所处行业里“吃播浪费现象”问题，携手优质达人、主播们切实展现美食背后的匠心文化，让粉丝感受到小小美食的重量，唤起大家心中不浪费粮食的心态。让呼吁“文明旅游、节约粮食”的实际行动，进行到直播价值“进阶”新层面。

（资料来源：https://www.sohu.com/a/426043942_99919492）

项目简介

项目内容

直播营销是指以直播平台为载体而开展的营销活动，可达到提高品牌形象或增加销量目的的一种网络营销方式。它与传统媒体相比，具有不受媒体平台限制、参与门槛低、直播内容多样化等优势。如今，淘宝、蘑菇街、京东等大型电商平台都提供了直播入口，如淘宝直播、蘑菇街直播、京东直播等。此外，一些专注于直播领域的平台也可进行直播营销。

根据直播营销的不同途径与方式，本项目划分为认识直播营销、直播营销的实施与执行、直播营销的技巧三个任务。

项目任务

通过本项目的学习，学生能够认识直播营销理念，学会灵活运用直播技巧与平台规则完成新直播营销的策划，能够熟练在各平台开展直播营销。

项目学习课时

建议课内学习时间16课时，课外学习时间24课时。

项目成果

在项目学习结束后，学生应递交以下项目学习成果：

（1）直播账号的规划与实施报告一份；

（2）直播运营某类型产品介绍文案一份；

（3）直播带货现场实施一次。

任务一 认识直播营销

学习目标

- 了解直播的发展历程；
- 能分析目前直播主流平台的优劣势；
- 能把握目前直播的发展趋势；
- 培养信息判别能力，树立法治意识。

课堂讨论

你最常用的直播平台有哪些？分享自己最喜欢的直播平台以及直播形式。

微课：认识直播营销

行业视野：2023年3月抖音主播带货500强榜单

一、直播发展历程

2019年，直播行业因为电商直播的迅速崛起再次成为关注焦点，成为互联网行业最火的风口之一。2020年，居家隔离、延迟复工复产等情况频繁发生，更是进一步刺激了线上直播的发展。不仅各平台、各企业纷纷加大对直播的投入，同时主播规模、用户规模也在迅速壮大。就直播行业的发展历程来看，自2005年直播平台初现，到如今已发展为相对成熟的生态体系。直播行业在经历了探索发展期、流量红利期、商业变现期三个阶段后，目前已经进入了深度渗透阶段。

1. 探索发展期

直播平台初现，PC端是主要流量入口。常见直播类型中，秀场直播为主，也有部分游戏直播。早在2008年，9158就已开创秀场直播模式，随后，YY、六间房等平台相继入局，秀场直播渐成规模。2014年，YY将游戏直播业务独立为虎牙直播，同年，A站生放送直播独立并改名为斗鱼TV，定位游戏垂类，游戏直播开始进入视野。

2. 流量红利期

直播平台纷繁杂多，流量入口逐渐从传统PC端过渡至移动端。直播规模爆发式增长，2016年更是被誉为“直播元年”。以游戏为代表的泛娱乐直播是这一时期直播生态的重要组成部分。2015—2017年，4G技术普及，手机直播由于不受设备、场景等限制开始迅速普及，推动全民直播的出现；同时，由于直播功能的创新、直播平台以及资本的纷纷入局、政策支持，直播行业一度出现“千播大战”局面。其间，政府出台《电子竞技赛事管理暂行规定》等游戏行业相关政策，进一步推动了游戏直播的发展。

3. 商业变现期

行业稳定发展，流量红利渐退，政策监管趋于规范，电商直播与电商平台和短视频平台兴起，逐渐成为直播行业重要变现形式。虎牙等游戏直播平台也开始盈利。2018年，淘宝直播有81名主播成交额破亿，超过400个直播间每月带货超过100万元；同年，虎牙首度盈利，全年营收46.6亿元，净利润4.6亿元。2019年，淘宝直播在“双十一”期间仅用了8小时55分，实现引导成交破百亿；而虎牙也实现再度盈利，净利润增至7.5亿元，另一头部游戏直播平台斗鱼也扭亏为盈，全年营收72.8亿元，净利润3.5亿元。直播的商业价值突显。

4. 深度渗透期

2020年之后，线上化需求强烈，多行业青睐直播形式，加速直播行业的发展与渗透。2020年，新冠疫情突发事件进一步拓展了直播的辐射范围。从直播平台来看，多个平台开发直播功能、开放直播流量入口、出台直播扶持政策；从直播品类来看，教育、汽车、房产等以线下运营为主的行业也开始试水线上直播；从直播主播来看，主播群体更加多元，除了直播达人,越来越多的明星、KOL、商家等开始进入直播领域。

二、直播主流平台

2016 年 4 月,腾讯直播、小米直播悄然上线;2016 年 5 月初,手机淘宝正式推出淘宝直播平台:2016 年 5 月 13 日,新浪微博宣布携手秒拍推出移动直播应用;2017 年,皇后直播、蜻蜓社区等热门直播平台纷纷问世……可见,各大行业巨头都在纷纷布局直播行业,搭建直播平台,如图 5-1 所示。

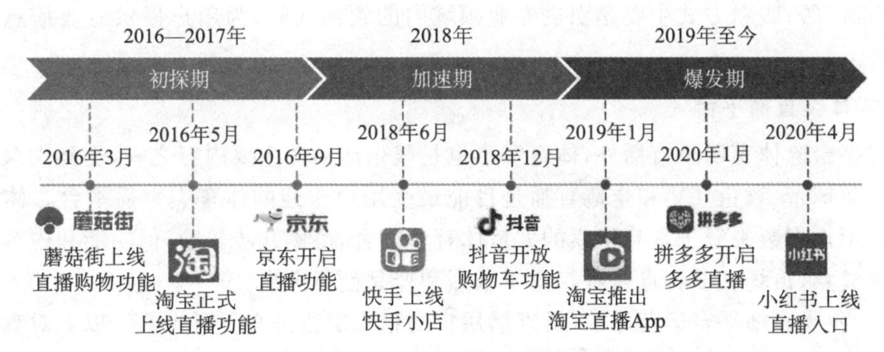

图 5-1 主流平台发展历程

1. 娱乐类直播平台

从 2015 年下半年开始,国内在线直播已经进入快速发展阶段。2017 年直播行业更是炙手可热。据相关统计,超过一半的网民都收看过在线直播,从观看内容来看,娱乐类直播内容最受欢迎,占网民收看在线直播类型的 50%以上。娱乐类直播起源于早期的 YY 娱乐、六间房秀场类直播,但它的直播内容比单纯博注意力的秀场类直播更专业、更丰富。

娱乐类直播主要包括娱乐直播和生活直播两类,其中娱乐直播主要为女主播卖萌撒娇等,生活直播主要为逛街、做饭、出行等。目前娱乐类的直播平台主要有 YYLIVE、斗鱼 TV、美拍等。随着人们生活水平的提高,更注重精神生活,而娱乐是提升人类精神生活的重要途径。人们通过娱乐类直播平台,可以实现"全民互动",从这点来看,娱乐直播的市场前景是十分广阔的。

2. 游戏类直播平台

游戏行业一直是巨头们青睐的对象,特别是电竞在全球的发展带来大量的资本涌入。国内现在的游戏类直播用户主要集中在斗鱼 TV、虎牙直播、战旗 TV、火猫等平台。目前,互联网巨头不断加快国内电竞游戏类直播的布局,腾讯不只注资支持自家龙珠直播,还参加斗鱼 TV 的 B 轮融资;阿里体育斥资 1 亿元举办电竞比赛。可见,电竞游戏类直播是巨头们争夺的焦点。

3. 购物类直播平台

购物类直播主要通过各类网络达人在"电商+直播"平台上和粉丝进行互动社交,达到出售商品的目的。购物类直播平台如淘宝、京东、聚美优品、唯品会等,其用户以女性居多,多以大学生、白领为主,消费水平处于中上游。这类直播平台的盈利方式以商品销售为主,增值服务(虚拟道具购买)为辅,吸粉方式主要是网络达人入驻和明星入驻。购物类平台在近两年进入了发展的爆发期。

4. 专业领域类直播平台

专业领域类直播平台针对的用户人群与其他直播平台有很大不同，它们针对的是有信息知识获取需求的用户，如疯牛、知牛直播等。这类直播可以将人们的注意力从原本枯燥的文字转移到人和口语表述上，通过演讲、辩论等表现力十足的方式呈现在大众面前，因此这类直播平台非常具有发展潜力。当然，专业领域类直播平台的门槛较高，因此对主播的要求很高，也更加关注主播的解说和内容。这类平台的盈利方式为付费收看，服务收费，媒体、企业、商业推广等；吸粉方式主要是引进专业领域内的领袖入驻，为用户提供专业信息知识和技术服务。

5. 体育类直播平台

这类平台除体育明星直播外，体育赛事也是娱乐活动的主要内容之一，受到大众的欢迎和认可。懂球帝、章鱼 TV 和企鹅直播是目前最受用户欢迎的体育类直播平台。体育类直播平台的用户多数来源于本身积累的大量体育爱好者，虽然起步较晚，但功能和内容方面的布局比较成熟，市场主要特点是版权竞争激烈和产品创新突出。

总之，各类直播平台运营之前，对直播用户的精准定位是必不可少的。以上对直播类型的分析，是为了帮助直播运营者更好地了解直播用户，从而搭建出适合自己的直播平台及组织架构。

三、直播发展趋势

知识拓展：直播营销优势

案例：太平鸟以优质内容为核心，领跑自播赛道，打造稳定日销

(1) 随着 5G 技术的发展，直播行业将被注入新的驱动力，“新基建”东风加速了 5G 的落地与普及。自 2019 年 11 月中国正式开启以来，共有 69 万个 5G 基站先后建成，基本实现了地市级的覆盖。5G 具有高速率、低时延、广连接三大特征，成为 4K/8K 超高清视频与 VR/AR 应用的底层技术基础。各类技术的优化与融合，为直播行业注入了新的驱动力。

① 告别模糊，拥抱超高清视界。受直播设备与 4G 网络传输效率的影响，直播页面模糊现象时有发生，影响直播的直观与全面性展示。5G 使 4K/8K 超高清直播成为可能，满足用户对直播优画质与高流畅度的期待，优化用户的直播观看体验。

② 随处可播，直播场景趋于多元化。5G 高传输速率与高移动性，有望持续丰富直播场景。特别是随着覆盖广度的提升，5G 为处于偏远地区的原产地及工厂直播场景提供了巨大的想象空间，拉近了商品生产环节与用户之间的距离，潜移默化中驱动交易达成。

③ 身临其境，强化全息沉浸式直播体验。VR/AR 与直播的融合，为用户带来身临其境的沉浸式直播体验。VR/AR 直播场景下，用户在线试衣、聊天已从想象逐渐变为现实。

(2) 资本加持、平台扶持与政府引导，共同驱动直播电商行业向高效、有序、理性方向发展。在未来相当长的一段时间内，直播行业仍将保持高速发展，这主要受直播法律、法规平台与政府政策扶持等因素的影响。目前，直播行业的投资已向全产业链蔓延，从 MCN 机构、直播运营机构、直播代播机构到新兴直播平台，均可见资本入局。资本在全产业链的布局，驱动行业各环节的优化。此外，资本并未呈现明显的集中特征，直播行业初创企业均有机会获得融资，对整个直播行业而言，这是开放性竞争的利好信号。而政府政策与平台的扶持，则在更深层次上驱动直播行业的高效有序运转。

知识拓展：直播法律、法规

除激励、扶持政策外，针对直播乱象的治理与监管方针也陆续出台。例如，2020 年 11 月北京市市场监督管理局联合包括公安部、网信办等在内的 16 个机构，开展“网剑”计划，规范直播行业运行流程，推动行业自律公约形成，驱动直播行业在高速发展的同时维持理性业态。

(3) 大数据助力直播全面优化。直播行业作为一个正在急速发展的行业，仅依靠政策和自律规范还不够，其中仍需要第三方的助力优化。互联网行业升级的一大特点是，如果无法数据化，就很难优化。大量的数据积累是优化的前提，有了大数据支持，才有优化的可能性。

在信息化时代，如果缺乏对海量的碎片化信息整合、分析的能力，无论是互联网创业，还是改造传统行业，都会遇到重重阻力。一个领域的信息化创造和改造的本质是数据化，通过对海量信息和数据的沉淀，让行业变得更加合理，并不断优化。而直播行业带来的新型交互形式，迅速攫取了大量流量，但如此巨大的体量缺乏数据化的整合和沉淀，导致行业乱象丛生。

综合来看，在直播行业面临转型的当下，第三方监督者的角色体现了市场和公众的需求。可以预测，未来第三方数据平台应当会成为直播领域的重要角色。

四、直播营销特点

直播为企业带来了新的营销机会，作为一种新兴的网络营销手段，直播营销具有以下几个特点。

1. 即时互动性

传统的营销方式通常是由企业/品牌商发布营销信息，用户被动地接收信息。在这个过程中，企业/品牌商无法立刻了解用户对营销信息的接收情况和用户对营销信息的态度。而直播具有良好的互动性，在直播过程中，企业/品牌商在向用户呈现营销信息的同时，用户也可以针对营销信息发言和互动，参与到直播活动中。这样既有利于增强用户的参与感，又调动了直播间的氛围。针对某些话题，甚至可以形成意向用户、围观用户以及企业/品牌商三方之间的强烈互动，真正实现企业/品牌商与用户之间、用户与用户之间的深度互动，实现营销效果最大化。

2. 场景真实性

在营销活动中，真实、高质量的商品是企业/品牌商赢得用户信任的第一步。在传统的营销方式中，无论是图文式广告，还是视频类广告，它们虽然制作精良，极具吸引力，但是有些用户往往会对其真实性存在质疑，因为它们都是提前制作好的成品，制作过程中经过了大量人为的剪辑和美化。而通过直播的形式，企业/品牌商不仅可以展示商品的生产环境、生产过程，让用户了解商品真实的制作过程，获得用户的信任，还可以展示商品的试吃、试玩、试用等过程，让用户直观地了解商品的使用效果，从而刺激用户的购买欲。

3. 营销效果直观性

消费者在线下购买商品时，容易受到外部环境的影响。而在直播活动中，主播对商品的现场展示和介绍，以及直播间内很多人争相下单购买的氛围，很容易刺激其他用户直接下单购买商品。在直播过程中，直播运营团队可以看到直播间的实时数据，了解直播间内商品的售卖情况，及时掌握直播活动的营销效果。

五、直播营销主要场景

直播营销的主要场景包括电商直播营销、游戏直播营销、教育直播营销、真人秀直播营销、测评类直播营销、泛娱乐直播营销。

1. 电商直播营销

电商直播是以电商平台为载体，以达成交易为目的，主播在直播间通过移动设备屏幕向观众传达商品信息，同时对商品进行售卖，消费者能够通过链接直接购买商品的在线购物模式。这种模式在是一种可持续发展、收效显著、相对完善的形式，如图 5-2 所示。

图 5-2　电商直播营销案例

2. 游戏直播营销

随着互联网的发展、网速的提升，各类视频直播平台迎来了发展的黄金期。其中，主打游戏直播的平台吸引了大量电竞爱好者的关注。游戏直播是专门针对游戏内容的视频 P2P 流媒体直播，由运营商提供游戏转播或直播平台，主播设立虚拟房间，向用户进行的实时直播，图 5-3 为斗鱼游戏直播页面。

3. 教育直播营销

教学培训式直播是指主播以授课的方式在直播中分享一些有价值的知识或技巧，如提升英语口语能力的技巧、化妆技巧、甜点制作技巧、运动健身技巧等，主播在分享知识或技巧的过程中推广一些商品。这样不仅能让用户通过观看直播学习到某些知识或技能，也能让用户感受到主播的专业性，提高用户对主播推荐商品的信任度，如图 5-4 所示。

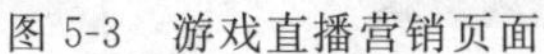
图 5-3 游戏直播营销页面

图 5-4 教育直播营销案例

4. 真人秀直播营销

真人秀直播通过将虚拟的房间承包给网络主播，观众可在虚拟商店充值购买各类礼物打赏秀场主播。起初直播秀场各类主播直播表演舞蹈、脱口秀、魔术等才艺，并在表演才艺的过程中使用某种商品，从而达到推广商品的目的，如图 5-5 所示。

5. 测评类直播营销

开箱测评式直播是指主播边拆箱边介绍箱子里面的商品。在这类直播中，主播需要在开箱后诚实、客观地描述商品的特点和商品的使用体验，让用户真实、全面地了解商品的功能、性能等，从而达到推广商品的目的，如图 5-6 所示。

图 5-5 真人秀直播营销案例

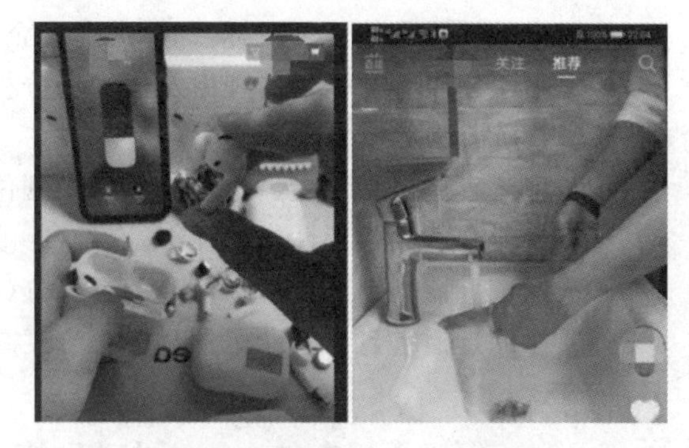

图 5-6 测评类直播营销案例

6. 泛娱乐直播营销

随着直播在大众生活的渗透，泛娱乐内容的生产方式也在改变，出现了“云蹦迪”“云旅游”等线上泛娱乐直播新内容。一方面，传统线下娱乐场所尝试拓展线上业务板块。例如，北京 One Third 酒吧的“云蹦迪”活动，腾讯看点联合龙门石窟开展的“云旅游”活动，如图 5-7 所示。

综合能力训练项目

一、项目训练内容

查询网络二手资料，结合校企合作企业实际和面临的问题，选择感兴趣且擅长的直播平

图 5-7 泛娱乐直播营销案例

台进行直播营销项目训练，为企业选择合适的直播营销平台，从而助力企业销售。

二、项目训练要求

随着互联网及移动互联网的发展，直播等新媒体的运营和营销方式层出不穷，直播平台、软件的规则、功能和营销方法也在不断进化，因此，想要做好直播营销，不能仅了解相关理论知识，在理论基础上建立自己的知识体系，而且要通过实训积累经验。本次实训，结合主流直播平台特性及企业产品的特点，为校企合作企业的相关项目选择合适的直播营销平台。

- 对主流直播平台功能、特点进行全面分析；
- 对企业和产品特性进行详细分析；
- 根据该项目具体运营目标，选择适合校企合作企业的直播平台；
- 提出选择该直播平台的理由及优劣势分析。

三、项目训练考核要求

- 对主流直播平台功能、特点分析全面、到位(20 分)；
- 对企业和产品的特性描述详细、准确(20 分)；
- 选择该直播营销平台的理由合理且充分(30 分)；
- 选择的直播平台与企业运营目标契合度高(30 分)。

任务二　直播营销实施与执行

学习目标

- 掌握直播营销前期准备；
- 掌握直播营销开展方式；
- 掌握直播营销复盘的做法；
- 培养学生团结友爱和团队协作能力。

课堂讨论

你参与过主播直播过程中的互动吗？常用的互动形式有哪些？

直播能够实时地向用户直观地展示产品制作流程、企业文化交流等，让用户对品牌的理念和细节更加了解，切身地感受到产品及背后的文化。因此，做好直播营销的前期准备、直播营销的实施、直播营销的复盘至关重要。

一、直播营销准备

微课：直播营销的执行和优化

1. 直播方案编写

开展直播营销要有完整的营销思路，但仅靠营销思路是无法达到营销目的的。直播运营团队需要将抽象的思路转换成具象的文字表达，用方案的形式呈现出来，并将其传达给参与直播的所有人员，以保证直播活动的顺利进行。直播方案一般用于直播运营团队的内部沟通，目的是让参与直播的人员熟悉直播活动的流程和分工。直播方案要简明扼要、直达主题。通常来说，完整的直播方案包括五部分内容。

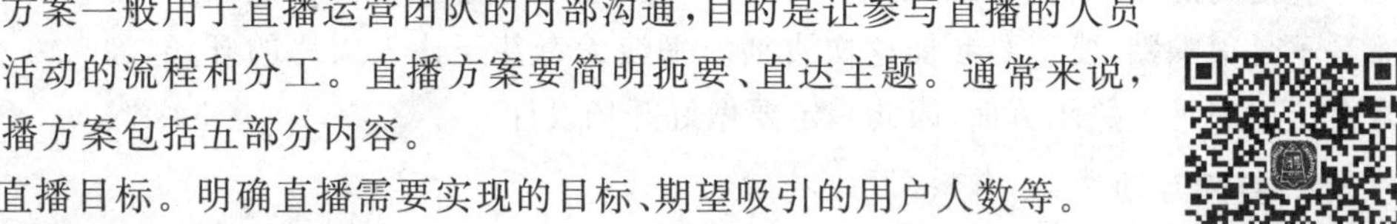

知识拓展：直播营销的话术技巧

（1）直播目标。明确直播需要实现的目标、期望吸引的用户人数等。

（2）直播简介。对直播的整体思路进行简要的描述，包括直播的形式、直播平台、直播特点、直播主题等。

（3）人员分工。对直播运营团队中的人员进行分组，并明确各组人员的职责。

（4）时间节点。明确直播中各个时间节点，包括直播前期筹备的时间点、宣传预热的时间点、直播开始的时间点、直播结束的时间点等。

（5）预算。说明整场直播活动的预算情况，包括直播中各个环节的预算，以合理控制和协调预算。

2. 直播方案要点

要达到良好的营销效果，在直播活动开始前，直播运营团队要对直播活动进行宣传。直播营销活动追求的并不是简单的在线观看人数，而是目标用户在线观看人数。因为在线观看用户当中可能有很多并不是目标用户，虽然他们观看了直播，但并不会产生任何的购买行为。因此，直播运营团队在设计直播宣传规划时，可以从以下两个方面入手。

（1）选择合适的宣传平台。不同的用户喜欢在不同的媒体平台浏览信息，直播运营团队需要分析目标用户群体的上网行为习惯，选择在目标用户群体经常出现或活跃的平台发布直播宣传信息，为直播尽可能多地吸引目标用户。

（2）选择合适的宣传形式。选择合适的宣传形式是指直播运营团队要选择符合宣传媒体平台特性的信息展现方式来推送宣传信息。如淘宝主播在直播开始前，直播运营团队采用了“文字＋图片”和“文字＋短视频”的形式来宣传直播活动。在微信群、微信朋友圈、微信公众号中，直播运营团队采用了九宫格图、创意信息长图来宣传直播活动；在抖音、快手等平台上，直播运营团队采用了短视频来宣传直播活动。

二、直播营销开展

做好直播前的一系列筹备工作后，接下来就是正式执行直播营销活动。直播营销活动的执行可以进一步拆解为直播开场、直播过程和直播收尾三个环节，各个环节的操作要点如下：①直播开场。通过开场互动让用户了解本场直播的主题、内容等，使用户对本场直播产生兴趣，并停留在直播间；②直播过程。借助营销话术、发红包、发优惠券、才艺表演等方式，进一步加深用户对本场直播的兴趣，让用户长时间停留在直播间，并产生购买行为；③直播收尾。向用户表示感谢，并预告下场直播的内容，引导用户关注直播间，将普通用户转化为直播间的忠实粉丝；引导用户在其他媒体平台上分享本场直播或本场直播中推荐的商品。

1. 直播开场

知识拓展：直播间的搭建

无论准备了多少直播内容，如果没有一个好的开场，那么所有的工作都可能事倍功半，甚至劳而无功，因此直播的开场是至关重要的。开场是直播间给用户的第一印象，用户进入直播间后会在一分钟之内决定是否离开。

直播间的用户会根据开场进行判断，例如这场直播会不会有趣，这个主播是不是很幽默，要不要参加这次直播。平淡无奇甚至让人厌恶的开场，通常会让用户马上关闭页面，因此一定要做好开场设计。

2. 直播互动

与传统的电视直播相比，互联网直播最大的特点就是直播过程当中的互动性，如果在漫长的直播过程当中，主播没有做好互动的话，会导致用户流失，直播效果自然会受到影响。直播过程中常见的直播互动主要包括弹幕互动、剧情参与、直播红包、发起任务、礼物打赏。

(1) 弹幕互动。弹幕，即大量以字幕弹出形式显示的评论，这些评论在屏幕上飘过，所有参与直播的用户都可以看到。

传统的弹幕主要出现在游戏直播、户外直播等纯互联网直播中，目前已经有直播平台尝试参与电视直播，与体育比赛、文艺演出等合作，进行互联网直播及弹幕互动。在斗鱼的游戏直播中，弹幕互动是最常见的互动形式，某斗鱼主播每场直播的平均观看人数保持在50万人，每当主播在游戏中有一些精彩操作的时候，满屏都是用户发出的弹幕。

目前，直播弹幕主要包括两类：第一类是用户相互之间的评论，如“支持刚才这个朋友说的”“给刚才这条弹幕点赞”“说得对，我们北京人喜欢吃这个”等，这类弹幕主播无须处理；第二类是用户与主播之间的互动，如“能介绍一下台上都坐着什么人吗”“一会儿该抽奖了吧，主播”等，这类弹幕需要主播与用户即时互动，幽默地回应用户，或解答用户提出的问题。

(2) 剧情参与。这类互动多见于户外直播。主播可以邀请用户一起参与策划直播下一步的进展方式，增强用户的参与感。

例如，斗鱼户外主播“俄罗斯异域风情”在直播过程中就带领各位用户去观看俄罗斯的风土人情，同时在直播过程中，主播会根据用户的要求去吃俄罗斯当地的特色美食并在路上和俄罗斯民众进行沟通交流。

邀请用户参与剧情发展，一方面可以使用户充分发挥创意，令直播更有趣；另一方面，可以让被采纳建议的用户获得足够的尊重感。

2016年里约奥运会期间，咪咕直播同凤凰网联合推出了《走着！看里约》。咪咕奥运主播在巴西里约街头展开一系列互动直播街访，并应用户要求，采访了不同国家、不同肤色的奥运观赛人群，带着直播间用户过了一把“奥运瘾”。

(3) 直播红包。直播间用户可以为主播或主办方赠送“跑车”“游艇”“玫瑰”等虚拟礼物，表示对其的认可与喜爱；但此类赠送只是单向互动，其他用户无法参与。

为了聚集人气，主播可以利用第三方平台发放红包或等价礼品，与更多的用户进行互动。直播红包的发放分为以下几步。第一步，约定时间。例如，主播可以告诉用户“5分钟后我们会发红包”“20:00咱们准时发出红包”，一方面通知用户抢红包的时间，另一方面暗示粉丝邀请朋友加入直播间等待红包，促进直播人气。第二步，平台说明。除在直播平台发红包外，主播还可以选择支付宝、微信、微博等作为抢红包的平台，提前告知用户，这一步的目的是为站外平台引流，便于直播结束后的效果发酵。第三步，红包发放。到约定的时间后，主播或其他工作人员在相应平台发红包。在红包发放前，主播或其他工作人员可以进行倒计时，让“抢”红包更有氛围。

例如，“2020 年中央广播电视总台春节联欢晚会”和快手 App 合作，在春晚直播现场向全国人民发放 10 亿元红包，引起了全国人民抢春晚直播红包的热潮。

(4) 发起任务。直播中发起任务，类似“快闪”活动，即在一个指定的板块，在相同的时间，做一系列指定的行为，然后迅速离开。在现实生活中，一个人的力量有限，但一群人一起做一件事，可以迅速形成规模，在引起他人注意的同时满足自我的成就感。

(5) 礼物打赏。在直播过程中，出于对主播的喜爱，用户会进行礼物打赏。

无论是斗鱼直播、熊猫直播还是花椒直播、映客直播等，“感谢打赏”已经成为默认的规矩。

主播如果只顾着自己说话或与用户聊天，对打赏无动于衷，会被用户认为“没礼貌”“不懂规矩”。在以营销为目的的直播中，主播形象与企业形象挂钩，较差的主播形象会直接影响企业形象。因此，在用户送上“跑车”“游艇”“火箭”等礼物时，主播需要在第一时间读出用户昵称、表示感谢。

三、直播收尾

常规的直播通常不会有太多的营销目的，展示主播的游戏才华、日常生活、搞笑语言等即可，对直播结束的设计无特定要求，而企业直播则需要以结果为导向，通过直播达成营销目的，实现品牌宣传或销售转化。

直播现场的营销效果取决于直播开场的吸引程度及直播过程中的互动程度；直播结束后的营销效果则取决于直播收尾的引导程度。

直播结束后，需要解决的最核心问题就是流量问题。无论现场用户是过十万人还是过百万人，一旦直播结束，用户马上散去，流量随之清空。为了利用直播现场的流量，在直播收尾时，核心思路就是将直播间的流量引导至销售平台、自媒体平台和粉丝平台。

1. 销售转化

视频：主播话术

流量引导至销售平台，从直播收尾表现上看，即引导用户进入官方网址或网店，促进购买与转化，通常留在直播间直到结束的用户，对直播都比较感兴趣。对于这部分用户，主播可以充当顾问的角色，在结尾时引导观众购买产品。

以某电商平台直播为例，直播收尾可以是：“感谢大家来到我们的直播间！一会儿直播结束后，大家可以找到我们的在线客服，告诉她一段暗语，她会引导你以 9 折的价格买到我们已经下架的爆款 U 盘，就是大家开场弹幕问过我的那一款，现在已经卖到脱销，只剩下库存的一小部分了，可以作为今天直播间的小福利。这段暗语是××，大家千万别打错字了啊！”需要注意的是，销售转化要有利他性，能够帮助用户省钱或帮助用户抢到供不应求的产品，在直播结尾植入太过生硬的广告，只会引来用户的不满。

2. 引导关注

流量引导至自媒体平台，从直播收尾的表现上看，即引导用户关注自媒体账号。在直播结束时，主播可将企业的自媒体账号及关注方式告诉用户，以便直播结束后继续向用户传达企业信息。

以某商场开业直播为例，直播收尾可以是："今天的直播就到这里。欢迎大家关注我们的微信公众号××，以后最新的打折和新品信息都会通过这个微信公众号发出来。对了，关注之后回复'惊喜'两个字，你会获得一张 50 元的代金券，来商场购买衣服的时候可以直接减 50 元了。记得告诉你的亲戚朋友，一起省钱啦！再次感谢大家！"

3. 邀请报名

流量引导至粉丝平台，从直播收尾表现上看，即告知用户粉丝平台的加入方式，邀请报名。在同一场直播中积极互动的用户，通常比其他用户更同频，更容易与主播或主办单位"玩"起来，也更容易参加后续的直播。这类用户，可以在直播收尾时邀请入群，直播结束后，通过运营该群，逐渐将直播用户转化成忠实粉丝。

以某鸭脖厂商直播为例，收尾可以是："这次直播就到这里，如果大家喜欢啃鸭脖，也喜欢和我们的小团队一起玩接下来的直播，可以添加我们的微信群小助手，她会拉你入群，她的微信号是××。与今晚一样，我们会在每周五 20:00 在群里发红包，同时也会邀请群里的小伙伴试吃新品，每年还会邀请群里的小伙伴来我们湖北工厂参观。一起来玩吧！"

四、直播营销复盘

做好直播复盘，总结经验。复盘本来是一个围棋术语，指的是对弈结束后，双方棋手复演该盘棋的记录，以检查自己在对局中招法的优劣与得失。在直播营销中，复盘就是直播运营团队在直播结束后对本次直播进行回顾，评判直播营销的效果，总结直播的经验教训，为后续直播提供参考。对于效果超过预期的直播活动，直播运营团队要分析直播各个环节的成功之处，为后续直播积累成功经验；对于效果未达预期的直播活动，直播运营团队也要总结此次直播的不足之处，并寻找改进措施，以避免在后续的直播中再次出现相同或类似的失误。

知识拓展：直播复盘

直播营销复盘包括直播间数据分析和直播经验总结两个部分。其中，直播间数据分析主要是利用直播中形成的客观数据对直播进行复盘，体现的是直播的客观效果；直播经验总结主要是从主观层面对直播过程进行分析，分析的内容包括直播流程设计、团队协作效率、主播现场表现等。直播运营团队通过自我总结、团队讨论等方式对这些无法通过客观数据表现的内容进行分析，并将其整理成经验手册，为后续开展直播活动提供有效的参考。

综合能力训练项目

一、项目训练内容

查询网络二手资料，结合校企合作企业实际和面临的问题，选择感兴趣且擅长的直播平台进行直播营销项目训练，为企业直播的开展做好前期准备。

二、项目训练要求

随着互联网的发展，直播等新媒体的运营和营销方式层出不穷，直播平台、软件的规则、功能和营销方法也在不断进化，因此，要想做好直播营销，不能仅了解相关理论知识，在理论基础上建立自己的知识体系，而且要通过实训积累经验。本次实训，结合所选直播平台以及校企合作企业产品，制订完善的直播计划。

- 针对选定的直播平台，结合校企合作企业产品以及平台用户制定直播活动的开场白；
- 对直播活动过程制定合理的互动玩法；
- 制定直播活动的收尾方法；
- 本次直播的重点与注意事项。

三、项目训练考核要求

- 结合校企合作企业产品以及平台用户制定直播活动的开场白全面、到位(20 分)；
- 直播活动过程制定合理的互动玩法能够吸引用户参与(20 分)；
- 选择直播活动的收尾方法转化率较高(30 分)；
- 直播重点与注意事项理由合理且充分(30 分)。

任务三　直播营销技巧

学习目标

- 掌握沉浸式直播营销的技巧；
- 掌握不同直播营销的使用场景；
- 培养学生数据运营和表达能力。

课堂讨论

你参与过明星直播带货活动吗？直播过程中有哪些技巧？

直播营销技巧包括强化直播体验、巧用明星直播带货、全天候＋多平台直播、打造用户沉浸式体验四种技巧，通过本项目学习，掌握不同的直播营销技巧及应用场景。

一、强化直播体验

强化直播体验，吸引用户注意力并刺激用户购买。采用视频直播的手段对比其他传统营销手段能够对用户进行动态拟真感官刺激，激活用户的购买欲望。

京东生鲜在“6・18 京东购物狂欢节”期间，通过直播营销达成了品牌和销售的双赢，拉动了“6・18”期间京东生鲜的销量，同时全方位地提升了京东生鲜的品牌知名度和美誉度，见表 5-1。

表 5-1　京东生鲜直播案例

案例名称	京东生鲜直播
案例背景	京东生鲜事业部于 2016 年成立，相较于京东传统的 3C、家电事业部，生鲜事业部的知名度较低。“6・18”作为京东生鲜事业部的首次亮相有着重要的意义：一方面，“6・18”作为一次购物狂欢节肩负着销量压力；另一方面，京东生鲜的品牌知名度亟待打响。因此，企业希望通过传播活动达成品牌和销售的双赢，同时结合热点引爆网络时尚美食圈。
策略与创意	借助直播体验引爆时尚美食圈，进而吸引用户注意力并刺激用户购买。

续表

案例名称	京东生鲜直播
执行过程	本次活动的执行过程分为前期、中期和后期三个阶段。每个阶段均有不同的营销重点。 前期：直播前期筹备，聚焦京东生鲜“6·18”大促销并吸引用户参与。 首先，前期进行了京东生鲜“6·18”启动发布会，现场搭建京东生鲜展台并推出试吃服务和龙虾舞表演，让现场媒体及意见领袖体验产品并了解优势；其次，开始媒体报道，其中新闻《“6·18”请你吃好一点京东生鲜定义行业新标杆》累计转载近200人次，获得百度搜索页及百度新闻页“京东生鲜”“生鲜新标杆”等关键词搜索推荐位置。同时，抢占京华网、消费日报网、中国日报网、中国食品网等20余家媒体的首页推荐位，《中国食品报》等媒体甚至刊出整版深度报道；除此之外，还利用网络红人撰写了评论文章，发布在百度百家、搜狐、今日头条等媒体平台，仅微信公众号阅读量就超2万人次。 中期：与斗鱼直播深度合作试水“网络红人”营销并联合造势。直播中期重点是将大促销话题炒热，执行过程中分为宣传造势、直播传播两大模块。 1. 宣传造势 结合京东生鲜“6·18”“低价购美味”主题，以“美味不平等”“美味三重奏”系列海报阐释京东生鲜“6·18”促销利益点，通过微博、微信以美食及品质生活圈层为主传播扩散，持续为京东生鲜引流。 2. 直播传播 (1) “素人”主播大招募。招募50名“素人”利用京东生鲜提供的波士顿鲜活大龙虾制作龙虾大餐，为期3天分时段全程直播，展现京东生鲜大龙虾高品质等特点，全方位、精准化释放京东生鲜“6·18”“满399送大龙虾”等促销信息。 (2) 龙虾激战之夜，承接预热阶段“素人”直播内容，策划五大红人在京城五大坐标，30分钟内利用周围环境及京东生鲜提供的波士顿鲜活大龙虾制作龙虾大餐的线下挑战赛，全程植入京东生鲜大龙虾创意桌牌并花式口播促销利益点，将活动引向高潮。京东生鲜官方微博发布剪辑视频，视频上传优酷后登录优酷原创首页推荐位“锐广告”。 后期：直播后期重点是亮点信息申述，以战报为亮点完美收官，提升热度。
营销效果与市场反馈	此项目借助“电商＋直播”全新模式试水“网络红人”经济，通过免费送鲜活大龙虾等促销利益点，引领电商升级助力销售增长，其中京东生鲜自营订单量增长了500%，移动端占比高达88%，京东生鲜自营销量增长了近1000%。 本次活动的传播效果同样显著，主要包括以下三方面。 (1) 跨界合作方面，与斗鱼直播深度合作进行社会化渠道＋公关渠道＋广告渠道的整合营销，通过官方网站及移动端首页横幅推荐位为京东生鲜单日流量环比均值贡献最高达95%的增长。其中，直播视频点击观看人数累计超过626万人次；微博话题#“6·18”龙虾免费吃#阅读量接近1亿人次。 (2) 社会化传播方面，基于“‘6·18’任选三件”“第二件半价”利益点炒热微博话题#京东生鲜“6·18”#，阅读量超过6000万人次；与中高端受众为主的微信公众号“反裤衩阵地”“庞门正道”等产出优质内容，其中仅“反裤衩阵地”稿件阅读量就超过10万人次，总阅读量合计超过40万人次；剪辑传播最终获得微博转评赞量近1500人次。 (3) 公关方面，新闻稿件累计媒体发布或转载数超过500篇，抢占近100家媒体的首页推荐位，实现百度网页、新闻等诸多关键词搜索推荐位；央视财经频道特别策划“聚焦‘6·18’电商大战”专题报道。

（资料来源：https://baijiahao.baidu.com/s?id=1702808258265001247&wfr=spider&for=pc）

二、巧用明星直播带货

案例：以主播专业性打造信任感，突破抖音电商客单价天花板

明星自带流量，直播带货自然有先天优势，事实上，电商直播平台也正是看中这一点，也在大力推进明星直播带货。例如，淘宝直播在2019年就推出了发展明星主播的“启明星计划”。因此，在直播营销中，巧用明星直播带货，可以更好地利用明星自带的流量，完成直播营销的目标。

2023年5月30日，京东直播和MCN机构“交个朋友”宣布达成合作，“交个朋友”正式入驻京东直播，以“好朋友，友情价”为主题开设专属直播间。5月31日晚，罗永浩以主播身份在“交个朋友”直播间开播，当天全场销售额突破1.5亿元，累计访问人次超过1700万，高居京东直播热度榜达人榜第一名。京东直播希望借助“老罗”（罗永浩）的影响力吸引用户在京东直播上观看直播，同时希望借助明星直播带货提升新品在京东的销量，详见表5-2。

表5-2　“交个朋友”入驻京东直播间案例

案例名称	“交个朋友”入驻京东直播间
案例背景	2023年，京东零售的重点战略是打造低价心智，“交个朋友”罗永浩的直播间本身具备低价的用户心智，引入“交个朋友”符合京东零售要用低价心智辐射更多用户的策略。
策略与创意	2023年“6·18”京东一改低调风格，将在3C赛道优势明显的罗永浩“挖”过来直播带货，显然是为了在年中大促这个时间节点，实现直播电商领域新突破。 对京东来说，罗永浩IP极具影响力。虽然京东过去直播声量并不大，但如今凭借“交个朋友”和罗永浩积攒的原始流量，必定能为京东直播业务添一把火。 京东选择在“6·18”期间与“交个朋友”达成合作，还有一个重要的原因，那就是培养用户的低价心智，重新捡起低价武器。 直播带货有一个很大的特点，那就是低价。从这一点来看，直播带货模式显然能够帮助京东加速拾起低价策略，进一步巩固低价市场，而这也很好地说明了罗永浩京东直播首秀当天选择将“好朋友，友情价”作为slogan的原因。
执行过程	在罗永浩开启京东直播首秀之前，“交个朋友”就已派出多位主播入驻平台，期间共开播10场，平均每场直播时长约6小时，直播间观看人次在35万～60万。 在京东开启“6·18”预售当天，“交个朋友”直播间开启了以“好物囤货日”为主题的活动，该场直播观看人次达到43.5万。 经过其他主播的预热后，“交个朋友”趁势宣布携手罗永浩分别于5月31日、6月3日、6月17日带来三场重磅直播，推出一套低至6.18折的房产以及海量“友情价”商品，进一步提升用户的内容消费体验。
营销效果与市场反馈	5月31日，罗永浩现身京东直播带货，全场销售额突破1.5亿元，登上直播热度榜达人榜第一名，当天“交个朋友”京东直播间累计访问人次超1700万。

（资料来源：https://www.sohu.com/a/681932207_121069779）

三、全天候＋多平台直播

全天候＋多平台直播，可以全方位获取用户关注度，同时全天候直播可以给用户实时在线的感觉，并且全天候多平台直播可以聚集人气，通过聚集的人气去营造团购氛围，这样不仅能提升商品的转化率，还能营造团购的氛围，这无疑是对商家和销售的商品都是最有利的，而商家的直播间也会被更多的粉丝关注、分享。

衣品天成借助全天候＋多平台直播策略，获得了大量的关注度，三天的销量提升近30％，销量超过6万件，见表5-3。

表5-3　衣品天成直播营销案例

案例名称	衣品天成直播营销
案例背景	作为电商领域的新军，衣品天成通过签约明星为代言人的方式获得了良好销量，但品牌方面需要继续提升。 现阶段，各大服装品牌都在打"时尚""款式""价格"牌，常规的新品发布已难以吸引用户，因此衣品天成决定尝试电商直播，在内容及互动上寻求突破。
策略与创意	本次活动以热词"试衣间"作为关键词，用直播作为展现形式，综合打造一场有影响力的传播事件，输出"我有风格，给你好看"的主题口号，为品牌秋季上新制造热度。 创意亮点有两方面：第一是"在线时间最长"，活动采用24小时试衣间直播的方式霸占最长直播时间；第二是"观看人数最多"，活动挑战"试衣间"的热门话题，借助广州地标"小蛮腰"和50多名模特的影响力提升观看热度。
执行过程	和以往的新品发布会不同，此次发布会在广州地标"小蛮腰"进行24小时试衣间直播，邀请超过50名模特进行现场直播与展示，每名模特的直播时间约两小时，并在一直播、花椒、淘宝直播、映客、美拍、繁星、KK唱响七大平台同步进行。 在模特试衣并与用户交流搭配心得的同时，模特此时试穿的衣服会主动推送到用户面前，拉近T台与用户之间的距离。在直播活动的线下场地，到场用户可以通过30台真人售卖机试穿模特同款服装，部分时间还能以旧换新，免费拿走新款衣服。 本次直播启用了聚划算口令红包的新技术，在直播过程中打开聚划算说出口令"××(五名明星名字)给你好看"，就可以获得价值最高达100元的优惠券。 直播结束后，乐视、土豆、腾讯三大视频网站及《南方都市报》《新快报》等媒体第一时间进行了报道，为活动带来了二次传播。
营销效果与市场反馈	本次超长直播最终超过30万人在线观看，三天的聚划算活动销量超过6万件，同比增长近30％，列同类电商品牌销量首位。

（资料来源：https://news.sina.com.cn/o/2016-08-15/doc-ifxuxhas1940054.shtml）

四、打造用户沉浸式体验

视频：慢节奏的直播技巧

通过系列直播，去打造用户的应用场景，为用户创造沉浸式体验。通过系列直播，商家是可以创建不同的应用场景的，为的就是去满足用户的想象。而商家也是能够挑选出不同的商品去进行不一样的展示，这样用户就能更了解产品。

华为P9连续七天发起了"怎么玩都型"的六场户外直播，包括冲浪、滑雪、花式自行车、攀岩、DJ涂鸦、点唱会等，开创了系列直播营销的先河，为用户创造了沉浸式的直播观看体验，见表5-4。

表 5-4 华为 P9 直播营销案例

案例名称	华为 P9 直播营销
案例背景	华为 P 系列是华为手机中的高端机型，其用户主要定位为商务人士。华为 P9 与徕卡合作，加入后置的徕卡双镜头，为这一商务机型注入了时尚活力的元素，其覆盖人群拓展至徕卡的追随者和摄影爱好者等年轻群体。为了进一步突显华为 P9 徕卡双镜头这一卖点并影响年轻消费群体，华为 P9 与 XY 电商尝试合作展开户外直播营销。
策略与创意	此次营销活动以年轻人的喜好为出发点，突出炫酷时尚的风格，分别策划深受年轻人喜欢的冲浪、滑雪、花式自行车、攀岩、DJ 涂鸦、点唱会等直播营销活动，并以“怎么玩都型”为主题，贯穿六场直播活动。此次营销活动以官方自媒体、直播平台、视频为主要传播媒介。
执行过程	2016 年 7 月 7—13 日，华为 P9 连续七天发起了“怎么玩都型”的六场户外直播，包括冲浪、滑雪、花式自行车、攀岩、DJ 涂鸦、点唱会等，开创了系列直播营销的先河。 直播镜头从主播出发开始，主播打开任务盒后出现华为 P9 手机和防晒补水护肤品，同时附带一张任务卡，主播需要按照任务卡的描述开始行动。 进入游乐场后，主播为用户讲解冲浪需要的装备，并亲自演示穿戴。由于户外直播容易被晒伤，主播拿出 XY 电商提供的防晒补水护肤品，向大家讲解这样的护肤品如何涂抹防晒，并提示在 XY 电商有售。 主播在为用户演示冲浪技巧的同时，随行的工作人员用另外一部华为 P9 拍摄冲浪的精彩瞬间，休息时主播拿着刚拍的照片一边向用户讲解冲浪技巧，一边向用户讲解“徕卡双镜头，摄影新潮流”的相关信息。当天活动结束后，主播与观众互动并引导观众关注直播账号，同时介绍了后续几天的户外活动。 后续五场户外直播中，主播均以挑战任务卡的形式进行直播，一方面，在直播中植入电商所售商品；另一方面，通过手机抓拍户外运动瞬间，在主播与观众互动时引入华为 P9。
营销效果与市场反馈	一方面，开创了户外系列直播的先河，连续六天每天一种户外运动的直播形式，让整个直播战役形成系列性；另一方面，接受任务并挑战任务的形式使直播更接近一场综艺节目，增加节目看点的同时将产品软性植入。

（资料来源：https://www.sohu.com/a/159642620_771087）

思政园地

“乡村振兴 助农共富”——浙江经贸职业技术学院大学生开展助农带货直播

2022 年 11 月 9 日下午，学校与安吉县人民政府昌硕街道办事处联合主办的“乡村振兴 助农共富”2022 安吉昌硕第一届“享共富”大学生抖音直播擂台赛落下帷幕。此次抖音直播擂台赛于 10 月 29 日启动，为期 12 天。共有“有一个同学”“互传吃货”“小竹放‘青松’”等 8 个抖音直播账号（直播间），由学校人文旅游学院传播与策划专业、信息技术学院电子商务专业的学生分组参与进行直播对播。

比赛期间，人文旅游学院传播与策划专业师生不断创新带货方式，在学校大学生农创客培育基地前举办“乡村振兴 助农共富”线下展销会，并将抖音直播间搬到活动现场，通过线上直播、线下展销双引流的形式吸引消费者购买，助力乡村振兴。展销商品有茶叶、山核桃、粮油、果蔬脆等安吉特色农副产品以及当地住宿优惠产品共 32 款商品，活动现场吸引 3000 余位师生和网民关注。

据统计，本次“享共富”大学生抖音直播擂台赛共吸引近30000人次，单个直播账号全天点赞数超过25000，其中仅11月4日的线下展销会期间，单个直播间观看量达2100人次，点赞数53180。

此前，学校与安吉县人民政府昌硕街道办事处积极探讨优势互补的校企合作新模式，本次“享共富”大学生抖音直播擂台赛就是双方在合作方面做出的有效尝试。同时，双方探索共建有效创新的校企合作机制，结合安吉县特色产业，以电商新业态为手段，让直播助力乡村振兴、助农共富。

（资料来源：http://rwlyx.zjiet.edu.cn/2022/1110/c366a51155/page.htm）

思政启示：调动素质高、视野广、思想活、乐于奉献的高校学子们，通过“直播带货”助力乡村振兴，有助于让大学生们结合所学专业解决实际问题的能力，关注民生、融入社会，这本身就是一次“学以致用、学有所得”的社会活动。这场大学生们“亲力亲为”的带货直播，引发网友关注、实现实际成交量的背后，是高校为学生们创造了相对宽松、有针对性的平台和机会，在教师们全程的专业指导、悉心帮助之下，学子们充分准备、精心布置，努力拓展农产品销售渠道，促进农民增收，以青春力量助力乡村振兴。通过“大学＋合作社＋农户”的电商直播带货模式，充分发挥高校人才、科技、学科等方面优势，也形成一批可复制、可推广、有实效的典型经验。

综合能力训练项目

一、项目训练内容

查询网络二手资料，结合校企合作企业实际和面临的问题，通过案例的学习，为所选企业直播提供合理化方法。

二、项目训练要求

- 随着互联网的发展，直播等新媒体的运营和营销方式层出不穷，直播平台、软件的规则、功能和营销方法也在不断进化，想要做好直播营销，不能仅了解相关理论知识，在理论基础上建立自己的知识体系，更要通过分析实践中优秀直播案例的背后逻辑变成自己的知识积累，这样便于使用在自我的实践中；
- 通过案例学习，强化直播体验，为校企合作企业策划一场“网络购物节”直播营销方案；
- 通过案例学习，结合校企合作企业新产品，拟邀请明星参与，制定出较为有创意的直播方案；
- 通过案例学习，选择校企合作企业不同的产品应用场景，为用户创造沉浸式体验。

三、项目训练考核要求

- 强化直播体验，“网络购物节”直播营销方案比较完善(30分)；
- 结合校企合作企业新产品，拟邀请明星参与，制订的直播方案有创意(30分)；
- 为用户打造不同的产品应用场景较为合理(40分)。

项目六

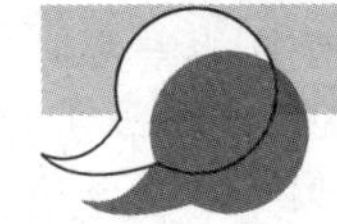

游戏营销

学习目标

素养目标

- 遵守游戏营销的职业操守；
- 培养正确对待游戏行业的思辨能力。

知识目标

- 了解游戏营销的概念、模式及各种平台；
- 了解游戏营销相关的职能分类；
- 掌握游戏营销的各种策略；
- 了解 VR 游戏行业及营销模式。

技能目标

- 能够区分各种游戏营销平台之间的差异；
- 能够选择适合的游戏营销平台与策略；
- 能够根据游戏的特点策划游戏营销方案。

案例导入

王者荣耀×泡泡玛特:潮人的下一站

2022 年 5 月 27 日,经过近一周的预热,泡泡玛特与经典手游《王者荣耀》联名合作的盲盒产品"峡谷萌新"系列终于正式全渠道上线,全套盲盒包括 12 个普通款和两个隐藏款。

目前来看,这一款盲盒可谓成绩斐然:不但上线当天销量远超预期,更是连续五天蝉联盲盒热销榜第一位,成为泡泡玛特近两年表现最好的合作盲盒之一。

盲盒+王者为何成为破圈密码?

盲盒之所以与游戏 IP 如此适配,不乏营销方式、宣传渠道等外界因素的加持,但其背后最主要的逻辑实则只有两方面。

(1) 潮玩 IP 与游戏 IP 的用户属性契合度天然很高。相关数据显示,当下以盲盒、手办为代表的潮流玩具市场的主要消费人群以 Z 世代为主,18~29 岁的一二线城市女性,且用户大多为白领或准白领的有消费能力阶层,月可消费金额在中上层。而王者荣耀的主流受众同样是热爱潮流文化的年轻人，这两部分人群具有高度的相似性，即对新事物保有好奇且接受度高，同时强烈追求社交认同和自我实现，具备一定的消费能力。

因此，在双重IP及圈层文化的加码和聚拢下，IP和用户的情感连接进一步加深，他们更愿意将其当作当代青年社交表达和情感慰藉的重要寄托和社交方式，并为此买单。

(2) 王者荣耀与泡泡玛特对于IP价值的重视，有着高度契合的理念。综合来看，泡泡玛特作为潮玩产业的代表，自诞生起，原创IP设计就已是核心竞争力中强有力的一环，与此同时，王者荣耀不仅在IP衍生、联动方面有着开放、包容的态度，同时也有着强有力的价值。

高度重合的价值导向，使这次联名合作为王者和盲盒用户创造了新的体验。

(资料来源：https://baijiahao.baidu.com/s?id=1735601394358662515&wfr=spider&for=pc)

项目简介

项目内容

游戏营销是企业开展新媒体营销的一种新型方式。随着移动互联网时代的到来，人们用于休闲玩乐的时间增多，移动网络游戏已逐渐成为向人们传播信息的重要方式，于是现在很多企业开始探索游戏与品牌宣传、产品销售等结合去达成营销目标，而且也取得了许多意想不到的收获，游戏营销已逐渐显现出独特的魅力。

本项目从介绍游戏营销的概念及模式入手，深入分析现在游戏营销的常用平台，并提出游戏营销常用的策略，最后介绍现在新兴的VR游戏营销。

项目任务

以学校的校内外实训基地为载体，基于校企合作企业资源和网络二手资料，进一步识别游戏营销岗位职能，制定企业的游戏营销岗位职业发展规划，同时运用游戏营销方法和思维，给校企合作企业制订游戏营销策划方案，助力企业销售。

项目学习课时

建议课内学习时间4课时，课外学习时间6课时。

项目成果

在项目学习结束后，学生应递交以下项目学习成果：

(1) 某企业游戏营销案例一份；

(2) 某企业游戏营销划方案一份；

(3) 某游戏营销岗位五年内职业规划一份。

任务一　认识游戏营销

学习目标

- 了解游戏营销的概念及发展；
- 了解游戏行业营销的工作职能划分；
- 掌握游戏营销的特点；
- 培养正确认识游戏营销的思辨能力。

微课：认识游戏营销

课堂讨论

查找在网络游戏中植入企业宣传的案例，讨论其营销成功的原因。

一、游戏营销的概念与分类

（一）游戏营销的概念

随着移动互联网时代的到来，传统的营销方式已经不能吸引新世代消费群体的关注，甚至会引起部分消费者的反感，这就让企业的营销方式从传统营销进行转型发展。这其中，游戏是一种广泛存在的社会生活现象，游戏是随着人类社会的持续进步而不断发展的。随着互联网的不断发展，各行各业开始通过互联网抢占行业市场，游戏行业也不例外。

目前，全民都处在关注、体验娱乐的年代，人们的消费主题变成了追求更好的乐趣，尤其是随着“90后”和“00后”消费群体逐渐成为这个时代消费的主力军，在微信、微博、各大直播平台等社交网络上分享信息、追求乐趣成为时代的主流。“游戏”一词对于人们来说并不陌生，在辞海当中，游戏被定义为“体育运动的一类”。然而随着时代的发展，计算机技术的不断革新，“游戏”一词已逐渐泛化并趋向电子化。如今说到游戏，大部分人都会优先联想到计算机、电视、手机游戏等电子游戏。

游戏营销是一种隐形的营销方式，它将企业所传递的产品、品牌、活动等信息创造性地与游戏相结合，以游戏为媒介，在游戏的互动中影响、推动并激励消费者做出企业所期望的行为，并逐步建立互信、认同、依赖关系，从而达成企业营销目标的过程。

（二）游戏营销的分类

1. 游戏植入式广告

游戏植入式广告，简称IGA(in-game advertising)，指在游戏中出现的商业广告，它是以游戏用户群为基础，以固定的条件，在游戏中适当的时间和位置出现的广告。IGA与普通的广告不同，它所借助的载体是电子游戏本身，是游戏营销当中最普遍和常用的手段。由于网络游戏具有跨时空、受众广的特点，所以通常情况下，很多企业都选择利用网络游戏进行IGA，其主要表现形式有以下几个方面。

微课：认识手机游戏营销

（1）游戏场景植入式广告。这种营销策略是将广告嵌入游戏场景，例如在游戏世界里的建筑物上悬挂广告招牌，篮球游戏中赛场周围植入广告围栏等，这样玩家在进行游戏的同时也能看见广告。这种植入式广告和现实生活中的户外广告相差无几，都是为了吸引注意力以增加曝光度。游戏场景植入式广告一般分为静态和动态两种类型，如《实况足球》系列里，球场的场边往往会设置广告牌，有时是静态图片，有时是滚动广告，这种植入方式虽然很直接，但却能增加游戏的真实感。

（2）游戏道具植入式广告。这个策略的具体做法是把商家产品制作成游戏中必不可少的道具来使用，与游戏紧密结合，加强消费者对产品的印象，打造品牌文化。例如，绿盛公司与网游《大唐风云》进行合作，把“绿盛牛肉店”开在了游戏世界里，玩家所控制的角色食用了这间商店所销售的“绿盛QQ能量枣”后，便能补充体力。绿盛食品就是以道具的形式植入游戏当中，与游戏主题以及玩家需求都很契合，因此风靡一时。

(3) 游戏情节关卡植入式广告。这种做法是将广告融入游戏关卡的情节里，让广告成为游戏的一部分。该方式巧妙地利用了网游的娱乐性与互动性，大幅降低了玩家对广告的抵触情绪，还可以引发玩家的主动参与，是不错的广告植入方式，也是十分有效的体验式网络营销尝试。例如，农夫山泉与《阴阳师》的合作形式充分展现出一物一码在IP跨界营销的强大影响力(图6-1)，利用具有号召力的游戏IP进行内容创作，营造话题热度，创造出完整的IP形象，让IP在线上线下都具有强大的生命力。

图 6-1　农夫山泉果味饮料“阴阳师”活动装产品

(4) 游戏外植入式广告。这种方法主要是指商家在游戏启动、登录、结束画面等位置植入广告信息，或是为游戏服务器、游戏内的区域和场景等冠名。这种策略的优点较显著，因为游戏启动和结束等画面通常占据整个屏幕，因此传递给用户的广告比较直接和清晰。但缺点也同样明显，一般人对广告都会比较敏感，若广告时间过长，玩家便容易产生厌恶之情，最终弄巧成拙。所以此时广告时间非常有限，同时广告画面还要设计得精美有创意，才能令玩家在匆匆一瞥中记住广告内容。

2. 游戏与现实的整合营销

将游戏与现实生活有机结合到一起是另一种行之有效的营销方式，不仅能让玩家获得更足的代入感，还能增强广告与玩家的互动性，主要表现形式有四种。

(1) 游戏积分兑换现实产品。顾名思义，这种营销策略就是利用游戏里所赚取的积分来换取现实生活中的商品，它有较强的趣味性与互动性，符合年轻人追求新鲜事物的口味。但相对应的，这种做法忽略了非玩家群体，有相当一部分人不大会为了享受某种产品的优惠，而去玩某款游戏。但难能可贵的是，这种方法成功地把游戏用户转化为产品用户，共享客源，效果也比较明显。例如完美世界的《神鬼传奇》，玩家可以利用游戏积分兑换鼠标、公仔等礼品。

(2) 现实产品兑换虚拟物品。这种策略正好与上一条相反，即用户在现实生活中购买企业的产品或服务后，可以得到游戏里的虚拟物品。该策略的优点是对于游戏玩家而言，虚拟物品的吸引力会自然转化为现实产品的购买欲，因此能带动实体产品的销量。例如消费者购买多力多滋饼干，凭序列号可兑换游戏《使命召唤Ⅱ》中的特殊道具。而该方法的缺点和上条策略相似，对于非玩家群体而言，虚拟物品是现实商品的增值产品，仅是产品促销的亮点之一，购买实际产品后，他们不一定会转化为游戏玩家。

(3) 根据品牌或产品定制游戏。在这种策略下，游戏成为商家产品的附属品，游戏以产品为核心设计和定制。这种做法的优点是可以拉近产品和消费者的距离，让用户对游戏产生兴趣，并在游戏的过程中再次加深产品的品牌认知和品牌情感。例如，《一站到底》等综艺节目所对应的同名手机游戏，如图 6-2 所示。

图 6-2 《一站到底》综艺节目的同名手机游戏

(4) 开展线上线下活动或比赛。这种方法指的是商家通过冠名赞助网游里的一些竞技比赛，以达到推广品牌的目的，还可以将线上游戏赛事发展到线下的固定场所进行，如网吧或电脑城等，这样能极大地吸引大众的关注。例如，盛大的游戏《巨星》与《名师高徒》节目展开合作，玩家通过《巨星》线上赛区进行报名，便可参加该年度的“名师高徒”大赛。

二、游戏营销的发展

最早的游戏营销仅限于在游戏中内置广告，借助游戏的广大用户群体推广企业的产品。早期的游戏营销与传统营销模式在本质上是一样的，只不过是宣传平台的差异，其推广的方式较为生硬。另外，可选择此种方式的产品具有较大的局限性。例如，在 CF(穿越火线)多人对战游戏中，某些商家硬性植入产品的宣传信息，这种方式虽然可以让游戏玩家在无意识中接受产品信息，但这并不适合所有产品，如处理不当，有时候可能还会带来反面的效果。另外，这样广撒网的营销方式，对目标顾客的针对性不强，虽然覆盖面较广，但顾客的转化率却较低。

随着企业对游戏营销重视程度的增加，企业逐步将产品或品牌转化为游戏中不可或缺的装备，将企业的产品或品牌形象与游戏人物或场景结合等多种形式，从而形成“你中有我、我中有你”互利互惠的宣传效果，在实际的探索中取得了很好的效果。例如，《阴阳师》与荣耀 V9 的合作广受玩家好评。荣耀 V9 针对《阴阳师》手游做了深度优化，让玩家可以畅享顶级视听盛宴。合作双方结合用户实际需求进行深度定制的异业合作做法在业内也引发关注，并为《阴阳师》后续的一系列异业合作找到了合适方向。

随后又有企业采用了品牌冠名、品牌授权等多种形式品牌与游戏的深入融合，将品牌形象通过娱乐化的方式融入游戏中，让消费者在玩游戏的过程中了解品牌、体验品牌的魅力，从而形成一种信任感。例如，2010 年中粮集团开发的“中粮生产队”的社区游戏，将中粮旗下的福临门玉米油、长城葡萄酒、五谷道场方便面等几个产品，与游戏深度融合，让玩家在游戏的过程中了解到其生产的全过程，充分刺激了消费者去尝试和体验新产品。

接着企业越来越多地采用线下推广、线上＋线下联合互动推广进行精准营销活动，与潜在的顾客之间进行零距离的互动接触，例如，《热血三国2》联合布丁酒店VIP玩家送上开年礼盒福利；《百万亚瑟王》与江浙沪一线城市300余家罗森便利店，近千家摩提工房、西树泡芙直营店的合作等。当然有些企业做得更为深入，利用游戏内容开发具有创意性的游戏衍生品，例如，《我叫MT Online》携手艺品国际推出我叫MT Online限量珍藏版ZIPPO打火机；《王者荣耀》在线下的传统文化传承和传播中也出了不少力，其中一项就是和各地携手打造相关的文旅活动或项目，例如，参加潍坊风筝节，在现场放飞了与郭洪利共同制作的《王者荣耀》主题风筝（图6-3），通过线上和线下相结合的方式，向年轻一代阐述传统文化的底蕴和价值，让更多的年轻人去关注和了解传统文化；《穿越火线》游戏动漫衍生品见图6-4。虽然这种衍生品市场潜力很大，但是如何引爆、如何让用户买单、如何创建长久的衍生品产业链等，是企业需要思考和解决的问题。

案例：盘点这些年《魔兽世界》跨界品牌合作

图6-3 《王者荣耀》主题风筝

图6-4 《穿越火线》游戏动漫衍生品

三、游戏营销的工作职能分类

从流程上来说，整个游戏行业的运营，包括游戏产品的开发、新游戏的上线、利用各种手段对游戏进行营销。表现上看，游戏营销的直接目的是玩家不断了解游戏，被游戏吸引，入驻游戏。但实际上游戏营销最重要实现的是三大目的：防止游戏问题的发生、延长游戏的生命周期、增加游戏的盈利。

游戏行业的营销工作十分复杂，根据职能可以将其分为八类。

1. 数据分析

游戏行业营销人员进行数据分析的内容一般包括四个方面：游戏的数据分析、营销渠道的数据分析、分析报告的写作、优化建议的提出。

其实，做好数据分析的前提是进行数据统计，它包括玩家登录游戏的次数、活跃时段、游戏付费金额等。数据统计只是数据分析的一部分，数据统计的另一个重要作用是通过数据分析对游戏或营销提出建议。

2. 市场推广

市场推广是游戏营销的重点，游戏企业可以通过各种营销工具、各种营销渠道进行游戏广告的投放。除此之外，游戏行业还可以通过提升游戏在渠道中的排名、提高游戏的下载量、设置投放监督等方式进行市场推广。

3. 活动策划

活动策划的职责是设计线上、线下的营销活动，它是游戏行业获取利润赖以生存的重要手段。活动策划需要同时协调好游戏与玩家之间的关系，在设计活动时需要对活动效果进行评估；在活动被执行时，能根据实际情况调整活动的执行方案。

4. 玩家管理

与游戏客服人员不同，玩家管理主要是针对玩家的付费率、活跃度等指标进行的VIP式的管理。同时，它也包括玩家的投诉建议与充值返利等问题。

5. 媒介管理

媒介管理的职责主要对渠道热度、产品形象负责。除此之外，它还包括媒体的拓展、礼包的投放、媒体推荐位的预约以及版本的预热炒作等营销活动。

6. 渠道运营

渠道运营的职责是与各大营销渠道的负责人进行联系，并在游戏产品上线之后联合渠道开展相关营销活动。

7. 事件管理

事件管理主要负责游戏的维护、营销时间以及突发事件的处理等。

8. 社区管理

所谓游戏社区，是指游戏玩家聚集的地方，如各大论坛、百度贴吧、QQ群、游戏公会等。游戏社区管理的职责是通过与游戏玩家的互动交流，了解玩家的需求，尽可能地解决玩家的问题。一个出色的游戏社区往往具备活跃的游戏玩家、强烈的社区特色，它直接影响游戏排名，对游戏的营销有着巨大的影响。

四、游戏营销的特点

1. 趣味性

随着社会经济发展及互联网技术的普及，社会进入了全民娱乐的年代，追求更多的乐趣成为人们不可或缺的消费主题。大家渴望在消费中实现个性、获得成就感，使自己不再是被动的接受者，而更多的是主动参与成为价值的共同生产者。因此，具有娱乐性质的消费体验更能让消费者精神焕发，允许消费者自主投入“好玩”的营销活动，将会给其带来一定的玩乐性价值。

游戏营销能引起消费者参与的一个很重要的原因就是很“好玩”，其不仅有趣味性较强的设计、精美的画面，还能运用现代声光电技术等，最大限度地刺激人们的感观系统，能让消费者在营销过程中获得精神解脱，拥有较强的愉悦感和成就感。通过有趣的游戏营销活动可以最大限度地激起消费者的兴趣，吸引更多的消费者关注企业营销，这就是游戏营销趣味性所产生的魅力所在。

2. 互动性

随着移动互联网时代的到来，人类获取信息和发布信息比以往更为便捷、容易，通过移动互联网进行沟通的频率也越来越高。在消费过程中，企业与消费者的互动，不仅能给消费者带来完美的顾客体验，而且对消除双方之间信息不对称也有很好的效果。游戏营销活动其实就是运用游戏的方式实现与消费者的互动，让其在享受完美的顾客体验中，实现企业信息的传递和反馈，从而影响、激励、吸引消费者做出企业所期望的行为，同时也让企业更好地理解消费者。所以，游戏营销是企业与消费者互动的桥梁。

在实践中，游戏营销的互动所呈现出来的方式非常广泛，可以是复杂的场景化游戏，以产品为中心、整个游戏场景为产品或品牌的营销服务；也可以是简单制作的以娱乐为主，穿插部分营销功能的小游戏，这种方式成本低廉，采用更为普遍。例如，基于 HTML5 技术为企业提供游戏营销平台和工具开发的广州凡科互动公司，通过其互动游戏平台，企业可以方便、快捷地创建具有自己特色的互动游戏，自然地植入品牌或产品信息，在趣味性的互动情境下，实现企业品牌的推广，吸引更多"粉丝"，提高产品的销售转化率。当然，游戏营销的互动也并不局限于线上的互动活动，目前运用更多的是线上与线下的联动，这样既能将线上的目标人群进行精准的定位，满足其需求，还能实现将线上人群引流到线下。

3. 创意性

游戏营销的创意性主要体现在游戏设计的创意、基于游戏的各种衍生性创意产品等。首先，并不是游戏营销中的所有游戏设计都能引起消费者的兴趣，都能做到人的个性和游戏设计的完美融合。例如，现在人们之所以喜爱网络上的某些游戏，主要是因为这些游戏是设计师在借鉴了人类长期的社会经验和心理学研究成果的基础上，独具匠心创作的结果，只有具有消费者买单的创意性游戏才能使游戏营销起到应有的效果。其次，游戏营销中所产生出来的衍生品也极具创意性，这些创意性的衍生品具有明显的价值关联特征，其产业链可延伸至其他行业并产生新的产品形态。

4. 融合性

自 2005 年游戏营销融合性发展开始后，这种低成本、多渠道的资源整合，互利共赢的营销方式，逐渐被品牌和游戏厂商青睐。一方面，品牌企业不断尝鲜，增加预算，与游戏合作，不断地探索新的融合方式；另一方面，游戏开发者也在地铁、公交、影视广告上"烧钱"，频繁地尝试与企业合作来寻求新的发展方式。这种品牌与游戏利用各自领域的优势，面向相同的用户群体、相互合作、跨界推广，达到了品牌塑造、营销放大的双赢局面；同时，也进一步革新了传统的消费观念，利用游戏玩家的特性和介质特征，以及传统品牌的固定口碑和用户基础，帮助双方拓展互联网时代的盈利模式和用户群体。当然，其在融合方式上较为多样化，一般常见的有品牌游戏冠名、品牌/产品植入、线上互动、线下活动、线上与线下联合推动等，企业可根据自己的实际情况采取适宜的融合方式。

综合能力训练项目

一、项目训练内容

查询网络二手资料，讨论目前游戏行业及产品面临的问题，选择一家企业及产品整理成思维导图并提出自己的意见及解决办法。

二、项目训练要求

结合各自媒体平台特性及企业特点，为某一特定企业的相关游戏项目选择合适的营销方式。

- 对目前游戏行业面临的问题进行全面分析；
- 对目前游戏产品特性进行详细分析；
- 选择具有代表性的游戏公司及产品；
- 提出选择该公司及产品营销方案的理由及优劣势分析。

三、项目训练考核要求

- 对游戏行业的特点分析全面、到位(30 分)；
- 对企业和产品的特性描述详细、准确(30 分)；
- 选择游戏公司及产品具有代表性(20 分)；
- 营销方案的分析全面、到位(20 分。)

任务二　游戏营销平台选择

学习目标

- 掌握游戏营销平台分类；
- 了解主流的游戏营销平台；
- 掌握分辨游戏平台的营销手段的技能；
- 提升避免踏入营销陷阱的意识。

课堂讨论

你所知道的游戏营销平台有哪些？谈一谈各个平台不同的优缺点。

一、游戏营销平台分类

1. O2O 营销平台

O2O(online to offline)营销模式又称离线商务模式，是指线上营销和线上购买带动线下经营和线下消费。O2O 通过打折、提供信息、服务预订等方式，把线下商店的消息推送给互联网用户，从而将他们转换为自己的线下客户，这就特别适合必须到店消费的商品和服务，如餐饮、健身、看电影和演出、美容美发等。因此，随之产生的各种 O2O 营销平台也越来越多，这些 O2O 营销平台也是开展游戏营销的重要阵地。

2. 社交网络平台

移动互联网时代使一种全新的人类社会组织和生存模式走近我们，构建了一个超越地球空间的、巨大的群体，即网络群体。21 世纪的人类社会正在逐渐浮现出崭新的形态与特质，网络全球化时代的个人正在聚合为新的社会群体。这些新的群体以及群体内部之间的交流需要一定的网络服务实现，把提供这种网络服务的平台称为社交网络平台。一般来讲，社交网络平台主要由即时通信平台、微博、社交类网站构成，而企业利用这些人气聚集的社交网络平台开展游戏营销活动也较为频繁。

3. 网络游戏平台

网络游戏(online game),又称“在线游戏”,简称“网游”,是指以互联网为传输媒介,以游戏运营商服务器和用户计算机为处理终端,以游戏客户端软件为信息交互窗口的旨在实现娱乐、休闲、交流和取得虚拟成就的具有可持续性的个体性多人在线游戏。其根据内容的不同可以分为角色扮演游戏、动作游戏、冒险游戏、益智游戏、枪战游戏等,由于各种类型的网络游戏都很多,在此就不再一一列举。同时,网络游戏平台除了传统的 PC 端,现在还包含一个很重要的移动端网络端口(手机、iPad 等),一般会以 App 的形式呈现。我国移动网络游戏市场规模巨大,根据伽马数据对外发布的《2022 年中国游戏产业报告》,2022 年中国游戏市场实际销售收入为 2658.84 亿元。网络游戏平台和企业合作进行游戏营销的案例不胜枚举,双方可以从合作中取得共赢的效果,例如《阴阳师》与农夫山泉、华为、荣耀等的跨界合作。

4. 线下门店及活动

线下门店及线下活动也是开展游戏营销活动的重要组成部分,很多游戏营销活动需要线下门店及活动的配合才能完成,所以这也是游戏营销活动的重要开展平台。例如,2018 年 2 月 10 日,《恋与制作人》和屈臣氏合作的“恋上屈臣氏”主题店正式开业(图 6-5),分布在北京、上海、广州、成都、杭州等城市。在线下主题店中,《恋与制作人》四位男主角的真人大小立牌和橱窗贴纸十分显眼。此外,店内还设置了“24 小时快闪电话亭”,玩家可以拨通号码连线“男朋友”,接听他对自己的情人节告白。配合线下活动,叠纸发布了一个线上 H5 互动,玩家和游戏角色连线可以收听到角色在屈臣氏店内对自己的告白。

图 6-5 “恋上屈臣氏”主题店

二、主流的游戏营销平台

1. 腾讯游戏

腾讯游戏是非常知名的游戏平台,拥有自主研发技术,同时还跟其他公司合作,在游戏行业取得了不错的成绩。如今,腾讯公司拥有 60 多款游戏,其中主要包括五大游戏平台并将游戏分类进行子品牌营销。

(1) 腾讯游戏嘉年华。腾讯游戏嘉年华(TGC)是中国第一个仅由游戏厂商开展的大型玩家互动活动，它包括精彩的游戏试玩、游戏衍生产品赠送、游戏竞技赛事等。

案例：英雄互娱携手麦当劳强强合作

(2) 腾讯游戏竞技平台。腾讯游戏竞技平台(TGA)囊括了重竞技、轻竞技、休闲竞技等各种各样的竞技游戏，当然也包括竞技游戏的专业赛事与视频直播。

(3) 腾讯游戏公会。腾讯游戏公会(TGG)具有专门的实力评价体系，是现在顶尖的游戏公会平台，它向已经入驻游戏公会的玩家不定期提供各项福利，保障公会高质量的全面发展。

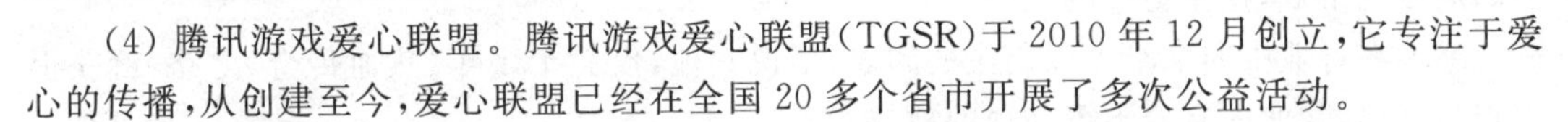

(4) 腾讯游戏爱心联盟。腾讯游戏爱心联盟(TGSR)于2010年12月创立，它专注于爱心的传播，从创建至今，爱心联盟已经在全国20多个省市开展了多次公益活动。

2. 网易游戏

网易游戏现已成为中国领先的游戏开发公司。它不仅自主研发了几十款备受欢迎的网络游戏，如《梦幻西游2》《大话西游2》等。

2015年网易游戏以“游戏热爱者”为口号，致力于给玩家带来丰富的游戏，提高游戏准入门槛，降低用户选择门槛，网易游戏的成功营销策略值得业内人士借鉴。

(1) 网易公司的代言人营销。游戏产品的制作与宣传不仅需要有耐心，还需要有长远的眼光，网易公司在网络游戏上的探索与发展并不是一蹴而就的，它有一个曲折的过程。

在宣传方面，网易旗下的一款名为《梦幻西游》的游戏聘请了知名歌手周杰伦，进行了一次非常令人注目的营销。

(2) 注重游戏产品的质量。网易游戏非常注重产品的质量，专心研发产品，而不是过度地去做营销推广，这可能跟过去网易游戏一直强调产品质量最重要有关，所以网易游戏才把大部分精力都放在产品研发上。

在营销推广上，网易立足传统，心平气和，不去进行一些刻意而低俗的炒作。网易游戏不断推出新作品，以产品品质为先，注重用户体验，品牌美誉度较高。

网易游戏对产品的品质有着较高的要求，游戏产品的生命周期自然也不会低，从这些产品就可以得到印证：《梦幻西游》已运营了16年；《天下2》也运营了七年。而其他很多游戏产品也不是昙花一现，像《大唐无双》就属于细水长流型，这也是一种品质的体现。

(3) 注重玩家的真实感受。《梦幻西游》是网易游戏的经典产品，一直永葆活力。《梦幻西游》非常在意用户的体验，倾听用户的心声，把玩家当作有力的策划者，会根据用户的喜好来制定游戏。

《梦幻西游》非常注重玩家的互动，在各种场合不断地宣讲这一理念，因为他们深知如果玩家体验感很差，玩家就会马上离开。

多年来，《梦幻西游》始终坚持以玩家为本，采纳玩家意见，工作人员会在游戏里和玩家互动，玩家会持续地跟进和感受。此外，他们还会不定期地举办各种活动，维系与玩家的感情，这也是一个良性的互动。

网络游戏的特点是独一无二的，它既不是快消产品，也不是短时间的买卖。网络游戏需要长时间的打造，并且与用户的联系是重中之重，以他们的感受为核心，就知道产品该如何更新，怎么样才能受欢迎。

不是网易在做游戏产品，而是用户在做，《梦幻西游》的亮点就在于把玩家当作策划的主人，让玩家有一种主人翁精神，在游戏中感受乐趣，又将这种乐趣带给更多的人。

3. 盛大游戏

盛大游戏与前面介绍的两大游戏平台一样，也是具有超强影响力的游戏公司。盛大游戏作为当前中国领先的网络游戏开发商、代理商，曾获得金翎奖、金凤凰奖等诸多具有含金量的奖项。到现在，盛大游戏已经囊括了 70 多款各种类型的网络游戏。

(1) 玩家体验至关重要。游戏可以娱乐生活，提高生活的丰富性。玩游戏不仅要讲究趣味性，更要注重画面感、实用价值、用户黏性等。盛大游戏更注重用户的感受，力求做出很多高质量的游戏，挖掘更多的用户。

盛大在行业中向来给人以霸主的印象，不说其他，仅凭十多年《热血传奇》之路，就获得了很多好评，在业内有着不可动摇的地位。

游戏行业的竞争十分激烈，盛大游戏深知必须一切以用户为中心，只有不断地改善用户(也就是玩家)的体验，才能不断地适应玩家兴趣的变化，这样一来，游戏才能长久地存在下去。

(2) 尽量满足玩家的需求。盛大游戏一直坚信只有不断满足玩家的需求，游戏才能长久。例如，自从一经推出就大获好评的《龙之谷》。这款游戏成功的最大诀窍是游戏在体验层面满足了玩家新的需求。盛大游戏在做的，就是告诉玩家，这款游戏是新的、没有接触过的。

体现在盛大游戏中，最好的例子就是《热血传奇》。十多年间，它经久不衰，不断创新演变，就像很多《热血传奇》骨灰级玩家说的那样，在一款游戏里能体验十年的悲欢聚合，这样的体验非常难得。

(3) 实行游戏化的营销。盛大游戏的营销推广给人的印象十分深刻。早在 2009 年 4 月，盛大游戏公司在上海地标性建筑金茂大厦上面投放了自己的游戏，让整栋楼作为载体，呈现出游戏中的画面，获得了很高的曝光度。

4. 直播网站平台

除线下活动与游戏网站这两种营销方式之外，当下最火热的游戏营销平台还应该包括游戏直播网站。网络游戏的直播网站平台不仅能够使主播从中获利，而且对于游戏的营销推广作用也非同小可。

在以前，以视频直播的形式进行游戏推广和营销的情况确实很少见，游戏厂商也不容易接受。如今，短短几年间游戏直播已经席卷了游戏行业，像《英雄联盟》《守望之海》等游戏直播正呈现出排山倒海之势。

于是，个别具有前瞻性的游戏厂商便探索出了通过游戏直播进行游戏营销这一方式。通过这一营销方式，游戏厂商可以进行游戏的营销推广，直播平台可以获得利润，可以说这是一个平台和厂商的双赢模式，这一营销模式的出现，使游戏行业呈现出井喷式的发展，各大游戏厂商纷纷效仿，想要通过游戏直播谋取利益。现在，游戏直播网站平台有虎牙直播、斗鱼直播、战旗直播、龙珠直播、TV、全民 TV 等，其中虎牙直播与斗鱼直播较受欢迎。

现在的直播平台都包含了国内最热门的游戏，都有相对安全的管理以及细分的模块，区别只是在于游戏主播。游戏主播是否受观众喜爱，在于个人的解说能力，职业选手进入直播行业并不一定比其他类型的主播更有优势。

游戏直播平台的营收模式主要分为以下五类。

(1) 会员订阅:粉丝对游戏主播的关注与订阅。

(2) 游戏联运:游戏开发商与其他平台进行联合运营。

(3) 淘宝变现:游戏主播借助自己的人气进行淘宝网站的产品的营销。

(4) 贴片广告:在各种公开放映的视频中加贴的专门广告。

(5) 道具变现:游戏粉丝赠送的平台虚拟道具。

综合能力训练项目

一、项目训练内容

查询网络二手资料,讨论目前游戏行业直播平台面临的问题,为一款游戏选择适合的直播平台。

二、项目训练要求

结合各游戏直播平台特性及企业特点,为某一特定游戏项目选择合适的直播平台。

- 对目前游戏行业直播平台面临的问题进行全面分析;
- 对目前游戏直播平台特性进行详细分析;
- 根据该项目具体运营目标,选择合适的直播平台进行营销方案的策划;
- 提出选择该营销方案的理由及优劣势分析。

三、项目训练考核要求

- 对游戏直播平台的特点分析全面、到位(20 分);
- 对目标游戏的特性描述详细、准确(20 分);
- 选择该直播平台的理由合理且充分(30 分);
- 选择的直播平台与目标游戏运营目标契合度高(30 分)。

任务三 游戏营销策略

学习目标

- 掌握游戏营销策略分类;
- 掌握游戏营销策略选择;
- 能制定正确的营销策略。

课堂讨论

查找一个游戏营销成功和失败的案例,讨论营销策略成功和失败的原因。

一、异业合作策略

异业合作策略是指两个或两个以上的不同行业的企业通过分享市场营销中的资源,降低成本、提高效率、增强市场竞争力的一种营销策略。异业合作的核心包括两方面:一是营销主体为不同行业的企业;二是以合作的方式进行营销。游戏营销中异业合作的案例很多,例如《阴阳师》与农夫山泉、《王者荣耀》携手喜茶、《全民飞机大战》与大疆新一代产品等开展大规模品牌合作。当然,这种营销策略并不仅限于游戏行业与其他行业的企业合作开展的游戏营销活动，也可以是非游戏行业的企业之间合作开展的各种游戏营销活动，把相应的品牌硬(软)性地植入线下的游戏化场景中从而达到品牌宣传甚至是实现受众直接转化的目的，其表现形式有品牌或产品植入游戏、品牌游戏冠名、线上互动、线下活动、线上线下联合推广、专属特权、衍生品、整合营销等。

当然，异业合作策略也不是万能的，要想取得理想的效果，必须考虑以下几个方面的问题。

1. 合作伙伴之间的协同效应

异业合作策略意味着需要打破传统的营销思维模式，避免单独作战，寻求非业内的合作伙伴，发挥不同类别品牌的协同效应，实质上是实现多个品牌从不同角度诠释同一个用户特征。开展游戏营销活动的双方应该都能利用对方的平台提高品牌的曝光度，并给顾客带来更好的顾客体验等，从而产生一定的协同效应。例如，《阴阳师》与农夫山泉、王老吉与《剑侠情缘手游》等成功的游戏营销案例，双方都能从不同的方面提升合作伙伴的营销活动效果。

2. 用户群体要具备互补性和一致性

异业合作策略面向的是相同或类似的消费群体，因此企业在思考跨界营销活动时，需要对目标消费群体作详细深入的市场调研，深入分析其消费习惯和品牌使用习惯，以此作为营销和传播工作的依据。

3. 避免资源浪费

由于联合，企业需要考虑如何通过战略上的修正，在与合作伙伴的互动中，获得资源利用上的协同效应。需要注意的是，当品牌成为目标消费者个性的一部分的时候，这一特性同样需要和目标消费者身上的其他特性相协调，避免重新注入的元素和消费者的其他特性产生冲突，造成品牌印象的混乱。所以，合作企业之间要进行深入分析，选择合适的合作伙伴，从而避免浪费双方的资源。

二、免费策略

免费策略是一种病毒性的营销策略，是指在游戏营销过程中企业以某些方面免费的方式吸引、促使顾客参与或体验，并从顾客后续的参与或购买活动中获得补偿的一种营销策略。由于人具有“趋利避害”的本性，而“免费”对人们来讲在某种程度上就是一种“利益”，所以，“免费”的策略在市场上很受欢迎。同时也有两个因素在对消费者产生影响：①自我利益保护的本能。相较商家而言，消费者在购物中永远处于信息不对称的弱势地位，因此消费的风险就很大，而免费则降低了消费者的此项风险，使其能够尝试接触产品，继而带来销售。②价值认知思维，也就是对商品价值的衡量。只有最有价值的商品，才会被消费者选择，而非最贵或最便宜的商品。因为往往越富有的人越是善于去计算商品的价值，而低收入者则更在意商品的价值，由此导致了两者都会先去衡量商品的价值，而免费无疑是具有绝对价值的。一般来说，在游戏营销中比较常用的免费策略主要有以下几种形式。

1. 免费获取参与资格

免费获取参与资格可以降低消费者参与的成本，吸引更多的消费者参与其中，让游戏营销活动尽可能多地拥有用户基础。比较常见的形式有游戏免费注册、免流量下载、免费赠送入场券、免费开通等。例如，2016 年 1 月 31 日，腾讯旗下首款“电影武侠”网游的《天涯明月刀》推出全新游戏版本"海阔天空"与2016年贺岁大片《美人鱼》达成跨界合作，本次合作首次尝试将源自电影中的特色场景植入到游戏世界，让玩家们以另一种方式身临其境的邂逅"美人鱼"。这其中包括"大轻功"，海钓、潜水、赛马等一系列精彩玩法。与此同时，更是联动格瓦拉App豪送千张电影票回馈玩家，邀玩家们相约"美人鱼"，遨游"海阔天空"。如果游戏玩家是非免费获得这些参与资格，可能会在很大程度上抑制玩家参加的积极性，游戏营销活动可能也不会有很好的效果。

2. 参与过程免费

参与过程免费可以降低消费者在参与中的紧张感和焦虑感，激发消费者的好奇心，从中获得愉悦的情感，并鼓励消费者持续地参与其中，从而达到企业的营销目的。例如：中粮集团推出的网络互动游戏"中粮生产队"，玩家可以选择水稻、玉米、葡萄、小麦、可可中的任一作物从种子培育开始，经过种植、仓储、运输等环节，最终生产出大米、玉米油等终端产品。玩家除自己免费参与整个游戏过程之外，还可以邀请同事、朋友参加，接受邀请并且能够完成全部游戏环节的人越多，获得的奖品也就越丰厚。中粮集团将旗下的相关产品植入游戏之中，将每一款产品从最初的田间种植到工厂加工、仓储、运输，乃至最终到餐桌上的一条完整的产业链的过程融入其中，以寓教于乐的方式传递出中粮品牌理念和产品信息。可见，玩家在免费参与的过程中，其实就是在接受商家的品牌或产品信息的灌输。

3. 奖励免费

奖励免费是指消费者按规则完成相应的游戏任务之后，可以免费获得相应的奖励，在很多时候获得这种免费的奖励是消费者参与游戏营销活动的原始动力(当然有时也是为了在游戏中获得情感上的满足)。奖励的形式也很多，有的是产品，有的是优惠券，有的是服务，还有的是红包等。2017年，农夫山泉与手游《阴阳师》跨界合作，购买农夫山泉果味饮料"阴阳师"活动装产品，微信扫描瓶盖内二维码即可100%中奖，瓶瓶有奖，更有机会赢得网易《阴阳师》手游游戏道具。除活动奖项外，每扫描一个二维码即可获得一个积分，玩家可用积分兑换网易《阴阳师》手游周边好礼。这种奖励方式就是免费奖励现金和优惠券，从而吸引了很多的消费者参与，获得了极大的成功。

三、互动策略

游戏营销互动策略是指企业在分析消费者的兴趣、消费特点等基础上，运用网络游戏、游戏活动或游戏化场景等方式向消费者传递相关信息并进行有效的反馈，从而达到企业营销目标的一种策略。与传统的营销策略相比，游戏营销互动策略是一种双向沟通过程，可以更好地收集消费者的信息，了解消费者的内心，便于企业采取有效的应对措施；另外，也可以让消费者主动参与到企业的营销活动中来，对企业提出产品/品牌的看法或建议，缩短企业与消费者之间的心理距离。一般来讲，游戏营销互动策略主要有以下几种形式。

1. 线上互动策略

企业与消费者的线上互动主要是指在各种网络平台进行的互动，例如网络游戏、手机App、微博、微信等线上平台。这种策略成本低、传播速度快、范围广，但是也存在适用范围窄、缺乏真实的客户体验等问题，企业要根据自身的实际情况选择具体的互动形式。例如，2019年的"6·18"活动中，京东推出了一款名为"疯狂砸金蛋"的互动营销游戏。用户可以在京东 App 上砸金蛋，获得不同的优惠券和奖品。这个游戏不仅提高了用户的参与度和互动性，还增加了用户的购买欲望和消费金额。

2. 线下互动策略

这是一种比较传统的互动方式，主要是在大型的购物中心、商圈、门店等场所开展的营销互动活动。这种策略所覆盖的目标人群相对比较精准，能让消费者对企业产品/产品服务有更直接的认识和体验，但也存在成本高、传播范围有限等问题。这种方式对一些虚拟产品的推广会有意想不到的效果，例如由 PopCap Games 打造的全球人气塔防游戏《植物大战僵尸 2》就是在探索线下互动营销策略，其联合拓维游戏等推出的游戏现场版展览、舞台剧巡演、“潘妮奇幻之旅”巡展等一系列线下互动创意展示活动，为满足玩家多元化的游戏体验、增强玩家对游戏的参与感等都有重要的意义。

3. 线上线下联动策略

现在单纯的线上互动或线下互动都存在诸多的问题，而线上线下联动策略则结合了线上和线下的优势，并弥补了它们的缺点。例如现在比较流行的线上线下联动“抓娃娃机”，消费者不仅可以在线下抓娃娃机上进行操作，还可以通过下载抓娃娃机的 App，在手机上进行抓娃娃的操作，抓娃娃的画面可以通过摄像头传过来与之连接的真实机器抓取娃娃的画面，如果抓中的话，可以通过快递的方式邮寄给消费者。

综合能力训练项目

一、项目训练内容

查询网络二手资料，以《王者荣耀》的精准互动营销为范例，对其营销方案进行全面分析。

二、项目训练要求

结合《王者荣耀》游戏特性及企业特点，对其营销方案进行全面分析。

- 对《王者荣耀》游戏面临的问题进行全面分析；
- 对《王者荣耀》游戏及企业特点特性进行详细分析；
- 根据该项目具体运营目标，分析精准互动营销方案；
- 分析公司选择该营销方案的理由及优劣势。

三、项目训练考核要求

- 对《王者荣耀》游戏的特点分析全面、到位(20 分)；
- 对目标企业的特性描述详细、准确(20 分)；
- 选择该营销方案的理由分析充分(30 分)；
- 精准互动营销方案与《王者荣耀》游戏运营目标契合度分析(30 分)。

任务四　VR 游戏营销

学习目标

- 了解 VR 游戏基础知识；
- 了解 VR 游戏营销的概念及特点；

- 掌握 VR 游戏的营销策略。

课堂讨论

查找关于 VR 游戏的相关资料，讨论 VR 游戏的发展前景。

视频：VR 是什么原理

一、VR 技术的基础知识

VR 技术于 20 世纪 60 年代被提出，是一种仿真技术，也是一门极具挑战性的建立在技术基础上的时尚前沿交叉学科，它通过计算机，将上述技术相结合，生成一种虚拟的情境。这种虚拟的、融合多源信息的三维立体动态情境，能让人们沉浸其中，就像置身真实的世界一样。

VR 技术是多种技术的结合，因此，它具有以下四大特征。

1. 用户难辨仿真场景

VR 技术是根据人类的各种感官和心理特点，通过计算机设计出来的 3D 图像，它的立体性和逼真性，让人一戴上交互设备就如同身处其境中，仿佛与真实环境融为一体，最理想的虚拟情境是让人分辨不出环境的真假。

2. 用户可以从虚拟环境中得到反馈

VR 技术中的交互性是指人与机器之间的自然交互，人通过鼠标、键盘或传感设备感知虚拟情项中的一切事物，而虚拟现实设备可根据使用者的五官感受及运动来调整、呈现画像和声音。这种调整是实时的、同步的。

3. 虚拟世界依据现实世界的运动定律

VR 技术中的虚拟环境并非是真实存在的，它是由人为创造出来的，但是虚批世界的物体也是遵照现实世界的物理规律的。例如虚拟街道场景，就是依据现实世界的人行和车行的运动定律而设计创造的。

4. 具有一切人体的感知功能

VR 系统通常装有各种传感设备，包括视觉、听觉、触觉上的设备，未来还可能发展出味觉和嗅觉的传感设备。除五官感觉上的传感设备之外，还有动觉类的传感设备和反应装置。这些设备让虚拟现实系统具备了多感知性功能，同时也让使用者在虚拟环境中能够获得多种感知，仿佛身临其境一般。

二、VR 游戏营销的概念及特点

（一）VR 游戏营销的概念

VR 的全称是 virtual reality，可译为虚拟现实，是利用计算机仿真系统和各种现实接口设备，生成一种多源信息融合的、交互式的三维动态视景和实体行为的系统仿真，使用户沉浸在这种交互的虚拟环境中，并能形成与现实接近的多种感知。

VR 技术最早可追溯到 1957 年美国人发明的全传感仿真器，其揭开了 VR 探索的序幕。一般来说，VR 的发展经历了三个阶段：初创期（20 世纪六七十年代）。技术限制导致设备体积庞大，虚拟现实仍处于原型机阶段。技术积累期（20 世纪八九十年代）。计算机和图形处理技术进一步为虚拟现实的商业化奠定了基础。技术快速发展期(2013 年至今)。互联网普及、计算能力、3D 建模等技术进步大幅提升了 VR 体验,虚拟现实商业化、平民化有望得以实现。

VR 技术更容易让消费者产生共鸣,将 VR 技术运用于游戏营销中,有利于消费者产生更真实和多元化的互动感受,使消费者产生共鸣。VR 技术的特征之一即具有沉浸感,因此当 VR 技术与体验式营销相结合,能够激发消费者深层的同理心和感受能力。VR 技术的应用会让消费者的地位更加主动,让消费者选择自己的视角去观看、体验和感受,获得更广阔的视野范围、更丰富的感官体验,也更容易让消费者产生情感共鸣。这将会有助于提升其对企业产品或品牌的好感度,让企业进一步取得有利的地位。

综上所述,VR 游戏营销是指将 VR 技术融入游戏营销中,使消费者产生真实、多元的客户体验,让消费者沉浸其中,提升消费者的娱乐体验、情感体验和文化体验,从而达到企业的营销目标。

(二) VR 游戏营销的特点

案例:VR 玩起来

1. 沉浸性体验

沉浸性体验是 VR 游戏营销区别于其他传统营销方式的主要特征,受众能身临其境地检验产品的质量,体验产品的功能,获得更丰富的感官体验。先前的 VR 游戏营销与传统的营销方式相似,主要通过声音、画面呈现内容,对受众的感官进行冲击,两者之间始终存有一定的距离感,而且只能被动地接受其传达的有限信息,并无法全面、准确地了解产品的功能和特性。VR 游戏营销则突破了这些界限,受众戴上 VR 眼镜观看,就可以置身游戏场景中,这一特点可以很好地吸引受众的兴趣,有些还可以真实地触摸到产品、体验产品的质量和性能,能将游戏与产品融为一体并有效地呈现出来。例如,国家 4A 级旅游景区靖安县旅游集散中心,引入银河幻影 VR 航天航空航海设备,造型丰富的 VR 设备载体和百变内容,把国际化、世界性,甚至超现实的旅游项目直接展现于体验者面前,让体验者逼真互动,享受直观冲击。

2. 交互性体验

如同平面图形交互在不同的场景下有着不同的方式,VR 交互同样不会存在一种通用的交互手段,同时,由于 VR 的多维特点注定了它的交互要比平面图形交互拥有更加丰富的形式。VR 可以让受众走进其搭建的三维虚拟空间中,通过各种游戏的方式与企业进行交流互动,受众在模拟空间中可以全方位地观察和操作,同时企业也可以通过对受众的行为研究,了解大众的心理,从而进一步优化产品或服务。

目前,VR 交互仍在探索和研究中。与各种高科技相结合,使 VR 交互产生无限可能。一般来说,VR 的交互方式有九种:①动作捕捉。主要是通过穿戴和调试相关动作捕捉的设备来实现交互。②触觉反馈。主要是通过按钮和振动反馈的虚拟现实手柄来实现交互。③眼球追踪。人眼位置的检测能够为当前所处视角提供最佳的 3D 效果。④肌电模拟。结合了触觉反馈和肌肉电刺激精确模拟实际感觉。⑤手势跟踪。主要包括使用光学跟踪、数据手套两种。⑥方向追踪。除了可以用来瞄点,还可以用来控制用户在 VR 中的前进方向。⑦语音交互。用户不需要移动头部和寻找它们,在任何方位、任何角落都能和它们交流。

⑧传感器。能够帮助人们与多维的VR信息环境进行自然地交互。⑨真实场地。它是一个混合现实型的体验,把虚拟世界构建在物理世界之上,让使用者能够感觉到周围的物体并使用真实的道具。

3. 构想性体验

构想性是指虚拟的环境是人们想象出来的,同时这种想象体现出设计者相应的思想,因而可以用来实现一定的目标。虚拟现实技术的应用,为人类认识世界提供了一种全新的方法和手段,可以使人类跨越时间与空间,去经历和体验世界上早已发生或尚未发生的事件;可以使人类突破生理上的限制,进入宏观或微观世界进行研究和探索;也可以模拟因条件限制等原因而难以实现的事情。例如,随着科技的飞速发展,VR技术越来越被应用于教育领域。VR全景游戏教育项目是为幼儿园五六岁小朋友开发的,旨在通过VR技术深入传递知识,提高创造力和解决问题的能力。该项目以幼儿园的小朋友为中心,将他们的课程借用VR设计为全景游戏体验,以打造具体的场景,帮助小朋友更好地了解所学的知识。VR全景游戏教育为幼儿园师生带来新的学习方式和体验,提高小朋友们的学习积极性和兴趣。

三、VR游戏营销应用现状及现阶段问题

(一) VR游戏营销应用现状

2016年是VR(虚拟现实)产业迅猛发展的一年。研究数据表明,2020年全球VR头显设备出货量大幅上涨,达到670万台,同比增长71.79%。各大快消行业的龙头老大们也乘着虚拟现实的东风,推出了各自独特的VR体验。Coca-Cola、益达、宝洁、蒙牛等知名快消品牌争相投入VR大潮中,纷纷利用VR进行宣传营销。凭借无可比拟的沉浸式体验,VR刚进入元年,就在快消品行业里迎来了"盛世"。

2017年,在金投赏(ROI Festival)国际创意节上,《中国VR营销白皮书(2017)》正式发布。报告中指出,VR营销成为VR相对最早突破应用的领域,具有360°沉浸、多元化展现,让用户成为参与者,封闭空间制造幻境,全人类都是用户的显著特点,会给营销业带来翻天覆地的变化。在对大量资料解析研究之后,发现除与VR具有天然融合性的游戏与娱乐行业外,在旅游、汽车、快消、地产、体育等几个垂直领域,随着VR的深度介入都在进行颠覆式的变革。

以文旅行业为例,消费升级使人们的生活水平增长,文化旅游成为消费者的热门消费领域,但旅游景点交通拥堵、景点分散,无形中耗费了更多的游玩时间,VR与旅游业的结合,不仅对增添主题公园的新式游乐项目、帮助景区打造VR风景宣传片、提供酒店预体验新方式、复原古文化遗迹等应用方面具有重要作用,同时也将塑造一种旅游新生态,对整个行业的发展起到一定的推动作用。

通过VR用户的实际测评,发现VR广告具有十分惊人的营销效果,具有强交互和沉浸式体验的VR广告能够达到50%以上的回忆度,并有91%的体验者有意愿进一步分享广告内容,64%转化为购买意愿。

1. VR游戏营销在快消品行业中的应用

在AI赋能的人工智能时代,VR技术在迅猛发展的同时也为VR营销的发展带来了前所未有的动力。为了迎合科技时代的发展趋势,各大快消品的领军品牌也陆续将VR营销

纳入品牌营销计划之中,并各自为之推出了独特的 VR 体验。

中国白酒是中国传统文化的重要象征之一,许多白酒企业开始利用 VR 技术来展示其悠久的历史和文化传承。通过 VR 体验,消费者可以在虚拟世界中参观酿酒工坊、品尝名酒、了解酿酒技艺,并了解传统白酒的制作过程。这种方式不仅能够吸引消费者的注意力,还能够增加白酒品牌与传统文化之间的关联感。

许多传统绘画艺术家和艺术机构开始利用 VR 技术展示传统绘画作品。通过 VR 展览,艺术家将绘画作品以三维形式呈现,使观众能够更好地欣赏到绘画作品的细节和意境,并感受到传统绘画艺术的魅力。VR 展览不仅可以为传统绘画艺术带来新的观众群体,还能够推广和传播传统绘画文化。

蒙牛公司利用 VR 技术为牛奶生产过程及生产细节产业链制作了一支五分钟不到的 VR 短片,全方位、多维度立体地还原蒙牛牛奶生产过程,以实际体验告知消费者品牌的可信度。

除以上这些案例外,旺旺、康师傅、农夫山泉等品牌也在 VR 营销上进行了成功应用。这些快消品大品牌对于消费者而言本身就是耳熟能详的大 IP,而它们共同选择了 VR 营销,同时在 VR 技术的加持下,也有效地为这些快消品大品牌增添了新的活力,进而也为快消品行业的发展提供了更多的想象力,能够有效保持住用户黏性,为品牌创造更多的价值与财富。

2. VR 游戏营销在旅游行业中的应用

现阶段,旅游行业利用 VR 营销主要体现在旅游之前及旅游之时两个方面。

在旅游之前,于商家而言,商家可以利用 VR 营销让消费者足不出户站在上帝视角身临其境地感受世界各国各个旅游胜地的景观。美不胜收的虚拟景色能够刺激消费者亲身体验实景的消费欲望,从而达到拉动旅游业发展的目的。于消费者而言,VR 技术虽然并不能代替实际的旅行体验,但是 VR 技术的沉浸式体验感可以帮助他们减少抉择时间,了解自己真实的心之所向,从而降低了决策成本。

在旅游之时,旅游业从场景化社交方面入手利用 VR 营销,为消费者带来旅游新体验,也实现了旅游景区免费宣传的目的。旅途中消费者将自己的旅游经历分享至旅游平台,其他消费者可以利用 VR 设备进行观看,从而可以进行互动,引起情感共鸣,吸引更多消费者的注意力,达到预期宣传效果。

3. VR 游戏营销在影视行业中的应用

在 AI 赋能的人工智能时代,体验经济在产品经济和服务经济逐渐衰退的浪潮中应运而生。影视公司利用 VR 技术推广 VR 营销在一定程度上能够给予观众在限定场景中产生沉浸式体验感受。

视频:360°全景 VR,真实高空俯瞰地球

许多中国旅游企业利用 VR 技术为游客提供虚拟旅游体验。游客戴上 VR 眼镜,仿佛身临其境地游览名胜古迹,感受历史文化魅力。通过这种 VR 漫游体验,旅游企业能够吸引更多的游客,提升品牌知名度,并增加游客对目的地的兴趣和好感。

4. VR 游戏营销在购物行业中的应用

2016 年 4 月,阿里巴巴公司发布了“Buy+”计划,并通过实际行动成立 VR 技术研究室，全面布局 VR 营销。这表明作为国内最大的购物平台的阿里公司将正式涉足 VR 领域，进行 VR 营销。

VR 购物主要是利用 VR 技术生成虚拟的可交互的三维空间环境，让消费者戴上 VR 设备后，通过视觉传达系统就可以看到虚拟场景中的真实的商铺和商品，仿佛置身于真正的商场之中。同时它超越时间与空间的限制，非常有利于电商行业在人工智能时代的新发展。消费者通过 VR 设备足不出户就可以细致观察想要购买的商品，了解各种参数，这也降低了退货率。在网络购物时代，各种碎片化信息充斥于消费者的生活当中，使他们的注意力难以真正集中于某一具体购物平台，而阿里巴巴利用 VR 营销中的 VR 技术给消费者带来了全新的购物体验，从而吸引了他们的注意力，稳定消费者品牌忠诚度的同时，品牌理念与品牌价值自然也得以体现。

（二）VR 游戏营销现阶段存在的问题

1. 体验内容营销成本过高

作为随人工智能时代新兴起来的营销方式 VR 营销现阶段还未全面推广的最大原因就是它的体验内容硬件设备成本过高。阿里巴巴公司的“Buy＋”计划，虽然一经发布曾在业界内掀起过一阵波澜，但却因为 3D 建模成本高昂，所以很快就风平浪静了，最终只能作为一个案例构想向消费者展示。

品牌做 VR 营销通常有以下两种方式：①聘请专业的 VR 团队公司进行合作；②自行购买或租用大量 VR 设备进行 VR 营销。这两种方式无论是哪一种都需要品牌提供大量的资金成本支持，所以一般的小型企业在自己期待的营销效果没有确切保障的时候，是不会贸然采用这种新兴营销方式的。

VR 营销除需要高昂的硬件设备成本之外，还需要高昂的宽带成本支持。腾讯有数据显示，一个长 10 分钟的 VR 视频直播需要大约 204 万元的宽带成本支持。由于成本的局限性，所以在现阶段 VR 营销成为主流的营销方式是不现实的。

2. 传统的媒体营销方式根深蒂固

传统的大众传播媒体由最早的纸质媒体发展到图像声音媒体再到现阶段的网络媒体，其受众数量和受众层次在这个漫长的发展过程中都在不断发展进步。随着时代的发展和人类知识水平的提高，对消费者而言，品牌信息的来源主要依靠传统而普遍存在的媒体。对于品牌而言，首先传统媒体营销在信息传播方面始终居于主导地位，电视、广播、报纸和杂志这四大传统媒体普及率、覆盖率以及目标消费者的到达率更是 VR 媒体现阶段望尘莫及的。

传统的媒体营销方式根深蒂固的原因主要表现在以下三个方面。

（1）传统的媒体营销相对于 VR 营销最大的优势就在于价格成本低廉。在同等条件下，传统媒体营销的发表费用最低，这于一些中低端企业品牌而言是不可抗拒的吸引力。

（2）传统的媒体营销没有地理位置的局限，覆盖范围广，目标消费者到达率强。VR 营销由于技术发展不够完善，品牌必须将消费者固定在特定的环境内使用特定的设备才能完成自己的营销，且重复使用率低导致目标消费者到达率低。

（3）传统媒体营销权威性强，对于广告信息的把握和宣传已经有了全面成熟的运作模式，且相关的法律法规已经相对健全完善。而 VR 营销并没有相关行业标准，所以在实行过程中必会出现许多问题。

综上可知，传统的媒体营销方式根深蒂固，VR营销的发展仍面临许多亟待解决的问题。

3. 内容困境导致推广受限

现阶段社会属于“内容为王”的时代，品牌若想吸引消费者的注意力，就必须生产高质量的营销内容。由于KOL、UGC和PGC活跃于各大社交媒体上，使社交媒体平台的内容出现了百花齐放的局面，同时这也使社交媒体平台成为各大品牌争夺的主战场。由于VR视频的制作存在着高难度、高成本、低产出的困境，无法在社交媒体平台进行强有力的推广。

目前，市面上的VR设备更偏爱向用户展示其产品体验，却鲜有宣传技术优势的产品。加上体验效果方面，经常令用户出现眩晕等不适反应，VR产业发展到现在，仍存在核心技术缺失的问题。

根据腾讯研究院安全研究中心目前发布的研究报告，VR产品的潜在风险之一就是易给用户造成眩晕、恶心等不适症状。受制于目前的技术瓶颈，较长时间使用VR设备易给用户带来眩晕、恶心等不适症状，甚至诱发如高血压等其他生理疾病，危及用户生理健康。

早在2015年4月，暴风科技推出首款VR产品VR魔镜之后，就有不少用户反馈，在体验过程中经常出现头晕症状。产品体验差归根结底还是产品技术不过关，这对本质上属于技术驱动的VR产业而言，无疑是痛点之一，这将会影响VR的商业化进程。

虽然VR营销的沉浸式体验感极佳，但在体验人数方面毕竟存在较大局限性，所以VR营销必须生产出好的内容并加以推广才能得到预期的传播效果。

4. 技术短板无法达到受众期望值

VR营销属于技术导向型的营销方式，所以VR技术是VR营销发展的决定性要素。而由于现阶段VR技术发展的短板，给用户带来不好的体验质量，这也限制了VR营销的发展。现阶段的VR设备主要存在以下缺点：①头显设备佩戴时间过长会造成视觉疲劳并产生眩晕感、恶心感；②VR设备的重量不适合长时间佩戴，对用户的颈椎伤害较大，导致舒适感欠佳；③VR视频画质清晰度低且刷新率慢、延迟度高，观看效果差。除此之外，VR营销产业链单薄，整体结构尚不完善健全。

这些技术瓶颈都是现阶段VR营销的难点所在，短期内难以在真正意义上得到解决，所以势必无法达到受众的期望值。

思政园地

“思政＋VR”让党史学习教育走深走实

高校如何发挥好思政课主渠道、主阵地的关键作用，加快培养具有时代精神的创新人才？

7月17日，记者从常州机电职业技术学院（以下简称常州机电）了解到，该校融合媒体技术、虚拟现实技术及网络技术，打造出“思政＋VR”智慧四史课堂，为学生营造一个多维的、沉浸式的教学环境，让四史（党史、新中国史、改革开放史、社会主义发展史）学习教育不断走深走实。

近年来，该校以“学习‘三杰’精神、传承红色基因”“弘扬红色精神、放飞青春梦想”等为主题，着力拓展思政课教学场域，实现多样化的学习。

“我们立足常州地方红色资源，运用虚拟现实技术和多媒体手段，精准还原历史场景，突破了思政课过去与现在、时间与空间、现实性与非现实性之间连接的局限性，形成内容精准、形式活泼的智慧四史课堂，有效创新了思政课教学形式。”常州机电马克思主义学院院长毛加明说。

根据介绍，目前，该校围绕“习近平新时代中国特色社会主义思想”“四史教育”等主题，已开发了系列数字资源20余套，定制开发了“常州三杰精神育人”数字资源一套。

依托常州的红色资源和VR技术，常州机电开发出系列数字思政教材，不同的教育主题场景烘托出不同的教育氛围，让学生在沉浸式的环境中，不断增强学习主动性，激发学习内驱力，提升对地方四史资源内在价值的共感、共情。

在该校学生魏巍看来，“思政+VR”的智慧教学模式，改变了思政课过去形式单一、体验感较弱等实际问题，创设出更加直观、立体化的教学情境，也让那些红色记忆“看得见、摸得着”，更容易被记住。

(资料来源：http://www.kepu.gov.cn/www/article/7845d205de5e4dc89e148f3bfdc3a25f)

思政启示：通过打造“思政+VR”的智慧四史课堂，让四史学习教育从线下走向线上、从平面走向立体、从传统走向未来，从而使学生在“知行并进”的校训精神引领下更好地学史明理、学史增信，弘扬革命精神、传承红色基因。

综合能力训练项目

一、项目训练内容

查询网络二手资料，结合校企合作企业实际和面临的问题，选择感兴趣且擅长的项目进行VR营销项目训练，为企业选择合适的VR营销平台及方案，从而助力企业销售。

二、项目训练要求

结合VR营销特性及企业特点，为校企合作企业的相关项目选择合适的VR营销方案。

- 对VR营销功能、特点进行全面分析；
- 对企业和产品特性进行详细分析；
- 根据该项目具体运营目标，选择合适的VR营销方案；
- 提出选择该VR营销方案的理由并进行优劣势分析。

三、项目训练考核要求

- 对VR营销功能、特点分析全面、到位(20分)；
- 对企业和产品的特性描述详细、准确(20分)；
- 选择该VR营销方案的理由合理且充分(30分)；
- 选择的VR营销方案与企业运营目标契合度高(30分)。

项目七

自媒体营销

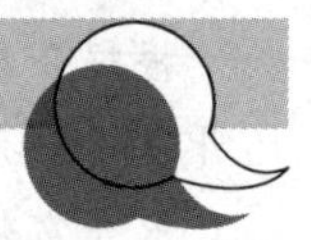

学习目标

素养目标

- 创新自媒体营销思维，提升学习者的团队合作精神。

知识目标

- 了解自媒体、自媒体营销的基本内涵和特征；
- 了解自媒体营销内容的创作要点，合理运用自媒体进行内容创作；
- 了解典型的自媒体营销运营策略；
- 了解自媒体粉丝的变现技巧。

技能目标

- 能够专业地界定自媒体，明确自媒体发展趋势；
- 能够利用小红书等自媒体平台进行创作。

案例导入

完美日记如何玩透小红书

作为新国货的代表之一完美日记，以用心为年轻女性开发一系列彩妆产品为己任，从2017年年底就开始布局小红书，投放的明星、头部KOL、腰部KOL、素人的笔记几乎席卷了小红书，种草爆文在小红书上不断二次传播，形成裂变式传播。完美日记与美妆博主合作，将产品的基础内容提供给博主后，由博主自己进行内容再创造。然后把博主创造的内容，转成自己账号的内容，目前官方账号发布的笔记，基本都来自其他博主的原创。

在小红书的投放策略上，完美日记和四个阶层的博主都进行了合作，通过明星的种草引起消费者关注和讨论。首先是明星投放，品牌成立之初，完美日记找到欧阳娜娜、林允、张韶涵等明星在小红书种草，通过明星带来短期、爆发式关注和讨论。之后，通过头部和腰部达人的试色达到真正的种草，引导消费者购买，从头部和腰部KOL种草的笔记，头图都是以试色形式出现的，这样很容易从视觉上一下子抓住用户的注意力，这也是彩妆产品的优势所在；最后，普通的素人消费者在种草之后进行购买，使用后又回到平台撰写使用感受和种草笔记，进行二次传播。

（资料来源：https://www.sohu.com/a/393208637_120088477）

项目简介

项目内容

近几年来，自媒体逐渐崛起，成为百姓获取信息和资讯的主要渠道之一。自媒体不仅是公共事件和社会话题的策源地，更是个人自主表达和分享生活方式的重要渠道，用户内容消费专业化、形式多元化，加速催生自媒体行业的垂直内容领域发展和新兴内容分发平台的建立。我们已经身处在一个社交网络的自媒体时代，企业也不可逃避地要面对自媒体给营销带来的深刻变革。

从自媒体营销平台认知和实践入手，本项目划分为认识自媒体营销、自媒体营销内容策略、自媒体营销运营策略和自媒体营销实施四个任务。

项目任务

以学校的校内外实训基地为载体，基于校企合作企业资源和网络二手资料，进一步识别自媒体营销的内涵和特征，制定企业的自媒体营销策略，同时运用自媒体营销方法和思维，给校企合作企业制订自媒体营销策划方案，助力企业销售。

项目学习课时

建议课内学习时间 6 课时，课外学习时间 8 课时。

项目成果

在项目学习结束后，学生应递交以下项目学习成果：

（1）以某企业某产品为例，撰写自媒体营销策划方案一份；

（2）以某企业某产品为例，撰写自媒体营销软文一份；

（3）以某企业某产品为例，设计吸粉变现的粉丝运营方案一份；

（4）以某企业某产品为例，设计并实施粉丝裂变营销活动。

任务一　认识自媒体营销

学习目标

- 了解自媒体、自媒体营销的基本内涵和特征；
- 能专业地界定自媒体，明确自媒体的发展趋势；
- 培养团队合作意识，能通过团队合作进行自媒体内容创作。

课堂讨论

你最常用的自媒体营销平台有哪些？讲述一个印象最深刻的自媒体营销活动。

一、自媒体和自媒体营销

1. 自媒体

2003 年 7 月，美国媒体学者谢因·波曼和克里斯·威理斯联合撰写了研究报告 *We Media*，在报告中他们对“自媒体”进行了定义。他们认为自媒体是用户利用信息技术与全球知识体系建立联系的一种渠道，是用户提供与分享经历和获取新闻和信息的有效途径。自媒体是指个人和机构以作者身份在互联网信息与交流平台开设的、自主发布信息，是人们进行信息交流与传播的重要媒介。

自媒体平台是用户发布、分析与交流的重要渠道。所谓自媒体平台，是指托管自媒体账号的平台，作者在此平台上将自媒体账号作为发布信息的渠道。从读者角度看，一个自媒体账号是一个自媒体作者已经发布和将来发布内容的集合。作者在自媒体平台上可以自主发布信息，可以想发就发，在篇幅、发布频率和容量上都不受到限制。而从发文形式上来看，自媒体发文内容形式更加多样，主要有文本与图片、音频、视频三种形式。早期的自媒体内容多为文本加图片的形式，而近年来，直播与自创短视频也逐渐成为一种新的形式。以小红书为例，经典小红书就是以文本与图片为要素构成文章，而如今又增加了视频内容。综上所述，自媒体的社交媒体分享与信息交流功能突出，为作者进行内容生产提供了平台，具有专业化、规范化的特征。2005 年，自媒体进入中国，开始在社会公众层面上得到认知和应用，中国自媒体发展史也由此拉开序幕。"博客"就是我国早期自媒体的典型应用。2012 年，腾讯公司推出的微信公众号越来越受欢迎，"自媒体"这个词也逐渐被人们熟知。公众号的订阅和朋友圈成为自媒体和用户直接交流的主要途径，公众号也成为获取资讯和咨询的重要渠道。

2. 自媒体营销

关于自媒体营销的概念，国际上没有统一的规定，但对其概念所描述的内容大体相同，自媒体营销最大的特点是在"自媒体"上面，这时有效的媒介和手段，通过自媒体最终实现了有效的目的。从广义上来说，自媒体营销主要就是借助互联网和现代信息技术，以实现一定的营销目标为目的的各种宣传、推广活动的总称。这也说明了自媒体营销的实质就是网上销售、电子商务，它包含的阶段有很多，主要有产品信息的发布、产品信息的反馈、产品实物的展示、产品功能的说明甚至是后面的产品销售和现场服务，这也说明了自媒体销售已经成为一个经营主体的最重要组成部分。在自媒体营销活动中，如在生产之前就需要充分调研市场的需求，在生产之后要进行有力、有效的推广等。自媒体又被称为"公众媒体"或"个人媒体"，与传统的报社、电视台等专业的大众传播媒体有所不同，自媒体通常由个人或企业创办，通过互联网以文字、图片、音频、视频等多样的形式向广大网民传播信息。自媒体的核心是通过优质内容的输出得到大量的用户关注，目前，我国自媒体平台主要有微信公众平台、微博、抖音、快手及小红书等。随着自媒体的发展，其特有的商业特性逐渐体现出来，通过自媒体实现宣传、推广、销售的营销手段成为重要的营销模式。

相对于报纸、广播、电视等传统媒体而言，通过自媒体进行内容营销更加快速便捷、内容形式也更加丰富。而且，自媒体内容营销在不同的媒介平台上，内容形式和特点也不同。以微信公众号和微博为例，微信公众号粉丝黏性更高，互动性更强，但内容传播的屏障较大；而微博采取人工智能分发的自媒体平台，内容传播范围更广。由于自媒体平台具有成本投入少、营销效果好的优势，人人都拥有面向大众推广的机会，越来越多的运营者开始利用自媒体进行内容营销，自媒体时代也在这样的背景下应运而生。虽然，目前部分高校在招生宣传的过程中仍会采用线下宣传、发放招生简章等传统方式。但是，越来越多的高校开始重视并利用微信公众号、官方微博等自媒体进行内容营销，进而达到招生宣传、吸引考生报考的目的。

自媒体的内容营销主要有三种类型：①交流互动。当用户留意该平台所提供的产品资讯时，便会有与运营者进行交互的意向。用户会向运营者提问或询问，运营者会立即回应并给予反馈，此过程被称作“互动”。运营者作为信息发布方，肩负着对内容信息的解读、观念的传递，用户与运营者的频繁交互，有利于构建良好的关系，促进用户与运营者的感情。②讲述。运营者所提供的信息内容，既包含了对用户有用的资讯，也包含了精神、理念等思想观念。“讲故事”是一个经过漫长时间的累积，目的在于唤起消费者内心的情感共鸣，从而形成品牌的影响力。③用户的参与。运营者可以根据自媒体的特点，为用户提供参与和互动的环境，并通过线上和线下的结合，激发他们的主动性，让他们参与到品牌建设和宣传中。另外，运营者往往会根据促销的形式，对用户进行适当的奖励，从而为二次营销做好准备。

二、典型自媒体营销平台

目前，市面上的自媒体营销平台有很多种，从内容上主要分为三大类：第一类是常规类自媒体营销平台；第二类是垂直类自媒体营销平台；第三类是音视频类自媒体营销平台。

（一）常规类自媒体营销平台

常规类自媒体营销平台主要指的是广大自媒体用户常见的平台类型，也是目前自媒体营销的主流渠道，根据推送内容不同，具体可以分为流量类自媒体营销平台、知识类自媒体营销平台和资讯类自媒体营销平台三类。

1. 流量类自媒体营销平台

拥有大流量和稳定的粉丝群里的自媒体平台就是流量类自媒体营销平台，占据了自媒体行业的大部分份额，也是目前市面上最常用的平台，主要包括微信公众号、今日头条、百家号、企鹅号和大鱼号，均是国内知名互联网公司针对自媒体内容创作者开发的自媒体渠道，囊括了来自时政、体育、人文、娱乐等多个领域的自媒体人。

以“百度百家号”为例，运营者入驻平台后，注册百家号成为内容创作者，即可在百家号上发布文章和内容，而百度新闻 App 的原创栏目就是这些内容的展示地，并被百度搜索和百度其他产品线收录，这时创作者可以通过内容发布、内容变现和粉丝管理等百家号产品服务来实现基本的运营操作，然后平台会根据文章阅读量的多少给予运营者收入。与此同时，百度百家号还以百度新闻的流量资源作为支撑，帮助运营者进行文章推广、扩大流量。百家号通过百度资讯流、百度搜索和其他百度产品的流量矩阵，为自媒体人士在更大范围增加文章的曝光量，百家号同时也是一个去中心化的自媒体平台，只要是好的内容，就可以在百家号中得到大力推进，而且可以在自媒体群中引发震动效应。百家号有个人与机构两个主体类型，并且各有适用范围，个人账号适用于垂直领域专家、意见领袖、评论家及记者等自由创作者；机构账号适用于媒体、企业或其他以生产内容为主的组织和团队。

百家号通过百度联盟的商业模式，让互联网内容与企业广告实现良性的交互转换，对内容创作者、读者以及他们之间的传播者实现无缝对接。即互联网内容创作者在百家号自媒体平台上发布相关文章后，通过百家号吸引大量的百度联盟广告客户与品牌客户，通过在文章页面上引入广告的方式吸引目标用户点击查看并购买，最终广告产生的收入 100% 返还给内容创作者。百家号的运作模式见图 7-1。

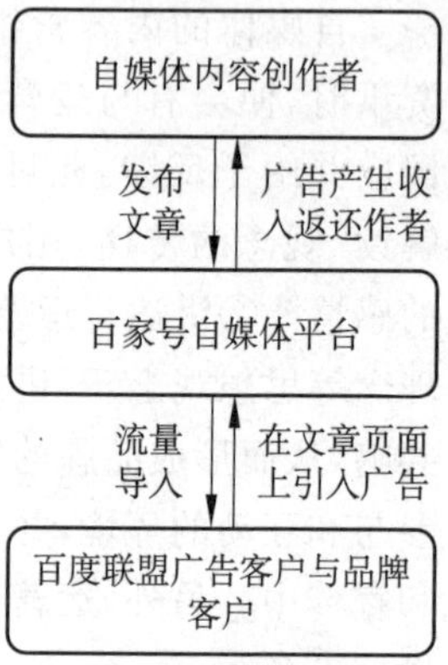

自媒体内容创作者
发布文章 ↓ ↑ 广告产生收入返还作者
百家号自媒体平台
流量导入 ↓ ↑ 在文章页面上引入广告
百度联盟广告客户与品牌客户

图 7-1 百家号的运作模式

2. 知识类自媒体营销平台

知识类自媒体营销平台主要指的是围绕知识、经验、情感等对用户有价值的知识类信息进行沟通的自媒体平台。对于普通用户来说，目前这类自媒体平台主要以问答和专栏的形式开展运营活动。主要包括知乎、悟空问答、搜狗问问、360 问答、百度知道等问答类自媒体平台和知乎专栏、36 氪、站长之家、钛媒体等影响力专栏类自媒体平台。其中，知乎用户质量高且流量巨大，热门问题关注人数高，很容易出爆款；百度知道、搜狗问问适合做搜索截流、信任背书，以软广告收益为主。

以“知乎”为例，用户注册登录后，在平台分享着彼此的知识、经验和见解，为中文互联网源源不断地提供多种多样的信息。用户围绕着某一感兴趣的话题进行相关的讨论，同时可以关注兴趣一致的人。其主要定位是知识共享，内容页面是知乎最主要的页面，用户既可以通过搜索来了解相关问题，也可以直接提问或作答自己感兴趣的问题。知乎鼓励用户在问答过程中进行讨论以拓宽问题的发散性，鼓励答案的非针对性。

在知乎的每一个注册用户都有一个 PR（个人排名），你的每一个操作都将直接影响你的个人 PR 值。在问答的时候，答案顺序按赞同票数排序，在赞同票数相同的情况下按个人 PR 值排序，同时隐藏被认为无效的答案。这在一定程度上过滤了垃圾信息。此外，不同类型的答案会进入不同的话题领域，这些话题会被推荐在首页、导航等多个位置，通过这种话题机制，让优质答案得到了更大的曝光。

知乎以人和内容为节点，构建起了高质量的知识社区和高价值的人际关系网络，已经成为自媒体人不可忽视的头部内容创作平台。目前，知乎为内容创作者提供了包含内容分析、问题推荐、内容自荐、回答赞赏、知乎 Live、自定义推广、品牌任务以及作者经纪在内的八项阶梯式权益。创作者可通过这些工具了解所创作内容的数据是好是坏，扩展专业内容在知乎社区的影响力，收获更多认同，同时，还可以获得知乎的经济合约，乃至商业创作收益。

知乎专栏从知乎问答社区中催生，旨在为有持续创作需求的用户提供写作工具，作者可以在知乎专栏专注内容创作，生产和积累有深度、结构化的内容，树立行业权威和专业品牌。用户可以通过创建专栏后成为栏主，与其他用户分享自己的专业知识及相关观点。每个专栏下可写多篇文章供他人阅览，且该专栏下的文章都围绕一个相同的主题。客户端上的知乎专栏将创作的板块做了一个详细的分类，有新鲜推荐、生活方式、影视娱乐、心理学、互联网、文学、商业、音乐、科学、金融、游戏、经济学、编程、汽车、体育、法律 16 个板块，用户可根据自己的喜好、需求进入相应板块，比网页版更方便。

3. 资讯类自媒体营销平台

随着媒体融合进程的加快，越来越多的媒体开始探索利用自媒体去中心化的特点开拓新的传播领域，包括一点资讯、趣头条、大风号等综合类资讯自媒体平台和搜狐号、新浪看点、网易号、界面等新闻类资讯自媒体平台。

以“一点资讯”为例，它是北京一点网聚科技有限公司推出的一款为兴趣而生、有机融合搜索和个性化推荐技术的兴趣引擎。致力于基于兴趣为用户提供私人定制的精准资讯，并成长为移动互联网时期一代内容聚合分发的自媒体平台，主要板块有时政新闻、财经资讯、社会热点、军事报道、家装设计、育儿常识、星座命理、出游旅行、野史探秘、太空探索、未解之谜和前沿科技资讯等，探索未知新世界。

与一般具备个性化推荐功能的移动阅读客户端不同，一点咨询凭借“用户兴趣探索＋订阅不同主题内容”的用户兴趣主动表达的“兴趣引擎”，可以发现更加真实、完整的用户画像，为其推荐除热点、爆炸性新闻之外更有意义和价值的信息，提供兼具共性与个性的移动价值阅读平台。

同时，一点资讯将“机器学习＋人工编辑”的“人机智能”率先应用于移动资讯领域，致力于帮助用户更好地发现、表达、甄别、获取和管理对自己真正有价值的内容，引导了用户在移动端的深度阅读行为，带来了深度内容阅读在移动互联网的延伸。一点资讯旗下的内容创作平台“一点号”，为创作者提供内容分发、运营、MCN 机构管理收益等一站式服务，全方位助力创作者打造影响力、实现内容变现。凭借专业编辑团队创作指导、亿级流量、精准算法推荐、多重收益与丰富榜单，一点号给予用户易用、人性化的使用体验。

（二）垂直类自媒体营销平台

垂直类自媒体营销平台主要指的是以某一行业领域为核心，开展自媒体运营活动的平台类型，比常规类自媒体平台推送的目的和内容更有针对性。包含电商类自媒体营销平台、社区类自媒体营销平台和行业垂直类自媒体营销平台三种。

1. 电商类自媒体营销平台

活跃的电商类自媒体营销平台主要有阿里巴巴专栏、京东号、微淘、小红书、派代、亿邦动力专栏、淘宝头条、有好货等。微淘和小红书面对的受众是买家，派代和亿邦动力专栏面对的是电商从业者，而阿里巴巴专栏则是供应链厂家。

以“阿里巴巴专栏”为例，它是阿里巴巴旗下专为供应商提供信息来源渠道的资讯自媒体平台。该平台上的创作者或企业主，可以根据自身情况组建或加入“圈子”，组织或参与圈子中的各种活动，在寻找商业合作机会的同时，展现企业自身的品牌文化和特色。商友圈为给用户提供更好的服务，把控内容质量，于 2019 年 7 月 1 日起，只对诚信通会员和头条号作者开放内容编写权限，另外发布动态功能也只对诚信通用户开放。

在阿里巴巴专栏的基础上，为适应自媒体的发展，阿里巴巴开发了“阿里头条”平台，2018 年 10 月正式更名为“行业资讯”，行业资讯通过专业的产品导购和媒体营销，以买家为中心，让买家知道该如何买，帮助卖家获得更多的曝光渠道及曝光量，让更多的买家看到、找到企业的产品。

商家在行业资讯平台上可以发布的内容有以下几个方面。

（1）行业资讯。商家可以针对自己所处的行业撰写文章，包括但不限于对自己行业发展趋势的思考，以及行业当下现状的分析等。

（2）淘系店铺的经营技巧。商家可以在头条分享自己的电商经验，如直通车的使用技巧、如何做出爆款产品、怎样获得更多的手淘流量等。

（3）企业经营管理过程中遇到的一些问题及解决办法。商家可以根据自身的经验，分享一些经营活动中的案例等。

(4) 自己和1688的故事。商家可以根据自身经验,分享一些加入1688平台后的故事,例如为什么加入1688、加入1688之后发生了哪些变化,以及通过1688平台与买家成交的经历、数据等。

(5) 特色的商品推荐。原头条的导购类文章仍然可以继续投稿,商家可以根据自家产品的一些特性撰写导购文,并可以在文末插入商品的推荐。

(6) 泛电商类的资讯文章。头条资讯也非常欢迎商家或原创作者投递“泛电商”类的文稿,内容包括但不限于物流管理、消费心理学、展会营销、国际贸易等电商领域。

2. 社区类自媒体营销平台

社区类自媒体营销平台凭借自身的特色,吸引了不同的受众人群聚集,为自媒体营销者开展活动提供了便利。常见的社区类自媒体营销平台主要有豆瓣、简书、贴吧等。

以“豆瓣”为例,豆瓣是一个集品味系统(读书、电影、音乐)、表达系统(我读、我看、我听)和交流系统(同城、小组、友邻)于一体的创新网络服务,一直致力于帮助都市人群发现生活中有用的事物。该平台以书影音起家,提供关于书籍、电影、音乐等作品的信息,无论是描述还是评论都由用户提供。平台还提供书影音推荐、线下同城活动、小组话题交流等多种服务功能。

豆瓣没有编辑写手,没有特约文章,没有600行的首页和跳动的最新专题。豆瓣的藏书甚至没有强加给用户的“标准分类”。豆瓣所有的内容,分类、筛选、排序都由豆瓣成员决定,在豆瓣中给评论一个“有用”,文章的排名会自动上升,给一本书贴上“我的最爱”,它会在整个平台的标签分类中出现,豆瓣通过不断完善算法,以用户的个性化构建自媒体社区的有序和有益的体系结构。

此处,豆瓣平台上的每个开发管理者也是豆瓣每日的用户,分享着自己的发现,也从用户的参与中受益,豆瓣平台鼓励用户通过点击豆瓣成员的名号或头像,访问他人的个人主页,并充实自己的收藏或评论,这些都是豆瓣上最重要和有意义的内容。

3. 行业垂直类自媒体营销平台

行业垂直类自媒体营销平台是指以某一行业为主,深入挖掘本行业内的资讯和内容,并以此开展自媒体营销活动的平台。包括以宝宝树、育儿网、亲宝宝、妈妈网等为代表的母婴类垂直自媒体平台,以网易云课堂、腾讯课堂、慕课网、荔枝微课、知乎LIVE、51CTO为代表的教育类垂直自媒体平台以及以创业邦、思达派、虎嗅网、亿欧网等为代表的创业类垂直自媒体平台。

以“宝宝树”为例,宝宝树是中国最大、最活跃的母婴类社区平台之一,专注年轻家庭的在线母婴类自媒体平台,致力于连接及服务年轻家庭,满足新一代母婴用户优生优育、交流交友、健康成长、优选购物四大需求。宝宝树旗下产品包括宝宝树孕育、社交记录媒介和早教内容及工具在线平台“小时光”、母婴产品类电商平台“美囤妈妈”等,目前已成长为月活跃数在千万以上的社区。宝宝树的活跃用户主要是“80后”乃至“90后”年轻母亲群体,她们不同于上一代对健康及育儿的认识,她们对母婴App的知识、交流、记录以及电子商务有较深刻的理解和运用。根据“宝宝树孕育”App官方资料显示,“宝宝树孕育”App具有强社区属性及电商属性,属于大型育儿社区,用户使用它的记录功能,利用它进行论坛式的知识内容分享,同时在该应用上购买母婴产品。家庭日记累积存储达到2.2亿条,每天都有近20万条育儿问题与互动解答。

"宝宝树孕育"App的"圈子"功能是用户参与社交最直接的入口,"圈子"划分为备孕、孕期、产后、同龄、情感、生活、时尚、同城等类别,"宝宝树孕育"App的"圈子"构建,更多是根据用户的喜好、用户宝宝的年龄等划分圈子。用户拥有相同的爱好,彼此之间更容易沟通。通过用户与用户间不断沟通的方式拉近两人的距离,构建好陌生社交关系,相互鼓励以缓解备孕期的焦急,或孕期的不安,或育儿期的迷茫。分享和发布话题是社区"圈子"必须具备的功能。此外,"宝宝树孕育"作为一个母婴社区,用户数量庞大,也拥有许多"圈子"内的"达人(指代很有影响力,粉丝量、话题量很多的用户)",这些人拥有比较多的粉丝,话题活跃度较高,能广泛吸引用户参与和讨论。在用户进行信息交互的过程中,知识得以扩散,有针对性和系统性的信息得以重新整合和传播。

(三)音视频类自媒体营销平台

音视频类自媒体营销平台包含音频类自媒体营销平台、视频类自媒体营销平台和直播类自媒体营销平台。

1. 音频类自媒体营销平台

目前主要的音频类自媒体平台有喜马拉雅FM、蜻蜓FM、企鹅FM等,凭借方便、资源丰富等优势越来越受到年轻用户的喜爱。其中喜马拉雅FM流量最大且内容更具综合性。

以"喜马拉雅FM"为例,作为国内最大的长音频平台,喜马拉雅FM先后经历了音频领域空白的市场探索期、知识付费行业规模迅速扩张的市场爆发期与智能化、娱乐化转型的瓶颈突破期。由其官方公布榜单可见,平台用户分布广泛,各长尾垂直领域用户均形成一定规模,其中儿童类与人文类内容播放量最多,相对而言,专业性内容如科技、金融等领域的播放量与付费率偏低。

从作品品类上看,目前平台有声读物主要包括相声评书、音乐电台、教育培训、人文历史等。截至2019年9月,移动端注册用户已超过了6亿,活跃有声主播超过700万,2021年1月喜马拉雅热播榜显示,知识品类在全平台18%的占比,显著高于B站、得到、快手等付费平台。《喜马拉雅FM内容付费畅销榜》Top100榜单显示,儿童区、娱乐区与人文区畅销作品数与播放量位列前三,远超其他知识类相关分区。

目前喜马拉雅FM以PGC付费与免费内容为主,UGC内容为辅,生产覆盖领域广泛的音频类产品。喜马拉雅平台的主要内容生产者包括个人主播、MCN、入驻大咖、内容品牌及喜马拉雅官方频道,主要的目标用户为听众和个人主播。其中,听众的活跃动机是享受高质量音频服务,个人主播的活跃动机为分享音频产品、获取价值认同。喜马拉雅同时为机构和个人内容创作者提供机会,而非局限于专业知识分子的内容创作,每一位明确分享意向且具备分享能力的创作者,只要能够提供有价值的知识内容,都能在平台上尽情施展魅力,形成聚合效应,吸引更多受众。相较其他视频平台,喜马拉雅创作者数量庞大,作品品类繁多,具备明显的规模优势。喜马拉雅FM是国内首创的PUGC战略平台,实现了内容产品的纵深化。PUGC是PGC与UGC的结合,即专业媒体人与自媒体人共同进行内容生产,并通过互联网进行传播,随着内容多样性的增加,生产者与消费者的角色也可以互相转换,使平台产品兼具专业深度与用户原创广度。当前商业模式里,个人主播与运营机构通过公开招募成为产出方为平台提供音频成品,同时个人主播还能对接平台商城为品牌广告主进行软广投放带货,以获得音频内容额外报酬,广告分成通过点击率与购买量计算由平台与个人主播共享。在平台下游,自有用户和第三方平台是付费知识课程市场的主要用户,一方面自有用户从平台订阅知识产品满足自身需求,另一方面平台也可以将部分内容分销给第三方以供其二次传播和创作。尽管商业链已初步成型,但囿于内容生产外部性依赖过高,未来仍有进一步发展上下游经济的空间,从而打造更加完整的平台业态,喜马拉雅商业模式见图 7-2。

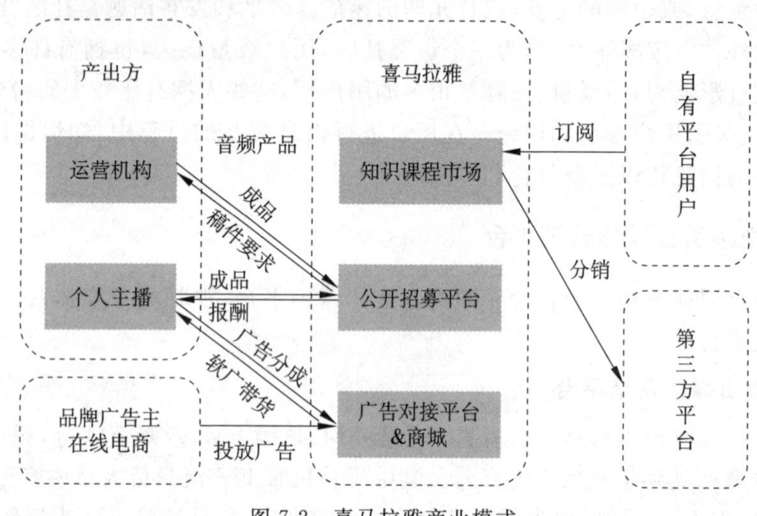

图 7-2 喜马拉雅商业模式

2. 视频类自媒体营销平台

随着人们阅读习惯的改变,视频形式因其内容表达丰富、形式多样等特点,能给用户带来更为直观、真实的视听体验。目前视频类自媒体平台主要有以传统电视媒体、网络视频媒体为代表的爱奇艺号、腾讯视频、优酷、B 站等,它们均有自主视频内容创作的平台;另外一类是以抖音、快手、火山、视频号、西瓜视频、美拍、秒拍等为主常见的短视频自媒体平台。

以"B 站"为例,哔哩哔哩,简称 B 站,现为国内领先的年轻人聚集的文化社区,月活跃用户量达 8504 万人,18～35 岁用户占总用户数的 78%。在用户的推动下,B 站已经成为众多网络流行文化、热门词汇的发源地之一。B 站的特色是悬浮于视频上方的实时评论功能,爱好者称其为"弹幕",这种独特的视频体验让基于互联网的弹幕能够超越时空限制,构建出一种奇妙的共时性的关系,形成一种虚拟的部落式观影氛围,让 B 站成为极具互动分享和二次创造的文化社区,B 站拥有动画、国创、音乐、舞蹈、游戏、科技、生活、娱乐、时尚等分区,并开设了直播、游戏中心、周边等业务板块。

3. 直播类自媒体营销平台

这里主要指的是纯直播平台,较为常见的有斗鱼、虎牙、熊猫、花椒直播、小米直播、一直播、映客等。

以"花椒直播"为例,它是一款日活跃用户数突破 500 万、月活跃量超过 1000 万的超大移动社交直播平台。它的最大特色就是具有其他直播软件无法比拟的明星属性,此外,花椒还专门打造多档自制直播节目,包括文化、娱乐、体育、旅游等多个方面。以旅游为例,平台会介绍如何通过视频直播渠道来运营旅游行业,利用直播开展旅游宣传可以让用户对产品有更清晰、真实且全面的感受和体验，从而使用户情不自禁地出门游玩。由齐全的场外设备、取好景和多取景、创新互动方式三大要素构成的“直播＋旅游”模式中，重点在于场外直播，将自然环境直接呈现在用户面前，并结合专业性的解说，让用户明白景区的产品优势。

综合能力训练项目

一、项目训练内容

查询网络二手资料，结合校企合作企业实际和面临的问题，选择感兴趣且擅长的项目进行新媒体营销项目训练，为企业选择合适的自媒体营销平台，从而助力企业销售。

二、项目训练要求

结合各自媒体平台特性及企业特点，为校企合作企业的相关项目选择合适的自媒体营销平台。

- 对自媒体平台功能、特点进行全面分析；
- 对企业和产品特性进行详细分析；
- 根据该项目具体运营目标，选择合适的自媒体营销平台；
- 提出选择该自媒体营销平台的理由及优劣势分析。

三、项目训练考核要求

- 对自媒体平台功能、特点分析全面、到位(20 分)；
- 对企业和产品的特性描述详细、准确(20 分)；
- 选择该自媒体营销平台的理由合理且充分(30 分)；
- 选择的自媒体平台与企业运营目标契合度高(30 分)。

任务二 自媒体营销内容策略

学习目标

- 掌握自媒体营销的内容创作思路；
- 掌握自媒体营销内容的创作要点，学会创作；
- 掌握在自媒体中植入营销内容的技巧。

课堂讨论

你进行过自媒体营销内容创作吗？讲述自己亲身经历的自媒体营销活动。

一、自媒体营销内容创作思路

自媒体营销内容指的是以内容创意为保障机制，使企业能够创造或利用内外部的价值内容来吸引目标大众主动关注，从而达到营销目的。

1. 自媒体营销内容创作目标

企业通过自媒体平台进行营销时，优质的内容不仅可以为企业带来流量，本身也可以作为一个独立的 IP 进行运作。在进行自媒体营销内容创作时，需要时刻明确本次内容创作的目标，目标不一致、内容的方向也不一样。

一般来说，自媒体营销内容创作的目标包括三种。

（1）品牌宣传。这需要从整体上思考如何让内容符合品牌风格、引起目标受众共鸣，同时需注重内容的质量和专业性，以带动企业口碑。例如，华为的公众号，主要用于宣传品牌，其主推文章的内容以企业品牌介绍、企业产品宣传、企业公益行为等为主，不仅体现了华为的企业综合实力，而且树立了良好的企业形象，提升了企业在目标受众心中的知名度和美誉度。华为公众号文章展示如图7-3所示。

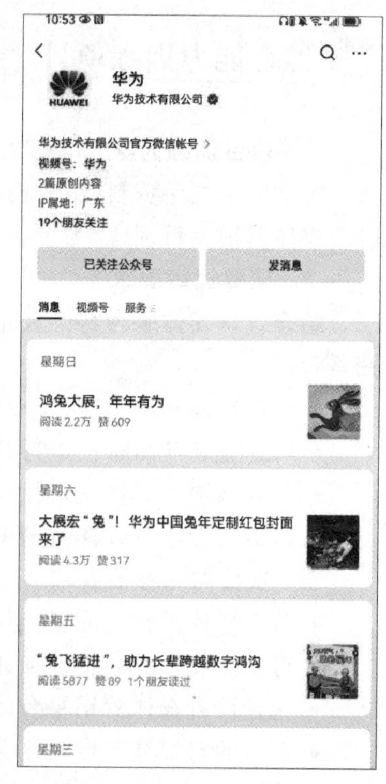

图7-3　华为公众号文章展示

（2）产品销售。销售产品是企业营销的核心目标，如果为了销售产品，自媒体内容创作者需要思考如何让目标受众产生信任，同时被需要，从而促进直接购买，这要求在营销内容的创作过程中能够引流和销售转化，将消费者引导到产品购买页面，直接进行消费购买。例如自然堂的小红书账号（图7-4），除了产品展示、测评报告的撰写，还有直接商品购买的页面，消费者在"笔记"板块看完测评后，可以在"商品"板块直接购买。

（3）活动推广。如果自媒体营销内容创作的目标是活动推广，则需要思考如何让目标受众觉得这个活动有吸引力、很值得参与而且参与门槛不高，要注重阅读量，可以结合热点、娱乐、资讯等信息来确定内容写作方向。例如"喜欢银泰"微信公众号，主要用于银泰商场的活动推广，故其公众号内容以银泰各地商场开展的各类活动为主，让其目标受众在第一时间了解活动详情并参与其中。

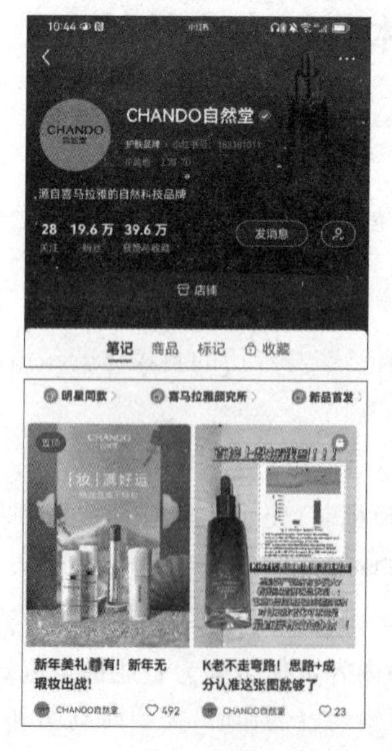

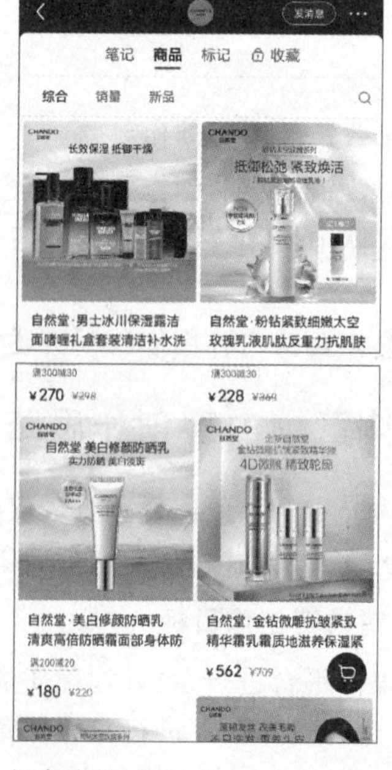

图7-4　自然堂小红书账号展示

2. 自媒体营销内容表现形式

目前自媒体内容的主要表现形式为文字、图片、音频和视频。四种类型各有自己的优劣势，可独当一面，也可互相联结形成优势组合。在自媒体内容创作的过程中，可以综合利用不同的表现形式，集合各类形式的优点，吸引用户阅读，提升阅读内容的趣味性，提高阅读沉浸度和营销效果。

(1) 文字。文字是内容信息最直观的表达，可以准确传达内容的核心价值，不会使读者产生理解错误，同时，文字的表现手法多样，不同的文字写作方法会带来不同的营销效果，可以快速吸引读者的注意并引起读者的共鸣。人们对事物的认识都是先有感性再有理性，因此，在进行文字写作时，也可以遵循这样的顺序：先引发读者的感性情绪，再进行逻辑说理，既要从感性入手，让文字具有人情味，使文字富有感染力，触动读者的内心，又要做到有逻辑性，加强文字的说服力。文字的感染力能影响人的情绪，拉近与读者的心灵距离；文字的说服力能影响人的思维，拉近与读者的思想距离。因此，在文字的写作过程中，应当做到感性和理性兼备，让读者即能感受创作者的理想和情怀，又能收获知识，一般在一篇文章的首尾部分感性的运用最多占 40%；在中间部分理性的运用最少占 60%。

(2) 图片。随着人们的阅读需求进入了轻阅读时代，图片阅读的优势逐渐体现了出来，图片比文字具有更强的视觉冲击力，可在展示内容的同时给予用户一定的想象空间，制作令人愉悦的图片，不仅能使文字内容更具有观赏性，还能起到吸引用户兴趣、缓解用户视觉压力和思考压力的作用。自媒体营销创作者在创作时，一般将图片作为文字的一部分融合到内容中，使图片既能更鲜明地表达主题，又能提升用户的阅读体验。

(3) 音频。音频是一种利用听觉感官实现内容传递的表现方式。音频类的自媒体内容表达具有不同的特点，具有更强的亲和力，能够快速拉近与用户的距离，增强品牌亲切感，可以更加方便快捷地发布信息、引导消费趋势、诱导相应产品及服务的推荐、转化。但在音频制作过程中，可能出现因外界干扰导致信息收录不完整的情况，影响用户对信息的接收。因此，以音频方式进行自媒体营销，需保证录音环境没有多余的噪声，要吐字清晰、语速适当、用语简明，以让用户容易理解和接受为重点。

(4) 视频。视频自媒体是目前最受欢迎的表现形式。与文字、图片、音频三大形式相比，视频的表现形式更加多元化，给人的感官体验更丰富，更能够带动观众的情绪。它能够更加生动、形象地展现内容，具有很强的既视感和吸引力，能增加用户对营销内容的信任。在使用视频作为自媒体内容的表现形式时，可以直接拍摄内容信息，也可以对视频进行编辑，但要保证视频内容的真实性，在保证娱乐性的同时，提升消费者对产品的认知。

二、自媒体营销内容创作要点

对于自媒体营销来说，内容为王，只有内容足够优秀，才能获得阅读量和粉丝关注，从而获得更高的收益，提高粉丝忠诚度。

1. 标题撰写

一篇文章的标题是用户是否点击观看营销内容的关键，因此提高文章标题的吸引力显得尤为重要。在撰写自媒体内容标题时，要学会抓住标题的要点，只有抓住要点，才能准确打造吸引目标受众点击阅读的标题，具体的要点见图 7-5。

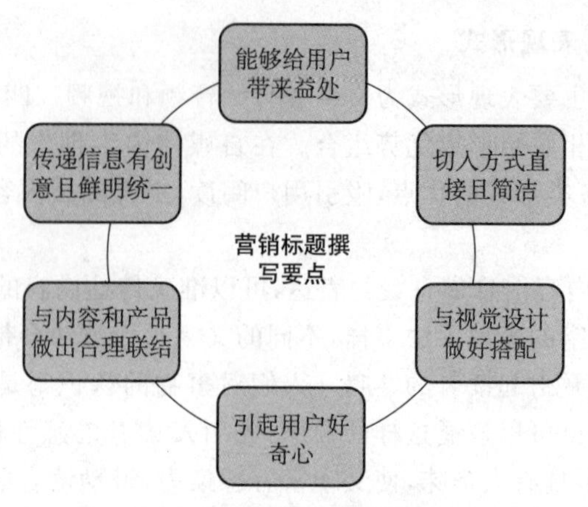

图 7-5　营销标题撰写要点

了解了营销标题的撰写要点，接下来就要学习撰写营销标题的方法。优秀的自媒体标题都有一些共同的特性，掌握这些特性和方法，有助于提升自媒体内容点击率。

(1) 草船借箭式。这是一种借势营销的方法，它有三种形式：①紧抓热点事件、热门事件、新闻人物等，借助热点来撰写标题。例如，大年初二，大家都有走亲访友的习俗，2023 年春节期间，良渚古城公众号借助这个热点，写了标题为《正月初二|假如五千多年前也要走亲访友》的文章，通过讨论良渚先民们"走亲访友"需要携带的物品，吸引了大量粉丝的关注和留言，进一步宣传和推广了良渚文化。②借力，通常会借助权威部门发布的数据进行解析。③移花接木，通常的做法就是抓关键字，然后进行改编，例如《春季踏青：在"九曲花街"上追逐春光，世界那么大我想去看看！》。

(2) 故弄玄虚式。故弄玄虚式就是明知故问，主要形式有提问式、疑问式、反问式。提问式就是提出问题，从而引发思考、引起关注，例如《宝宝咳嗽要不要吃药?》。疑问式则是通常的做法，通常会用"怎么样""有哪些""怎么办"等作标题，例如《孩子学习成绩不好您怎么办?》。反问式则是只问不答，例如《微信难道不是营销工具?》。

(3) 情不自禁式。这种标题主要贴合用户的需求进行策划，通常有以下几种做法：①数字型，例如《13 个口腔小建议，一口好牙陪你到老》《8 款好用的洗发水推荐》。②夸张型，例如《新房装修最容易犯的 25 个错误，条条踩中痛点！》。③优惠型，通常标题会用"免费""打折"等词突显优惠活动，例如《种草帖！如何省钱过节？283 座万达广场打折攻略在此》。④诱惑型，例如《我是如何利用微信月赚十万的》。⑤恐吓型，例如《"90 后"已成高发人群！总咬舌头可能是中风前兆！》。⑥对比型，例如《满江红大战流浪地球 2，谁更胜一筹》。

(4) 金玉良言式。金玉良言式主要从情感的角度出发，是站在目标受众的角度，为其出主意、提建议的一种方式。它主要有五种方法：①如何式，就是告诉目标受众怎么办，例如《如何给自己剪头发，时尚博主教你剪头发的基本步骤》。②建议式，给出目标受众建设性意见，例如《为何过来人都建议：选房尽量"远二近三"，住进去才明白！》。③命令式，例如《孩子玩手机的危害，家长必须知道！》。④情感式，例如《写给那些战"痘"的青春》。⑤诉求式，用劝勉、叮咛、希望等口气来写，例如《希望你的科硕，不是权宜之计》。

(5) 刨根问底式。刨根问底式就是利用用户的求知欲巧妙设置悬念，常用的做法有四种:①反常式,例如《中国人90%"不会"喝茶》。②变化式,例如《传统客厅过时了,现在有钱人家客厅都做下沉式,漂亮上档次!》。③不可思议式,例如《明星吃的食物里,汉堡竟成了最健康的食物!》。④欲望造成式,例如《想知道如何过四六级吗?点开这个就对啦》。

(6) 喜闻乐见式。喜闻乐见式主要是根据人们对新闻的注意及阅读习惯来策划标题,一般从大家感兴趣想了解的内容入手,通常会在标题中把最主要的、最新鲜的事实点表达出来,例如《浙江兔年第一场雪来啦!温泉正是最好配置,泡汤地图为你准备好了》。

(7) 娱乐八卦式。为了让标题生动有趣,需要用到各种修辞手法,或借助网络流行词,例如《赶快下"斑",不许"痘"留》;可以用诗词、成语典故、古汉语、谚语、歇后语、行业内专业术语,影视、戏曲、歌曲的名字来实现,例如《房价下跌、百姓只问不买、中介只求"非诚勿扰"》。

(8) 一箭双雕式。一箭双雕式主要是用双关语策划标题,通常采用双关语或谐音,例如《豆瓣商品:如何把商品豆瓣化》。

(9) 耐人寻味式。耐人寻味式主要是通过卖关子调起用户兴趣,让目标受众去猜,例如《痤疮、痘印、斑点、初老……靠光子嫩肤都能解决吗?》。

(10) 开门见山式。开门见山式就是直奔主题,主要是让目标受众一目了然,例如《养娃三年,总结出最实用的15件母婴好物》。

2. 内容撰写

好的标题吸引用户点击后,若文章内容对用户没有吸引力,则不能将营销信息推广给用户,从而造成资源浪费。好的正文内容不是极力说服他人接受,而是通过图文并茂的描述,逐渐让用户接受并信赖,提升接受度,提高转化效率。

(1) 核心扩展法。核心扩展法是指先将核心观点单独列出来,再提供方方面面的论据围绕核心观点进行扩展论述,这样文章始终围绕一个中心进行论述,不会出现偏题或杂乱无章的现象,提升读者阅读的逻辑性。例如,"北京日报"头条号文章《故宫之后,颐和园联名彩妆登场,景区文创为何盯上口红?》,开篇即提出了"宫廷文化与时尚彩妆的文创产品新融合"的核心观点,然后从故宫和颐和园的景区文创产品开发到营销推广,进行了抽丝剥茧的分析,对此类文创产品起到了良好的品牌宣传作用。

(2) 各个击破法。各个击破法是根据要推广的内容,将产品或服务的特点单独进行介绍。其写作过程中要注意文字与图片的配合,对产品或服务的卖点进行充分介绍,通过详细的说明和亮眼的词汇吸引用户的注意。例如,同样是介绍口红,"木木美妆"头条号文章《"口红一哥"李佳琦又出来带货了,这几只口红简直好看到没朋友!》,紧紧抓住直播网红李佳琦的热点、围绕李佳琦推荐的几款产品,分别介绍不同产品的特点,再辅以精美的图片,吸引用户阅读并产生购买需求。

(3) 倒三角写法。在节奏越来越快的现代社会,用户很难有耐心阅读完一篇篇幅较长的文章,因此,可以先将文章的精华部分进行浓缩,放在第一段的位置,引起用户的阅读兴趣,然后继续解释为什么要看这篇文章,最后强调产品的优势,以加深用户的印象。例如:还是介绍口红,"可可时尚锦鲤"头条号文章《口红控必入,绝美显白的神仙番茄色口红,这波安利不吃不行!》,在开篇第一句就直接点明番茄色口红特点,然后一一推荐适合春夏的番茄色口红,既引人入胜,又能达到企业想要的宣传效果。

(4) 故事引导法。不仅文章开头能采用故事引导,正文也可以继续使用故事进行内容的营销与推广。这种方法适合讲述一个感人的、悲伤的、喜悦的或八卦的完整故事,让用户充分融入故事情节，继续跟着故事的发展阅读下去，在文章结尾处再进行广告植入。采用这种写法，一定要保证故事内容的有趣和情节的合理，这样才能让故事有看点，也方便推广对象的植入。

3. 自媒体营销内容植入技巧

在自媒体平台上强推营销性信息，很容易引起读者的反感，因此在自媒体内容中，需“巧”“妙”地植入营销内容。植入式营销成本低、回报率高、广告受干扰度低且到达率高、广告营销模式灵活且现场感强、广告受众数量庞大且接触率高，因而深受企业的青睐。植入式营销的最高境界是用润物细无声的方式，把营销内容融入一个故事、情节、场景、对话、道具、主人公喜好等之中，让消费者不知不觉接受营销信息，并且在接受广告的同时获得娱乐性、知识性。

(1) 故事情节植入。对企业来讲，讲述一个企业的故事或发生在企业的故事，会让用户感受到企业的文化氛围。毕竟故事就是生活的一种艺术，而生活又离不开产品，所以将企业产品和企业文化用故事来表达是非常合情、合理、自然的。例如，旅游公司的自媒体账号，就可以把旅游公司植入到文章中去，内容可以是发生在旅游途中的故事，也可以是旅游公司员工工作中的故事，甚至可以是旅游景点的故事介绍。这样目标受众不仅可以知道该旅游公司的品牌，还可以看到旅游公司的服务品质。

(2) 段子植入。好玩、幽默、有趣、人生感悟或笑话类的段子总会令人受益匪浅、感悟颇深，因此，企业把品牌植入到这些最受欢迎的段子当中，用户一定会赞叹创意的精妙而不会反感。利用段子植入产品信息时，需要注意段子内容与产品卖点的契合度，生搬硬套、不合时宜的段子内容不能为企业带来好的宣传效果。

(3) 舆论热点植入。每天都有网络舆论热点的人物或事件，企业可以针对这些热点人物设计广告，并悄无声息地植入广告，但是必须敏锐地观察舆论热点的进度，不要等到热点事件关注度下降之后再策划。

(4) 文本图片植入。每篇文章的开头和结尾是产品或营销信息流出的重中之重。企业可以在文章的开头和结尾部分，插入企业 Logo、产品图片等文字或图片形式的营销信息，或配好与企业所宣传信息相关的图片，只要美观，就会产生自然的植入效果。好的图片可以赋予品牌人情味，使广告植入更自然，吸引有相同爱好的用户，使品牌与用户的兴趣牢牢地结合在一起。

(5) 视频和语音植入。语音的营销内容植入需要策划好营销语句，在每条语音文章的开始都加入这个营销语句，以达到让目标受众熟知的目的。视频的营销内容植入需要通过脚本撰写，将营销信息合理地植入视频内容中，成为视频内容的一部分。

(6) 用户体验式植入。很多人喜欢在朋友圈里记录自己的生活经验和感受，这些内容中有相当的比例会涉及自己使用的产品，而这些使用感受与体验就构成了口碑效应。因此，企业可以通过发起活动，让用户主动讲述自己使用产品的体验与感受，并给予奖励，激发用户参与营销内容传播的兴趣。企业可以通过意见领袖的引导、分享与评价，向用户进行精准的营销。

(7) 硬性广告植入。自媒体软文写作也可以直接进行产品比较、宣传产品卖点，以吸引用户了解具体的产品信息，最终实现产品销售。这种硬性的广告植入方式，只要是符合用户需求的内容，仍然能够得到用户的认可。例如，在电影《长津湖》上映时，齐鲁晚报联合万达影城在 App 上推出“传承红色基因 致敬最可爱的人”主题观影活动，通过讲述抗美援朝战争的背景引出电影梗概,同时特邀20名退役老兵及家属共同观看电影《长津湖》,在影院巨幕下感受这部电影所传递的精神和信仰,向“最可爱的人”致敬,对该电影的热卖起到了一定的带动作用。

综合能力训练项目

一、项目训练内容

通过查阅网络二手资料及课程学习,结合校企合作企业实际面临的问题,撰写自媒体营销内容,助力企业销售。

二、项目训练要求

以某校企合作企业某产品为例,在品牌推广、产品销售和活动推广三个创作目标中,选择合适的创作目标,撰写自媒体营销方案。

- 选择合适的创作推广目标;
- 恰当运用自媒体营销内容策略,撰写形式多样的自媒体营销文案内容;
- 为自媒体营销文案撰写合适的标题;
- 运用各种自媒体平台提供的工具进行编辑,将分析结果运用于本团队的自媒体营销项目实践中。

三、项目训练考核要求

- 自媒体营销文案撰写的要点齐全(20分);
- 语言表达逻辑性强,表述清晰、准确(20分);
- 团队项目的自媒体营销文案切实可行(30分);
- 团队项目的自媒体营销文案有创新、有创意(30分)。

任务三 自媒体营销运营策略

学习目标

- 清晰知晓自媒体矩阵吸粉引流的技巧;
- 熟练使用自媒体进行留存和促活;
- 掌握利用自媒体进行粉丝变现的技巧;
- 培养精益求精的工匠精神。

课堂讨论

你有多个自媒体平台账号吗?讲述自己喜欢的博主进行自媒体多矩阵运营的案例。

一、自媒体矩阵吸粉引流技巧

案例:大号互推应用(三个妈妈六个娃)

1. 大号互推法

大号互推是自媒体营销过程中比较常见的一种快速涨粉的方法,它能够帮助自媒体创作者在短时间内获得大量粉丝,其实质是企业自身或企业之间建立账号营销矩阵，从而达到共赢的目的。自媒体企业之间开展互推引流，可以起到互相推荐、互相背书、树立专业度的作用。因此，互推的大号之间需要遵循调性对等、阅读对等、类型对等、时间对等、互惠互利的原则。

2. 多平台并行法

现阶段自媒体平台很多，同时运营多个平台是很多企业采取的措施，以提高曝光度、获取流量。多平台同时运行需注意以下三个问题：①基本信息的统一性。企业在不同平台注册账号的基本信息，如Logo、头像、名称、简介等应保持一致。②保持各平台内容的同步性。③分清各平台的主次性。确定主要运营的平台，就可以经常在这个平台互动。

案例：多平台运营策略(黎贝卡的异想世界)

3. 引擎占领法

占领搜索引擎是在读者搜索相关关键词时，搜索引擎上能够出现自媒体企业的名字，宣传起来更加直观，一般采用直接购买广告位、技术优化官方平台和在官方账号发布引流文章三种最简单和直观的方法。

4. 线上线下结合法

利用线上线下相结合的活动来吸引目标受众，能大幅提高自媒体账号读者的精准度。因为能够参与线下活动的人群，一般都是对企业和产品感兴趣的老客户或意向客户，所以，采用线上线下相结合的方法，不仅能起到聚集客户的作用，还能提高营销的精准性，因为与客户形成了互动，一旦客户有需求，就会形成购买行为。常用的线上线下吸粉手段有实体店铺活动，商业街路演或地推，会议、讲座、征稿等。

二、自媒体粉丝留存和促活技巧

通过自媒体矩阵吸引粉丝之后，需要采用一定的手段进行客户的留存和促活，以保持粉丝的活跃度，提高用户黏性。

1. 粉丝留存技巧

自媒体营销者提升用户活跃度、降低用户流失率，也是粉丝留存的关键。

(1) 做好引导设置，对于一些新用户来说，做好引导设置可以让新用户尽快熟悉起来、更快进入角色，从而让用户对自媒体账号及内容产生兴趣，愿意继续关注账号内容和体验产品。一般来说引导设置包含头像设置、介绍信息设置和欢迎页面设置。

(2) 抓住用户痛点。有针对性地抓住用户痛点，包括了解用户需求和专注某一领域。通过经常的互动以及客户数据分析可以很好地收集用户的需求，之后专门从某一角度有针对性地解决用户痛点问题不失为一种好的营销技巧，在某一领域做到极致，针对特定用户人群解决他们的痛点需求，可以将这部分人群转成自己的忠实粉丝。

(3) 提高内容含金量。自媒体的运营重点在于优质内容的创作及运营，只有好的内容才能留住粉丝。在内容定位的基础上，做好优质内容的创作和甄选，展示给用户真正需要的内容，同时利用社交媒介与用户进行积极互动，增加内容和品牌的传播力度，提高用户的信任度和支持度。

2. 粉丝促活技巧

在留存的基础上，同时利用奖励机制让用户持续、长时间关注自媒体账号，做好粉丝的促活。

(1) 积分奖励促活。积分奖励促活是目前最常用的奖励方法之一，能够很好地增加普通用户，并不断培养出核心用户。除了在自媒体账号推行积分奖励，还可以通过多元化的社交方式，提高活动的普及度。

(2) 任务奖励促活。任务奖励活动可以直接增加人气，常见的奖励模式是营销者通过社交渠道提供一个活动任务，如下载、转发、分享、评论、征稿等，用户将其完成就能够获得优惠、返现或积分等奖励，在此过程中，自媒体账号不仅能够获得用户的使用时间，还能通过用户的社交圈获得更多的新用户。

(3) 签到奖励促活。签到奖励的模式极其简单，在自媒体中被广泛应用，是目前使用比较频繁的一种与用户互动的营销模式。通过设置积分兑换、现金奖励、物品抽奖等，让用户逐渐形成持续性关注的签到习惯，是提高用户活跃度和黏性的营销方式。一般来说，签到包括每日签到、连续签到和累积签到三种形式。

三、自媒体粉丝变现技巧

对于自媒体平台来说，留存下来的粉丝只是流量，要创造价值，就必须把流量转化为收益，这就需要变现。目前来说，内容付费、流量分成、广告收益等仍然是自媒体变现的主要方式。

1. 知识付费

让用户为优质内容买单是一种常见的付费方式。随着版权意识的加强，自媒体领域知识付费呈现欣欣向荣的发展态势，喜马拉雅、知乎等付费平台层出不穷。不同平台提供的知识付费形式也略有不同，如知乎、悟空问答、微博问答等平台提供的付费问答，用户通过付费的形式获得自己想要的信息的问答方式，一般聚焦在比较垂直的领域，针对性较强。自媒体营销者使用这类知识付费平台，除收益之外，吸引留存粉丝并将粉丝引导到自媒体账号中进行消费也是其核心目的。除付费问答，还有得到、喜马拉雅、B站等平台提供的在线课程，相比付费问答，内容上更加专业，具有精准的指向和较强的知识属性。

2. 付费订阅

付费订阅一般是指由某个行业领域的专家为特定目标人群提供收费服务，推送一篇或系列文章内容，如罗辑思维、吴晓波频道等。付费订阅因其提供的服务更为专业和系统，收费会比知识付费更高。自媒体营销者要想通过付费订阅进行变现，不仅需要在某一领域有比较专业的权威性，而且提供的服务内容需要有一定的吸引力。

3. 点赞打赏

点赞打赏是最直观的内容变现形式，也是检验一个作者内容创作质量的最显性标准，打赏是用户心底对于内容的认可，进而愿意花钱去表达自己的支持。一个能够获得很多打赏的作者，本身也具有很高的用户黏性，与用户之间的互动更为深入。在这种情况下，读者会转变为粉丝，一定数量的粉丝则可以聚集成社群，一定规模的社群则可以获取更多的收益。

为了鼓励优质内容生产，自媒体平台一般都会推出“赞赏”功能，例如微信公众号、微博、简书、豆瓣等平台都开通了“赞赏”功能。以微信公众号为例，从 2015 年 8 月 11 日公众号平台赞赏功能邀请内测以来，赞赏收入成为很多自媒体账号获得初始收入的一个重要途径。对于优质的原创文章，特别是爆款文章，一次发文就可以轻松获得上万的打赏，尤其是 2018 年 6 月 6 日，“喜欢作者”代替“赞赏”，赞赏费用全面由作者收取以后，原创作者在赞赏方面的收入进一步得到提高。

4. MCN 模式

MCN 模式是一种多频道网络的产品形态，来源于国外成熟的网红运作，基于资本的大力支持，通过团队化作业，生产专业化的内容，以保障变现的稳定性。单纯的个人创作很难形成有力的竞争优势，通过 MCN 模式，把多个 IP 聚集在一起产生群聚效应，进而提升变现的效率。

微课：社群营销基础知识 1

5. 平台分成

平台分成是很多自媒体企业和平台都适用的变现模式，也是比较传统的模式之一，不同平台给出的分成标准是不一样的，平台分成的主要收益来自粉丝。自媒体创作者要想获得平台分成，需要通过撰写优质原创内容、深耕粉丝运营，促使自己快速拥有大量粉丝，在成长壮大后才有资格获得自媒体平台的分成。

微课：社群营销基础知识 2

6. 平台补贴

2016 年之后，各大自媒体平台通过补贴的方式吸引和留住优质内容创作者。常见的补贴分为两种形式：第一种是根据内容生产者贡献的流量，按照每月结算的形式直接发放现金；第二种是平台提供流量，内容生产者可以借此推广自己的内容，用巧妙的途径发放费用。平台补贴既是自媒体平台吸引内容生产者的一种手段，同时也是内容生产者盈利的有效渠道，内容生产者在平台上生产优质内容，吸引粉丝，给平台带来流量，从而反哺平台。

7. 内容电商

电商与自媒体的结合有利于吸引庞大的流量，一方面自媒体平台适合碎片化的信息接收方式；另一方面，在自媒体平台上，运营者可通过多种方式展示商品。若推送的内容能与商品很好地融合，无论是商品卖家还是自媒体营销者，都能获得较高的人气和支持。当自媒体内容积累到一定程度而使粉丝量足够大时，很多自媒体人都选择将原创内容出版并销售，获得更多的版权保护，同时还能获取一定的收入，内容出版的关键在于自媒体平台有能够获得用户认可的原创内容。例如原北大经济学教授薛兆丰在得到 App 上开设专栏《薛兆丰的经济学课》，收获了 40 多万学员，2018 年 6 月，在付费专栏内容的基础上，薛兆丰精选最有代表性的内容，形成了《薛兆丰经济学讲义》一书。

8. 商品推广

商品销售的变现方式主要有两类：一类是自己做微商开展商品销售，如知名自媒体时尚博主“黎贝卡的异想世界”，在公众号的基础上开设品牌商城，通过推文导流到商城，进行服装、配饰等时尚产品的销售；另一类是与其他企业合作开展商品销售。自媒体账号通过自身强大流量带动企业的产品销售，如知名自媒体账号“石榴婆报告”，开设石榴小卖部小程序，与国外机构合作，是一个海淘平台，通过石榴小卖部，国内用户可以轻松快捷地购买国外各大奢侈品电商的时尚商品，石榴婆报告通过推文引流收取提成，由平台提供客服、发货、售后等一条龙服务。

9. 广告变现

自媒体平台的广告分为冠名商广告、软文广告、品牌广告、贴片广告及底部流量广告等多种形式。创意植入广告是自媒体营销者直接可见的变现手段，不仅收入快，而且有新意。具备一定的人气基础及内容植入不生硬是广告变现的前提条件。

综合能力训练项目

微课：搭建社群的前期准备

一、项目训练内容

查询网络二手资料，结合校企合作企业实际和面临的问题，选择感兴趣且擅长的项目进行自媒体营销项目训练，选择一个自媒体营销平台进行运营，完成助力企业销售的目标。

二、项目训练要求

结合各自媒体平台特性及企业特点，为校企合作企业的相关项目选择合适的自媒体营销平台，设计吸粉变现的粉丝运营方案。

微课：搭建社群的规划

- 制定该账号粉丝引流、留存和变现的基本目标；
- 策划粉丝运营方案；
- 围绕企业和产品的特性，进行账号注册和运营；
- 恰当运用自媒体营销思维，开展粉丝引流、留存和变现的活动。

三、项目训练考核要求

- 自媒体营销粉丝引流、留存和变现的目标明确、具体(20 分)；
- 选择的自媒体平台与企业运营目标契合度高(20 分)；
- 粉丝运营方案可执行性强、创意度高(30 分)；
- 自媒体账号运营效果佳，粉丝有增长(30 分)。

任务四　自媒体营销实施

学习目标

- 清晰了解小红书营销的要点；
- 熟悉小红书的算法推送机制；
- 掌握利用小红书进行内容创作和运营的技巧；
- 学习如何使用小红书助农，培养乡村振兴和智力助农的情怀。

课堂讨论

你平常使用小红书吗？讲述自己最喜欢的小红书博主。

目前常用的自媒体营销平台有今日头条、知乎、小红书等，下面以小红书为例，详细讲解自媒体营销实施的过程。

一、小红书简介

视频：什么是小红书

1. 小红书介绍

生活方式社区小红书成立于2013年，目前主要分为社区、企业号、福利社三大主体。其平台内容覆盖彩妆、学习、情感、旅行、体育、美食、音乐、明星、影视等各个生活领域，每日产生的笔记曝光超过70亿次。作为一个成熟的UGC(user generated content，用户生成内容)分享平台，其UGC内容占比超过95%。在小红书上，用户可以通过短视频、图文等形式记录生活，并基于兴趣形成互动。从社区到电商，实现了商业闭环，小红书整合了从社区运营到交易闭环的综合性资源，方便用户在平台上“种草”，同时也助力商业品牌在小红书实现闭环运营。它鼓励用户在社区内分享购物经验以及美妆、个护、运动、旅游、家居、时尚等囊括了生活和消费方方面面的信息，又通过大数据和人工智能，将社区中内容的精准匹配给对其感兴趣的用户。

用户通过线上分享消费体验，引发社区互动，能够有效推动其他用户进行消费，而这些用户反过来又会进行更多的线上分享，最终形成一个分享-消费的正循环。小红书凭借其内容分享模式，采取口碑营销，高效地将用户口碑转化为“受众用户”的购买率，既提升了销量，又增加了好评。值得一提的是，与大多数互联网社区为用户打造虚拟身份构建虚拟社群不同的是，小红书社区中所有的内容分享都是来自真实生活，这也与它的电商平台属性息息相关。真实的生活分享与购物体验方能吸引其他用户的关注与跟随，因此小红书也被称为“三次元社区”。

根据吴晓波频道公众号数据显示，截至2022年年底，小红书月活用户达到2.6亿，月活创作者有2000万，笔记日发布量超过300万。小红书每天活跃的用户中，有60%会在平台进行主动搜索，日均搜索查询量已接近3亿。从用户体量上来看，小红书自2018年开始进入高速增长期，并于2020年开始出现明显破圈泛化。大量新用户的涌入，带来了内容品类的泛化和数量的急速扩张。小红书的社区内容目前覆盖美妆、美食、旅行、母婴、家居家装等领域。依靠用户生产的海量真实笔记，美妆护肤品牌完美日记、自然之名、谷雨、花西子，服饰鞋靴品牌致知、Maia Active、Ubras、Orange desire等新国货品牌在小红书走红。

2. 小红书盈利模式

视频：小红书第八年，回顾这一年被记录分享的生活瞬间

小红书的营销方式不同于常规平台，主要靠其独特的UGC营销、“种草”口碑营销宣传及自营跨境电商。

(1) UGC营销。小红书的UGC营销主要通过用户在社区平台分享生活经验以及产品的真实体验传播，吸引消费者的关注并激发其购买欲望，最终影响消费者购买行为，这一过程叫作“种草”，通常说“种草”都是网红推荐，但是小红书凭借最普通的用户对产品和生活的分享进行营销。小红书社区平台通过对用户笔记的点赞量、分享量、收藏量进行整理，确定是否在自营平台售卖某一商品。在小红书社区平台用户可以查阅到生活中的各种信息，一方面通过浏览社群分享的内容，满足个人的信息需求；另一方面，借助UGC社交化实现自身价值，通过社群购物网站中会员间的相互影响进一步提升社会关系满意度，这些都影响用户的购买意愿。

(2)“种草”口碑营销。“种草”口碑营销是小红书到目前一直赖以发展的模式，如果你想购买一瓶脸部精华液，却在同类型产品中犹豫不决时，小红书会有许多的 KOL 向你推荐不同肤质、不同需求、不同价位所对应的一系列产品，接受“种草”的用户可能会到其他购物平台下单，也可能直接转化为小红书自营电商的消费者。用户与 KOL 之间、用户与用户之间的口碑营销是其他平台无法匹敌的。2017 年开始，小红书 App 邀请明星入驻，加大了宣传力度，明星的“种草”分享又吸引了大量粉丝，为小红书平台带来了新的用户。

(3) 自营跨境电商。小红书口碑营销的实现得益于其虚拟社区模式，同时，小红书 App 有自己的电商平台实现完整商业闭环，如图 7-6 所示，能最大限度地把用户变成平台消费者，真正实现流量变现。小红书的自营电商平台主要是采取海外直邮和保税仓发货的模式，保障商品的正品源，同时确保消费者在尽量短的时间内收到产品。

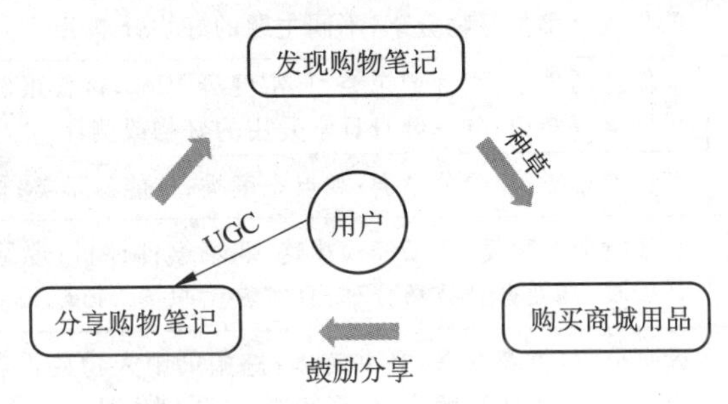

图 7-6　小红书运营模式

二、小红书内容创作技巧

视频：用快乐，回答生活

小红书上什么样的笔记是爆款笔记呢？单纯从数据来界定，点赞量不低于 1000 次的笔记是小爆款，点赞量不低于 10000 次的笔记是大爆款。一篇笔记能不能成为爆款是很多因素综合作用的结果，主要总结为选题、封面和标题、图文笔记创作、拍摄剪辑和账号运营五点。

(一) 选题

笔记的主题和话题选择是爆款笔记的先决条件。如果讨论的话题是绝大多数人都不关心、不感兴趣的，那么笔记的点击率必然会很低，因为选题的质量决定了流量。爆款选题主要有以下三个特点。

(1) 共鸣性。这是指笔记的主题能够戳中用户的痛点或关注点，进而引发情感共鸣。例如，对于育儿博主而言，“专治孩子不满足就哭的四个方法”就比“孩子看图说话练习”更能戳中父母的痛点，激发父母的阅读兴趣。

(2) 话题性，这是指选题具有普遍意义和普适性。例如，“结婚需不需要彩礼”“过年回娘家还是回婆家”“该不该留在大城市”就是每个人都有自己的看法、能讨论一番的话题。

(3) 奇特性，这是指选题能够引起用户的好奇心。例如，“四月最臭的花”“法国女人为什么出门都背两个包”等冷门知识就具有这个特点。

一般来说，无论是图文笔记，还是视频笔记，只要具有以上任一个特点，就能够触达用户，吸引用户点击阅览。表 7-1 总结了不同领域博主小红书笔记选题建议。

表 7-1　不同领域博主小红书笔记选题建议

序号	不同领域博主	选题建议
1	美妆护肤博主	不同场景的妆容分享（如拜年妆、约会妆等）；不同部位的化妆技巧和教程（眼睛、睫毛、嘴唇等）；爱用好用分享、开箱测评等；发型、护发教程或经验；护肤知识分享；各种容貌变美技巧和经验；明星或达人仿妆系列；根据热点做创意妆容，如只此青绿创意妆等
2	时尚、潮流博主	分类合集，按照主题和系列进行选题策划；穿搭教材，不同季节的热门穿搭法则；穿搭公式和技巧；好物推荐；潮流信息；根据季节热点做选题
3	美食博主	美食测评；美食探店；美食烹饪教学、烘焙指南、菜谱；美食 Vlog
4	家居博主	单品或合集类好物分享；不同主题的好物分享
5	运动、健身博主	动作技巧教学；跟练记录类、日常健身 Vlog；科普正确的减肥减脂、塑性或产后恢复等知识；分享健身日常爱用的好物或测评
6	知识、教育博主	学科教学类；经验分享类；观点态度类；技能教学类；校园记录类
7	职场博主	职场行业揭秘类；职场经验攻略；职场事件评析；常见的计算机问题、高效办公工具、高效办公技巧分享；真实人设职场 Vlog
8	文化、读书博主	读书分享，推荐好书；好书解读；挖掘书中人物或作者的人生故事及背景历史；人文艺术作品解读；分享戏剧、音乐剧作品
9	Vlog 博主	鲜明的人设，如美食、健身、学习、育儿、旅行等

（二）封面和标题

封面由图和标题组成，标题是发布笔记时在标题栏填写，最多可写 20 个字。一般读者打开小红书，每一屏页面能展示四篇完整的笔记，包括四张封面图、四个标题、点赞数据、对应作者的头像和名称，如何保证自己的封面脱颖而出，是提高笔记点击率的关键，内容主题明确、画质清晰的优秀封面，加上简洁准确的标题，会大幅提高笔记的点击率。

（1）封面尺寸。小红书封面支持小于 3∶4 的比例，横版、竖版均可。推荐封面尺寸比例为 3∶4，这个比例能将画面做到最大，在首页推荐的双列信息流中更显眼。

（2）封面图片。一张好的封面图片就像一个店铺的门面，不同的封面图片带来的效果和感受不同。封面图片是纯色背景图片，还是真人实景照片？是抠图精心设计的，还是拼图美化过的？高清、整洁、美观的封面图片更能吸引用户的目光。

（3）封面标题或关键词。这是指封面图片上搭配的标题或关键词，它们可以是一句完整的标题，也可以是主题关键词，或几个体现内容要点和价值的关键短语。用户在看见封面后，一眼就能捕捉到封面的主题词、关键词，如果是自己感兴趣的、需要的内容，就会点进去看。所以，除了封面图要抢眼，封面文案也有着举足轻重的地位，尤其是在图片不够突出的情况下。另外，如果是做知识或干货分享的账号，封面文案就更加重要了。

如何写好封面文案呢？爆款笔记的封面文案大多具有以下特点：①文案简洁明了、主题清晰、不冗长拖沓，第一眼就能让用户感知传达的内容；②文案既概括了内容的核心亮点，也展示内容的价值点和独特性；③文案中至少给用户一个点击观看的理由，要么针对痛点或问题，要么给出好处或利益；④文案要贴合笔记内容。

(4) 封面排版样式。封面图和封面文案确定后，怎样进行排版设计才会重点突出、美观又吸引人呢？创作者需要考虑以下几点：文字和图片怎样搭配？是单图还是拼图？文案用什么字体和颜色？画面需要什么元素做点缀？大部分创作者都不是专业设计人员出身，审美水平也参差不齐。一般封面排版的万能公式是封面排版＝竖版/横版/三分/二分＋场景化背景/纯色背景＋人物主体＋标题/关键词/要点。创作者可以根据自己的喜好、需求和审美进行自主设计。

(三) 图文笔记创作

1. 图文笔记类型

小红书笔记分为图文和视频两种，图文是小红书一直以来的传统分享方式，受众较广。图文笔记一般有三种。

(1) 以图为主。在小红书上，有些博主经常用图片的形式呈现知识点，除了必要的标题，连文案都省了，直接挂上与笔记主题相关的话题即可，如图 7-7 所示。

(2) 以文为主。笔记有一张或多张与主题相关的图片，主要内容用文字表达，类似一篇小作文，如图 7-8 所示。小红书正文能发布的文字不超过 1000 字，包括标点符号、分隔符及表情符号等，所以字数基本以 600～900 字比较适宜。

图 7-7 小红书“以图为主”的笔记

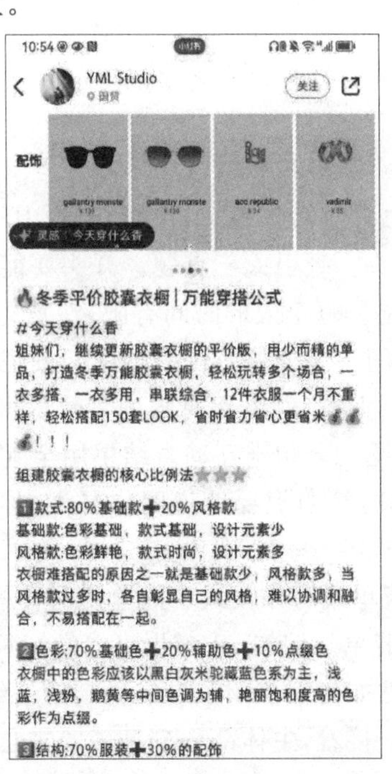

图 7-8 小红书“以文为主”的笔记

(3) Plog，图文并茂。小红书上的 Plog 是把文字内容放在应景的图片上，如图 7-9 所示。

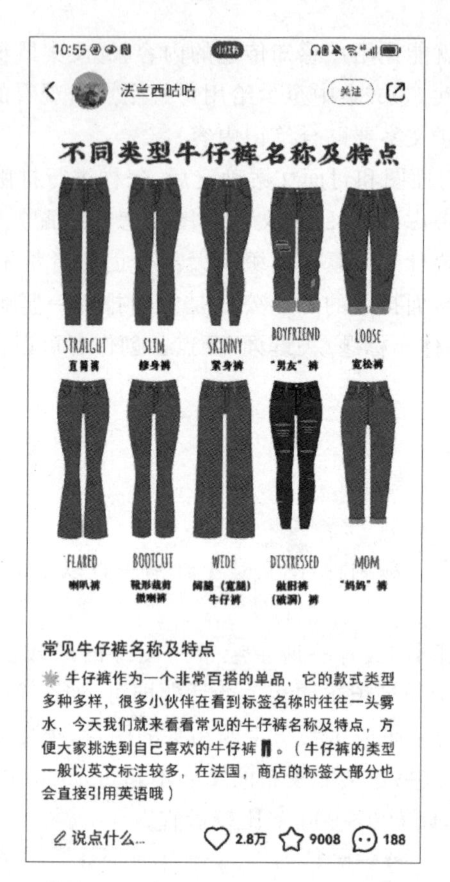

知识拓展：Plog与Vlog的区别

图 7-9　小红书“图文并茂”的笔记

2. 爆款笔记文案的写作模式

(1) 总分总写作模式，包括开头、中间和结尾三部分。

① 开头。吸引人+点题。开头要能吸引人注意，引出主题，突出价值和收获，有太长的过渡和铺垫。每个人的时间有限，注意力也有限，能吸引人继续观看就是开头的终极作用。

② 中间。释放核心价值。中间按逻辑顺序、有条理地组织主体内容；排版清晰，一目了然；语言精练，不啰唆，用有限的字数尽可能多地展现干货。

③ 结尾。金句+互动。结尾用金句升华，激发认同，引导互动；设置统一的结束语，展示人设定位，简明扼要地说明你是谁、你会分享什么、为什么值得关注，从而提升用户的关注度。

(2) 清单式写作模式。清单式写作模式的核心是要分类、分点，将复杂的逻辑都变成从1到 N 的清单。例如，某育儿博主的一篇笔记标题为“怎样才能养出情结稳定的孩子”，开头讲述自己如何培养孩子形成稳定的情绪。这其实就是背书，告诉用户为什么后面讲的内容值得看。接着，主体部分分享了博主总结的几点经验：第一、第二、第三……这就是清单式的经验分享。

在文案的基础上，配上高颜值图片，就会收获更多的点赞收藏，运营小红书将更有优势。那么，怎样在短期内制作出好看的图片呢？答案是用好用的内页图片制作 App 和工具，见表 7-2。

表 7-2 好用的内页图片制作 App 和工具一览表

序号	App 名称	功 能 特 点
1	黄油相机	内含高颜值的模板、字体，能满足小红书封面和内页的制作需求，也适合做复杂的图解说明、Plog 等
2	美图秀秀	对比黄油相机，美图秀秀的优势在于修饰人像，如一键美颜、美妆、面部重塑、瘦身瘦脸、增高塑形、磨皮、美白、去皱等，能够很好地美化人物、提升颜值。除此之外，它还有调色、涂鸦笔、贴纸、滤镜、模板、拼图及抠图等功能
3	醒图	醒图主打的是修图功能，适合需要大量修图的博主，如美妆、穿搭、摄影、生活博主等
4	Foodie	一款美食图片软件，主打滤镜和调色，有超过 30 种美食滤镜，非常适合美食博主作为日常工具。打开拍摄页面，点击左下角的修图，从修图界面可以看到许多滤镜，包括“人物”“食物”“室内”“风景”等
5	Facetune2	这是一款简单易用的有自拍细节的处理软件，最大的特色是能保持原相机的毛孔质感，适合对照片质量要求高的美妆护肤、时尚博主
6	Layout	Layout 是一款快速将照片拼图的 App，适合经常拼图的博主使用
7	PIcsArt 美易	PIcsArt 美易的背景图比较唯美，用户在作图时，如果需要此类背景，可使用该软件
8	稿定设计	这是一款适合新手的作图软件，其集齐了海量的素材模板，按场景分类，包括手机海报、电商、新媒体、企业等。用户可以进行不同尺寸、不同平台（如微信公众号、小红书）的封面图片设计，稿定设计中有丰富的图片模板，用户选择合适的模板，直接进行图片替换和部分素材的修改就可得到一张设计感十足的封面

（四）拍摄剪辑

如果文案是内容的灵魂，那么拍摄剪辑就是展现灵魂的视觉语言。清晰、有质感的画面，有节奏的剪辑，引人入胜的故事或观点，组合在一起就是“王炸”。发布视频笔记与图文笔记的不同点在于，点击屏幕正下方“＋”号，选择上传的是视频而不是图片。其编辑后台一模一样，都需要填写标题、正文文案，可添加话题、@其他博主或关联商品、专栏，添加地点，也可以设置定时发布。在发布视频时，虽然不必像图文那样把全文放进去，但也要提炼视频的主要内容作为简介，而不是完全不写内容，正文开头设置有吸引力的文案，有助于拉长用户点开视频后的停留时间，提高完播率。和图文笔记一样，视频笔记的正文结尾同样要带上热门话题。

（五）账号运营

同样一篇笔记由懂运营和不懂运营的博主负责，可能是两种完全不同的结果。几个日常必做的动作是可以提升笔记流量的。例如，发布时带官方活动话题或其他热门话题、积极回复评论、多和粉丝互动、适时修改封面标题等。根据以上关键因素，有七条内容自检措施，创作者可以对号入座，查漏补缺。

(1) 内容是否符合平台用户的喜好，引发广泛关注？

(2) 封面是否画质清晰、主题明确,引人注意?

(3) 标题是否简练准确? 是否有热词、关键词?

(4) 内容是否亮点前置、引人入胜?

(5) 内容的信息价值是否够高? 信息密度和质量是否够好?

(6) 账号的活跃度、粉丝互动如何?

(7) 内容是否紧跟站内话题或活动? 是否带了话题标签?

三、小红书算法推荐机制

小红书流量主要集中在打开 App 中的“发现”页和 App 顶端的“搜索”页,见图 7-10。也就是说,小红书用户打开 App 后,大部分人都在看“发现”页推荐的内容或直接去搜索框输入关键词,找到自己想看的内容,那么现在明确了小红书的流量主要集中在这两个部分,小红书平台又是根据什么指标或参数来向这两个流量入口推流的呢? 接下来介绍小红书平台的算法及推荐机制。

图 7-10 小红书“发现”页(左)和“搜索”页(右)

(一) 发现页流量

发现页也就是一打开 App,直接推送内容的页面。这个页面的流量分发机制和抖音很相似,也就是说做好笔记,上传到平台,平台会根据账号的标签和笔记的标签,以及自己所设置的话题或重复的关键词,给笔记打上标签,然后根据这个标签,先推送给同领域的一小部分人去看。如果这一小部分用户对笔记产生兴趣,进行了转发、点赞、评论、收藏等行为,那平台就会认为这个内容属于优质内容,然后就会推送给更多的人,接下来就是依此类推,根据用户四项数据的反馈结果,再进行更广泛的推荐,此时就产生一个问题——如果笔记标签不精准，那么平台推荐的用户也就有可能不精准，由此带来的转发、点赞等数据自然不会很高。

例如，笔记是关于旅行的，但是因为标签不精准，平台把内容推荐给美妆领域的用户，那么这类用户对看到的内容可能不感兴趣，所以就不会产生转发、点赞等数据行为，此时面临的问题就是内容不会得到更大范围的推荐。所以标签很重要，那么如何给你的账号和笔记都打上精准标签，让平台精准推荐呢？

1. 账号标签设置方法

(1) 日常要多看和自己同领域的内容，增加用户标签。

(2) 在新账号入驻的时候都会让勾选感兴趣的内容，要选和自己同领域的选项。

(3) 日常用账号浏览内容的时候，遇到同领域的笔记或视频，要记得点赞和收藏。

创作者按照以上三个环节操作账号后，小红书就可以给账号打上精准标签。这就要求在运营时，要对内容进行聚焦，增加标签的精准度。

2. 笔记标签设置方法

在小红书发布笔记的时候需要注意以下三点，有利于给笔记打上标签。

(1) 发笔记或内容的时候，一定要选择和内容相同的话题。

(2) 笔记中的标题和文字部分要有和标签相关的关键词。例如，笔记是分享自驾游旅行计划，那"旅行"就是笔记的核心关键词，所以，在笔记中的标题和文字部分，需要反复提"旅行"，有助于打上标签。

(3) 笔记中的标记、封面图中的文字等都要和定位相关，这样有利于打上标签。

采用以上方法对账号和笔记分别打好标签，再分别设置成精准标签，就能精准推荐。如果推荐给一小部分人当他们看完笔记之后，平台发现用户未对笔记进行点赞、转发等行为，那就说明用户对内容不感兴趣，这就反映出来一个问题：可能内容不优质。平台这时候就会停止推荐。

小红书的这个流量分发机制和抖音有些相似，但也有不同之处。例如，在分发的过程中，小红书各项数据的优先级是转发→评论→收藏→点赞，转发越多，推荐的概率就越大。这也可以解释，为什么在小红书发现页看到的都是喜欢的内容，因为平台给打上了标签。

所以，对于小红书中"发现"页这个流量入口，平台主要采用推荐机制，就是利用标签精准推荐，然后再根据用户反馈，决定是否进行更大范围的推广。

小红书内容在发现页被推荐有三条核心逻辑。

(1) 打开率。由于推荐算法的通常逻辑是把内容推荐给少量用户，例如 1000 个用户，根据这些用户打开内容的比例决定是否推荐给更多的用户，这个比例就是打开率。打开率排名靠前的内容被推荐给更多的用户。

(2) 互动率。当内容被推荐到较大人群，如推荐给 1 万个用户的时候，假设按照平均 10%的打开率和 1%的互动率，理应有 10 个用户互动，这时系统就可以判断这个内容是否值得继续被更大范围推荐。小红书后台根据打开率和互动率数据，决定是否进行更大规模推荐。

(3) 搜索结果打开率。有些内容在最开始发布的时候打开率并不高，自然无法获得较多推荐。但是，当他们出现在用户的搜索结果中时，被用户点击的概率较大，则会被继续推荐给精准人群并在搜索结果中获得更好的展示位置，这就是搜索结果打开率。

（二）个性化推荐：垂直标签

无论是小红书还是抖音，其推荐机制都会经过初筛→精筛→微调三个阶段，创作者发出一篇笔记，系统会删除违法违规笔记，正常通过的笔记会进入精筛，根据笔记的标题、图片、内容等信息，系统只能给相关一部分精准人群曝光。如果在初始曝光阶段拥有较好的点击阅读率，笔记互动（赞藏评转关）高于平均，那么笔记会被推送给更大的人群曝光池，若更大的曝光池中依旧能获得好的点击率和互动量，则会被继续推送给进一步大的曝光池。以此类推，直到这篇笔记在对应的流量池的评判分值低于该流量池的推荐阈值，平台才会停止推荐。在这里小红书推荐机制主要是由 CES（点赞评）进行打分，分值越高，进入更大的流量池，人为通过机器来进行点赞评，显然是违规的，极易被平台监测到，小红书流量分发模型示意图见图 7-11。

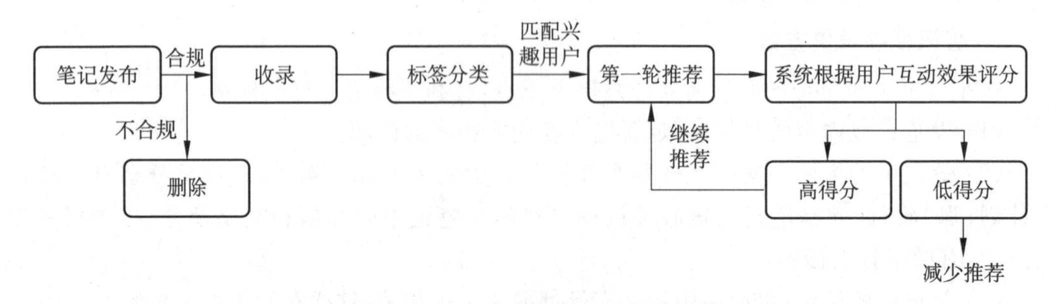

图 7-11　小红书流量分发模型示意图

（三）私域＋公域

首先，根据用户浏览习惯，如你最近浏览口红类的笔记，系统就会推给你口红相关的笔记；其次不同时间段推送的内容也不相同，如夜晚、节假日推送的笔记也有一定的差异化。所以在刷笔记的时候，感觉就像为我们量身定制一样，这就是私域。

信息如果一直是私域，就会形成信息茧房，为了打破用户的信息狭隘，系统会将很多点赞高、用户关注度不高的信息放在用户的主页上，这就是公域流量。平台根据算法的记录和判定，推荐一些百万浏览指标（一般点赞、收藏量在 10 万以上）的笔记给可能感兴趣的用户，进行再次曝光。所以，受用户喜爱的优质内容会有更大概率被系统算法推荐。

（四）搜索流量

搜索关键词推荐逻辑主要针对搜索界面，包含四类关键词布局：主关键词、细分领域关键词、产品营销关键词和营销需求关键词。关键词流量直接对接用户需求，能够实现长尾效应。

（1）主关键词。这类关键词包括“护肤”“母婴”“健身”等，属于大词，相对竞争非常激烈，适合头部品牌去封锁这个词，对于刚起来的品牌，在布局关键词时，先以细分关键词为主，抢占搜索流量。

（2）细分领域关键词。细分领域关键词也叫长尾词，如健身行业，什么时间健身比较好，健身吃什么水果，这些都是长尾关键词，这类词可以通过小红书下拉框或小红书效果广告的关键词规划工具搜索分析，在标题和正文、标签中植入细分关键词，有助于搜索。

（3）产品营销关键词。产品营销关键词一般是指行业领域内的竞品关键词。首先分析竞品，再思考布局哪些关键词、哪些细分领域。然后把产品词演变成细分领域关键词，实时掌握行业内竞品动向，对行业内数据高的细分竞品关键词进行分析，紧跟产品热词来布局产品营销。

（4）营销需求关键词。常见的需求词有“干货、怎么做、必备、步骤、合集”等，是指产品背后的描述词，符合用户的搜索习惯，在创作过程中，可以添加这些需求词，也能增加文章被搜索的概率。

（五）去中心化流量分发

无论是头部还是腰部、尾部 KOL，或是素人、小白，所有人发布的笔记审核被收录后都会推荐到 1 级流量池，给到 200 左右的曝光，如果点击、收藏、点赞、评论等数据不错，就会被推向下一级流量池，大概 2000 左右的曝光。以此类推，达不到相应数据，就会停止推荐。

（六）搜索推荐流量

小红书搜索流量算法的逻辑主要是搜索关键词的核心词与推荐内容的匹配相关程度。通过分析用户需求，找到最能高度匹配用户需求的内容，并将搜索结果展示出来。

（1）默认提示词。搜索时经常会发现搜索栏内，即使未输入搜索词，检索框内也会有灰色的搜索词，这是因为系统会根据用户的搜索词来推荐与之有关联的默认提示词，默认提示词中存在一定的搜索流量。

（2）搜索发现（热门搜索）。热门搜索是将近期被搜索次数最多的关键词进行推荐展示，从而引导平台用户去浏览检索热度比较高的话题和内容，所以搜索发现的算法机制跟用户的搜索量和近期的热门话题相关。

（3）补充联想关键词。补充联想的关键词就是当在检索框内输入部分内容时，系统会根据已输入的内容拓展出完整的检索词句，自动补全检索内容。这样通过内容联想匹配出来的检索内容，方便快捷地增加用户的选择。例如，搜索鞋子，系统在下拉框里会推荐“鞋子男”“鞋子女”等相关的关键词。

小红书热门关键词的排序是综合展示的结果，“热门关键词”的热度主要有两方面的因素：内容本身被系统推荐的次数和站内用户主动搜索的频率。用户在搜索之后，系统根据用户的搜索词匹配相关内容，并把所有搜索结果向用户展示出来。但是，当搜索关键词是相关品类中的通用大词时，在界面上半部分就会显示一些可分类筛选的专业标签词汇。这样的功能对那些没有目标的用户的使用体验会更好一些。与此同时，系统将热门排名靠前的内容展示出来，这种检索结果的呈现以及筛选功能，其目的都是帮助用户缩小选择范围，快速选择检索内容。

（七）系统推荐算法

（1）机器算法机制。根据用户搜索关键词推荐相匹配的内容。

（2）阅读延伸推荐。根据用户浏览的相关内容，推荐给用户感兴趣的话题，让用户延伸阅读。

(3) 社交推荐机制。用户关注账号发布的内容,类似于微信朋友圈信息流的形式。

(4) 附近推荐机制。根据用户定位,为用户推荐 20km 范围内的内容。

(5) 编辑推荐。官方账号将收录的优质笔记进行推荐。

所以,在小红书上,只要用户能够输出高质量的内容进行发布,即使在粉丝基数不大的情况下,也是可以得到平台的流量推荐的。

四、小红书数据分析及运营提升

(一) 数据分析

案例:某内衣品牌小红书投放策略

小红书为博主提供了以下三个方面的数据分析,能满足博主对运营和商业变现的需求。

1. 笔记周报

官方薯每周都会以私信的方式向博主发送笔记报告,供博主了解当周数据总览,包括阅读数、点赞数、收藏数、累计发布的笔记作品数量及表现,以及简化版的粉丝画像(性别、年龄、城市)。同时,笔记周报中还有本周热点(每周笔记灵感),博主参与这些热门话题创作,可以赢得官方的流量扶持。

2. 数据中心

小红书后台“创作中心”展示了账号近七日的数据,包括新增粉丝数、主页访客数、观看数和互动数。点击其中任一项,可跳转到数据中心详情页,这里展示了账号概览、笔记分标、粉丝数据。

账号概览包含账号近 7 日和近 30 日的观看、互动和转化数据。近 7 日账号诊断包括观看、互动、涨粉和发文活跃度。观众来源分析包括近 7 日和近 30 日的数据。观众来源主要有五个渠道,分别是首页推荐、关注页面(粉丝)、搜索、个人主页、其他来源。

笔记分析展示了近半年发布笔记的数据,博主可按观看量进行排序,快速了解观看量排名靠前的爆款内容。

粉丝数据展示了近 7 日和近 30 日新增粉丝数、流失粉丝数,以及忠实互动粉丝数。近 30 日新增粉丝来源主要有四个渠道,分别是发现页笔记(首页推荐笔记)、搜索笔记、搜索账号、其他来源。还有最重要的粉丝画像,包括性别、年龄、城市、观众兴趣分布。通过了解这些信息,博主就能够更好地抓住用户需求,创作用户喜欢的内容。对于专注商业变现的博主,粉丝画像更是一个方向标,博主可以清楚地判断笔记内容吸引来的是否是潜在目标用户。如果目标用户和粉丝画像不匹配,就要通过内容调整进行迭代。

3. 单篇笔记分析

博主升级专业号,可以解锁数据洞察权益。在小红书上任意打开一篇笔记,点击右上角的“…”按钮,选择“数据分析”,就能看到笔记发布后七日内的完整数据分析(笔记诊断)。从图中也能看到笔记的点击率、完播率、互动、涨粉是多少,分别高于还是低于同类作者,这些都有完整的数据呈现。

仔细查看这些数据,博主就能知道自己的笔记好在哪里、为什么流量好,以及不好在哪里、问题出在哪里。点击“查看诊断详情”，平台会将优劣分析和改进建议给博主指出来。点击率低，是因为封面和标题不够好，无法吸引人点击，需要优化提升。完播率低，往往是因为剪辑缺乏节奏、内容拖沓冗长、趣味性低，以及笔记的选题质量和整体信息价值低、亮点出现的频次少、缺少持续观看的动机和刺激，用户无法持续观看。单独看完播率，无法说明问题，还需要结合人均观看时长、观众离开趋势进行分析。

（二）运营提升

在笔记发布后，以下四个实用的技巧可以提升笔记的数据表现。

1. 冷启动加热

笔记发布后会有一个冷启动阶段，就是平台会评估博主的数据表现，判断笔记内容是否优质，从而进行下一轮推荐。如果能在冷启动阶段对笔记内容进行适当加热，就能够提升笔记的数据表现，从而让笔记有机会进入更大的流量池。具体怎样加热呢？博主可以将笔记转发到社群或朋友圈，引导用户完播、点赞、收藏和评论互动。请一定记住：视频笔记要完播，如果观众打开后看都没看就点赞、收藏、评论，就容易适得其反，让平台觉得博主在作弊。

其中，笔记的评论和收藏是比点赞权重更大的互动指标。博主对笔记下方的留言和评论一定要勤回复，而且要激发用户参与互动。小红书官方曾经做过宠粉活动，为了激励博主回复粉丝的留言和弹幕互动，拿出流量作为奖励，可见其对评论互动还是非常重视的。总之，博主及时回复粉丝的评论，主动在评论区引导粉丝参与互动，可以增加笔记的热度和流量推荐。

2. 借助数据分析做出针对性的优化改进

查看每一篇笔记发布后的数据，分析该笔记的问题出在哪里。你可以打开任何一篇笔记，点击右上角的“…”按钮，然后点击“数据分析”，找到“笔记诊断”，可以看到笔记的点击率、完播率、互动和涨粉数量。

点击率低，说明封面标题不吸引人：完播率低，说明内容不够好；互动少，说明缺乏引导；涨粉少，说明博主没有给出让观众关注自己的理由。在数据分析中，甚至能看到观众哪里跳出最多，博主可以针对性地优化内容。

3. 修改封面、标题和正文

如果一篇笔记发布后一天左右，阅读量和点赞、收藏数都很少，“小眼睛”数量也几乎没有增长，博主可以尝试修改封面标题和正文。如果开通了专业号，博主在发布笔记后第二天下午三点以后可以查看数据分析，包括点击率、完播率、互动和涨粉数量。如果点击率、完播率、互动和涨粉数量都严重低于同类作者，那么博主就需要好好修改封面、标题和正文，笔记还有“起死回生”的机会。

如果笔记是视频形式，那么修改封面是有前提的，即开通了小红书视频号。如果没有开通小红书视频号功能，封面是无法单独上传的，也就无法修改，只能修改标题和正文，争取让用户第一眼看到内容时就忍不住想点击。

4. 复盘总结

运营自媒体账号，博主一定要有复盘思维和迭代思维。

(1) 复盘思维。复盘思维就是博主每发一篇笔记都要总结成功的经验和失败的教训，做得好的地方有哪些，做得不好的地方又有哪些。每隔一段时间，博主都要做阶段性总结，看哪些笔记的数据比较好，哪些笔记的数据差，分析原因，总结规律，掌握账号的流量密码。

（2）迭代思维。做内容其实就像互联网公司开发产品，一开始先快速地完成 1.0 版，然后不断测试、验证，接受平台和用户的反馈，一边行动，一边优化迭代。博主在一开始时，不要有完美主义的心态，一定要做到 100 分才发布；完成比完美更重要，只要开始行动，就是成功，要有至少做 20 条内容练手的准备，然后观察哪些内容的数据好，从中总结规律；当出现爆款时，同类型的主题可以继续做，甚至形成系列，直到这个话题没有流量了，再继续寻找下一个流量密码。这就是在接受市场反馈的过程中快速进步。

博主在接受市场反馈时有一点很重要，就是学会倾听用户的声音，多看评论区的评论和反馈。这样做有两个好处：①留意用户想听的其他话题，特别是在爆款笔记下的需求，博主立即就可以跟进一条；②博主可以从用户的反馈中看到自己的优势和能力。例如，有人说你的形象很好，有人说你的声音很好听，有人说你很有亲和力等。也许你一开始并没有找到自己的闪光点和优势特色，但从用户和粉丝的反馈中，你会渐渐明晰并将这些被夸赞的地方继续发扬光大，使其成为自己的优势特色。

日常更新内容，如果某篇笔记的数据不好，博主可以适当修改。如果修改后流量还是很少，博主就要果断放弃，并总结复盘可能存在的问题，在创作下一篇笔记时尽量避免。

案例：某仪器品牌小红书运营策略

思政园地

被自媒体和年轻人改变的河南抗洪一线

2021 年 7 月，河南因暴雨引发的洪水，让全国人揪心。上一次对全国人民产生了巨大冲击的洪灾，发生在 1998 年。那一年，全国多地出现大范围的强降雨，长江上游出现了 8 次洪峰，最终暴发为全流域大洪水。23 年过去，两次洪水中，或许多数人只记住了伤痛，却忽略了有些细节正在朝着积极的方向，悄然改变。

河南暴雨的消息，通过自媒体在互联网迅速传开。7 月 20 日上午，数以千计的求助信息在微博涌现，#河南暴雨互助#话题登上热搜。当天晚上，一份收集求助人信息的《待救援人员信息》在线表格出现，在短短一天时间内，有了 250 万浏览量、270 多次的信息填充和修改。

话题和文档让人们向河南灾情投去注意力，自发将关乎生死的信息像接力棒一样传递。全国人民迅速获悉了河南遭灾，捐款和物资如雪片般涌来，这在 23 年前的那场洪水中是不可想象的。1998 年，在互联网没有普及的时代，甚至不是每个人的家里都有电话。当时刊载受灾消息的途径，主要是报纸、广播和电视，受灾的个人发声的渠道很少，信息扩散的速度与今天不可同日而语，从而救援、互助、调拨物资等每一个环节都被延长了。纵然灾难难以避免，但互联网的繁荣、科技的发展，自媒体等发声渠道的多样，有理想的年轻人正在证明：我们面对灾难的实力和勇气正与日俱增。

（资料来源：https://baijiahao.baidu.com/s?id=1706127166733217414&wfr=spider&for=pc）

思政启示：自媒体平台有哪些运营规则？本案例讲述的河南抗洪一线案例蕴含了怎样的精神？新媒体运营者如何利用自媒体树立社会责任感，帮助公共事业发展？

综合能力训练项目

一、项目训练内容

通过网络二手资料和课程学习，结合校企合作企业实际和面临的问题，选择感兴趣且擅长的项目进行小红书营销训练，助力企业销售。

二、项目训练要求

注册并运营小红书账号，结合校企合作企业实际和面临的问题，梳理营销重点，利用小红书进行自媒体营销实践。

- 注册并尝试运营小红书账号；
- 结合校企合作企业营销实际，明确小红书账号定位，制订小红书自媒体营销方案；
- 在小红书账号上利用图文笔记或视频笔记进行自媒体内容创作；
- 追踪笔记投放效果，同时进行数据分析；
- 结合数据分析结果，撰写笔记运营效果提升方案。

三、项目训练考核要求

- 小红书自媒体营销账号定位精准，与企业实际相符合(10 分)；
- 小红书自媒体营销方案详细、可操作性强(20 分)；
- 自媒体创作内容创新性强，能有效吸引目标用户，传达销售卖点(30 分)；
- 笔记运营效果好，数据分析结果恰当(20 分)；
- 小红书笔记运营效果提升方案实操性强，提升效果明显(20 分)。

参 考 文 献

[1] 施薇,李灿辉. 自媒体营销[M]. 北京:中国人民大学出版社,2020.
[2] 童丽莎. 基于SICAS模型的金居房产新媒体营销策略研究[D]. 山东:山东大学管理学院,2021.
[3] 童昕. T证券经纪业务新媒体营销策略研究[D]. 湖南:中南财经政法大学,2020.
[4] 汪燕青. 母婴类SNS社区"宝宝树孕育"App的使用与满足研究[D]. 江西:江西财经大学,2019.
[5] 王文倩. 自媒体内容营销在吉林大学MBA招生宣传中的应用研究[D]. 吉林:吉林大学商学与管理学院,2022.
[6] 夏九九. 5小时吃透小红书[M]. 北京:人民邮电出版社,2022.
[7] 谭贤. 新媒体营销与运营实战从入门到精通[M]. 北京:人民邮电出版社,2017.
[8] 娄宇,周立. 新媒体营销101招:内容运营+引流技巧+营销推广[M]. 北京:化学工业出版,2022.
[9] 秋叶. 新媒体营销与运营(慕课版)[M]. 北京:人民邮电出版社,2021.
[10] 秋叶,倪莉莉,郑伶俐. 新媒体营销与案例分析(慕课版)[M]. 北京:人民邮电出版社,2022.
[11] 秋叶,刘勇,萧秋水. 微博营销与运营[M]. 北京:人民邮电出版社,2017.
[12] 李小敬,孟雯雯. 新媒体营销实务[M]. 北京:清华大学出版社,2022.
[13] 杨不悔,李广顺,梦芝. 爆款文案策划:新媒体营销宝典[M]. 北京:化学工业出版社,2021.
[14] 肖凭. 新媒体营销实务[M]. 2版. 北京:中国人民大学出版社,2018.
[15] 秦阳,秋叶. 微信营销与运营[M]. 2版. 北京:人民邮电出版社,2019.
[16] 恒盛杰资讯. 微信营销:数据化精准运营[M]. 北京:文化发展出版社,2016.
[17] 曾子默. 一本书玩透微信营销[M]. 北京:清华大学出版社,2019.
[18] 徐骏骅,童海君,张晓丽. 新媒体营销(微课版)[M]. 北京:电子工业出版社,2021.
[19] 张卫东,李丽娜. 新媒体营销[M]. 北京:电子工业出版社,2021.
[20] 全权. 抖音电商:精准定位+通晓算法+引流运营+直播带货+橱窗卖货[M]. 北京:清华大学出版社,2020.
[21] 尹宏伟. 直播营销流量变现就这么简单[M]. 北京:机械工业出版社,2020.
[22] 彭兰. 从依赖"传媒"到依赖"人媒"——社会化媒体时代的营销变革[J]. 杭州师范大学学报:社会科学版,2015(5):105-110.
[23] 沈浩,梁莹. 基于微博平台的主旋律电影思政教育效果研究——以《长津湖之水门桥》为例[J]. 贵州社会科学,2022(9):96-102.
[24] 马梦成. 社交媒体时代的营销变革——以微博营销为例[J]. 秦智,2022(1):123-125.
[25] 刘晓燕,郑维雄. 企业社会化媒体营销传播的效果分析——以微博扩散网络为例[J]. 新闻与传播研究,2015,22(2):89-102,128.
[26] Jiang钱罐子. 腾讯的微信:微信的定位与价值观[J/OL]. 雪球网,2022. https://xueqiu.com/7535342691/224565117.
[27] 零一数据. 7天教你玩转微营销[J/OL]. 知乎,2017. https://www.zhihu.com/column/01data.
[28] 刘大威. 微信公众账号的8大价值[J/OL]. 豆丁网,2017. https://www.docin.com/p-1888610461.html.
[29] 微信公众号的三种运营方式[J/OL]. 凡科互动,https://hd.fkw.com/news/5099.
[30] 微信双号和多号及矩阵战略[J/OL]. 大家创业网,2018. https://www.dagaqi.com/chuangyezhidao/154448.html.
[31] 微梦雨. 微信矩阵设置对企业的帮助有哪些[J/OL]. 学习啦,2017. https://www.xuexila.com/diannao/weixin/3746918.html.